Volkswirtschaftslehre im Überblick

Band I
Luckenbach, Grundlagen der Volkswirtschaftlehre

W0178693

Volkswirtschaftslehre im Überblick

Herausgegeben von Prof. Dr. Helga Luckenbach

Band I: Grundlagen der Volkswirtschaftslehre
               Von Prof. Dr. Helga Luckenbach

Band II: Volkswirtschaftstheorie
               Von Prof. Dr. Wolf Schäfer

Band III: Volkswirtschaftspolitik
               Von Prof. Dr. Hans-Georg Petersen

Band IV: Internationale Wirtschaftsbeziehungen
               Von Prof. Dr. Helga Luckenbach

Die vierbändige Buchreihe „Volkswirtschaftslehre im Überblick" wendet sich an interessierte Nichtökonomen, an Wirtschaftspraktiker und last not least an Studienanfänger der Wirtschaftswissenschaften. Die Autoren haben das Ziel, dem Leser bereits beim ersten Kontakt mit der Volkswirtschaftslehre eine Vorstellung von den volks- und weltwirtschaftlichen Gesamtzusammenhängen zu vermitteln, die es ihm ermöglicht, aktuelle Informationen, Probleme und Lösungsansätze zutreffend einzuordnen.

Ausgangspunkte dieser Reihe waren Vorträge und Lehrveranstaltungen, die 1990 für Hörer der Universitäten Halle, Jena und Rostock sowie der damaligen Handelshochschule Leipzig gehalten worden sind. Nach Überarbeitung und z. T. erheblicher Erweiterung des seinerzeit Dargebotenen sind vier eng aufeinander bezogene Bände entstanden, in denen schrittweise versucht wird, einen Überblick über die Volkswirtschaftslehre zu vermitteln. Zu diesem Zweck werden in Band I die Grundlagen der Volkswirtschaftslehre dargestellt. Darauf aufbauend ist Band II der Volkswirtschaftstheorie und Band III der Volkswirtschaftspolitik gewidmet. Im abschließenden Band IV werden die grundlegenden wirtschaftstheoretischen und -politischen Aspekte internationaler Wirtschaftsbeziehungen behandelt.

Die Lektüre dieser Bände ersetzt nicht die Auseinandersetzung mit den einschlägigen volkswirtschaftlichen Lehrbüchern. Sie soll jedoch das Vertrautwerden mit wirtschaftswissenschaftlichen Argumentationen erleichtern und zum Studium weiterführender Fachliteratur ermuntern. Deshalb enthält jeder Band ausführliche, kommentierte Literaturhinweise.

Volkswirtschaftslehre im Überblick

Band I
Grundlagen der Volkswirtschaftslehre

von

Dr. Helga Luckenbach

o. Professor für Volkswirtschaftslehre
an der Justus-Liebig-Universität Gießen

Verlag Franz Vahlen München

Meinem Mann und meinen Kindern

Die Deutsche Bibliothek – CIP-Einheitsaufnahme

Volkswirtschaftslehre im Überblick / hrsg. von Helga
Luckenbach. – München : Vahlen.
  NE: Luckenbach, Helga [Hrsg.]
  Bd. 1. Luckenbach, Helga: Grundlagen der
  Volkswirtschaftslehre. – 1994

Luckenbach, Helga:
Grundlagen der Volkswirtschaftslehre / von Helga
Luckenbach. – München : Vahlen, 1994
  (Volkswirtschaftslehre im Überblick ; Bd. 1)
  ISBN 3–8006–1797–8

ISBN 3 8006 1797 8

© 1994 Verlag Franz Vahlen GmbH, München
Umschlagentwurf: Bruno Schachtner, Dachau
Satz und Druck: C. H. Beck'sche Buchdruckerei, Nördlingen

Vorwort

Mit der vorliegenden Schrift über „Grundlagen der Volkswirtschaftslehre" wird versucht, dem Leser einen schnellen und systematischen Einstieg in die Volkswirtschaftslehre zu ermöglichen und eine erste Vorstellung von den verschiedenen Aspekten dieses Faches zu vermitteln. Zu diesem Zweck wird im folgenden das Lehrgebäude der Volkswirtschaftslehre quasi in Skelettbauweise errichtet. Wer diesen Aufbau nachvollzieht, erreicht zweierlei: Zum einen kann er in seinem Erfahrungsbereich grundlegende volkswirtschaftliche Zusammenhänge erkennen und einordnen. Zum anderen erwirbt er jene Grundkenntnisse, die Voraussetzung für die Lektüre der drei folgenden Bände dieser Reihe sind, durch die der Skelettbau schrittweise aufgefüllt wird.

Zur Erleichterung einer weitergehenden Einarbeitung in die „Grundlagen der Volkswirtschaftslehre" sind am Ende der Einleitung und der fünf Teile der vorliegenden Arbeit kommentierte Literaturhinweise aufgeführt worden. Dabei sind bewußt auch englischsprachige Veröffentlichungen aufgenommen worden, damit sich zukünftige Volks- und Betriebswirte von Anfang an mit der für sie wichtigsten Fachsprache vertrautmachen können.

Bei der Niederschrift des Manuskripts ist mir die allzeitige Diskussionsbereitschaft meiner Mitarbeiter, der Herren Dipl.-Volkswirt M. A. (Econ.) *Erich H. Ruppert,* Dipl.-Volkswirt *Volker Brühl* und Dipl.-Volkswirt *Stefan Reitz* eine große Hilfe gewesen. Sie alle haben das Manuskript gelesen und Verbesserungsvorschläge gemacht. Überdies hat Herr *Ruppert* das Personen- und das Sachregister erstellt, und Herr *Reitz* hat auf der Grundlage unansehnlicher Skizzen klare Schaubilder angefertigt. Für alles danke ich herzlich. – Auch meinem ehemaligen Mitarbeiter, Herrn Dipl.-Ökonom *Jürgen Bokr,* bin ich zu Dank verpflichtet. Er hat Teile des Manuskripts kritisch durchgesehen und war – ebenso wie Herr stud. rer. oec. *Christoph Sowada* und Frau stud. rer. pol. *Heike Worm* – bei der Literatursuche behilflich. – Last not least danke ich meiner Sekretärin, Frau *Helga Liebnitz-Wekwerth,* die mit nie versiegender Einsatzfreude und Sorgfalt die Probleme der Textverarbeitung gelöst hat.

Gießen, Oktober 1993   *Helga Luckenbach*

Inhaltsverzeichnis

Verzeichnis der Schaubilder

0. Einleitung

Die Grundlagen der Volkswirtschaftslehre erschließen sich am leichtesten, wenn man zunächst den Gegenstand dieses Faches beschreibt. Anschließend kann man dann erläutern, wie sich anhand des vorliegenden kleinen Buches der Einstieg in die Volkswirtschaftslehre gestaltet.

0.1. Der Gegenstand der Volkswirtschaftslehre

(1) Im Rahmen der Volkswirtschaftslehre wird die Gesamtheit aller wirtschaftlichen Vorgänge untersucht, die sich in einem Land beobachten läßt. Einige Autoren haben deshalb die Volkswirtschaftslehre auch als Nationalökonomie bezeichnet (vgl. z. B. *Preiser* 1990). Betrachtet man ein Land unter wirtschaftlichem Aspekt, dann bezeichnet man es als Volkswirtschaft.

Beobachtet man das Wirtschaftsgeschehen eines Landes über mehrere Jahre, und stellt man fest, daß sich die wirtschaftlichen Vorgänge im Zeitablauf in gleichbleibender Weise wiederholen, dann bezeichnet man die betrachtete Volkswirtschaft als stationär. Davon zu unterscheiden sind evolutorische Volkswirtschaften, die in der Form expandierender (wachsender) oder kontrahierender (schrumpfender) Volkswirtschaften auftreten können. Während in früheren Zeiten vor allem stationäre Volkswirtschaften zu beobachten waren, sind für die Gegenwart evolutorische Volkswirtschaften charakteristisch (vgl. auch *Helmstädter* 1991, S. 18).

Bisher ist – zumindest implizit – von einer sog. geschlossenen Volkswirtschaft ausgegangen worden. Diese ist dadurch gekennzeichnet, daß grenzüberschreitende Wirtschaftsbeziehungen zu anderen Ländern (z. B. durch Exporte und Importe von Gütern) nicht bestehen. In der Realität sind jedoch die meisten Länder als sog. offene Volkswirtschaften anzusehen, die durch internationale Wirtschaftsbeziehungen mit anderen Ländern verbunden sind. Man zählt deshalb zum Gegenstand der Volkswirtschaftslehre neben den geschlossenen auch die offenen Volkswirtschaften mit der Vielfalt ihrer internationalen Wirtschaftsbeziehungen.

(2) Wie sich den bisherigen Erörterungen unmittelbar entnehmen läßt, ist die Volkswirtschaftslehre eine Wissenschaft, durch die man Informationen über ein Teilstück der Realität gewinnt. Man zählt sie deshalb zu den sog. Realwissenschaften, die von den Ideal- oder Formalwissenschaften (z. B. Mathematik) zu unterscheiden sind.

Die Stellung der Volkswirtschaftslehre im System der Wissenschaften läßt sich leicht anhand des nachfolgenden Schaubildes 0.1 veranschaulichen. Darin ist dargestellt, daß sich die Realwissenschaften in die Naturwissenschaften einerseits und in die Geistes- oder Kulturwissenschaften andererseits unterteilen lassen. Während sich die Naturwissenschaften jenen Untersuchungsgegenständen zuwenden, die ohne Zutun des Menschen entstanden sind, widmen sich die Geistes- oder Kulturwissenschaften den von Menschen geschaffenen Realitäten.

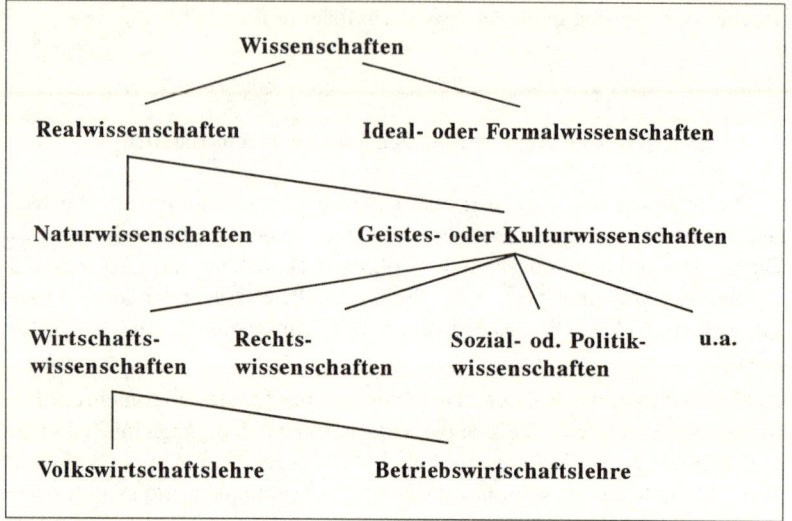

Quelle: *Bartling/Luzius* 1992. S. 8 (leicht verändert)

Schaubild 0.1: Die Volkswirtschaftslehre im System der Wissenschaften

Zu den Geistes- oder Kulturwissenschaften zählen die Wirtschaftswissenschaften, die Rechtswissenschaften, die Sozial- oder Politikwissenschaften und andere. Schließlich unterteilt man die Wirtschaftswissenschaften in die Volkswirtschaftslehre einerseits und die Betriebswirtschaftslehre andererseits.[1]

Die Volkswirtschaftslehre läßt sich durch ihre gesamtwirtschaftliche Ausrichtung leicht von der Betriebswirtschaftslehre unterscheiden: Im Zentrum der Betriebswirtschaftslehre steht die Gesamtheit aller wirtschaftlichen Vorgänge, die man in einer Unternehmung beobachten kann. Sie ist also einzelwirtschaftlich ausgerichtet. So wie allerdings die Volkswirtschaftslehre auch die internationalen Wirtschaftsbeziehungen der Volkswirtschaft in die Betrachtung einbezieht, so berücksichtigt die Betriebswirtschaftslehre

---

[1] Einige Autoren führen zusätzlich die Finanzwissenschaft auf (vgl. z.B. *Bartling/ Luzius* 1992, S. 8). Im folgenden wird jedoch die Finanzwissenschaft als Teilgebiet der Volkswirtschaftslehre betrachtet.

auch die Außenbeziehungen der Unternehmung (z. B. Verkäufe an andere Unternehmungen und Käufe von anderen Unternehmungen). Dies verdeutlicht, daß sich die Untersuchungsgegenstände der Volkswirtschaftslehre einerseits und der Betriebswirtschaftslehre andererseits stellenweise berühren oder sogar überschneiden.[2]

Aus dem Blickwinkel jeder Wissenschaft sind alle anderen Wissenschaften als Hilfswissenschaften zu bezeichnen. Die wichtigsten Hilfswissenschaften der Volkswirtschaftslehre sind die Formalwissenschaften (insbes. Mathematik, Statistik, Logik und Methodologie). Von den Realwissenschaften sind vor allem die Betriebswirtschaftslehre, die Rechtswissenschaft, die Psychologie, die Soziologie und die Politologie für den Volkswirt interessant. Neben diesen Kulturwissenschaften gewinnen mit zunehmendem Umweltbewußtsein auch die Naturwissenschaften große und steigende Bedeutung als Hilfswissenschaften der Volkswirtschaftslehre.

(3) Die Volkswirtschaftslehre umfaßt zwei große Teilgebiete: die Volkswirtschaftstheorie (Grundlagenwissenschaft) einerseits und die Volkswirtschaftspolitik (angewandte Wissenschaft) andererseits. Diese Unterscheidung von „Grundlagenwissenschaft" und „angewandter Wissenschaft" ist nicht nur für die Volkswirtschaftslehre charakteristisch, sondern auch in anderen Wissenschaften zu finden (insbes. auch in den Naturwissenschaften). So sind z. B. Biologie und Physik als Grundlagenwissenschaften anzusehen, während Medizin und Ingenieurwissenschaften zugehörige angewandte Wissenschaften sind.

Sowohl die Volkswirtschaftstheorie als auch die Volkswirtschaftspolitik sind für geschlossene und für offene Volkswirtschaften konzipiert worden. Wie dem nachfolgenden Schaubild 0.2 zu entnehmen ist, bezeichnet man die beiden resultierenden Teile der Volkswirtschaftstheorie als Binnenwirtschaftstheorie einerseits und als Außenwirtschaftstheorie andererseits. Analog läßt sich die Volkswirtschaftspolitik in die Binnen- und Außenwirtschaftspolitik untergliedern. Die Außenwirtschaftstheorie und die Außenwirtschaftspolitik sind die beiden Teilgebiete der Lehre von den internationalen Wirtschaftsbeziehungen.

Da nicht nur die Volkswirtschaftstheorie der Volkswirtschaftspolitik vorgelagert ist, sondern auch die Binnenwirtschaftslehre der Außenwirtschaftslehre, wird in Band II dieser Reihe zunächst die Binnenwirtschaftstheorie behandelt (vgl. *Schäfer*). Anschließend wird in Band III die Binnenwirtschaftspolitik dargestellt (vgl. *Petersen*). Der abschließende Band IV ist den Internationalen Wirtschaftsbeziehungen gewidmet (vgl. *Luckenbach*). Der vorliegende Band I geht auf die allen nachfolgenden Bänden gemeinsamen Grundlagen der Volkswirtschaftslehre ein.

---

[2] Zum Verhältnis der beiden Wirtschaftswissenschaften vgl. auch *Frey/Hill* 1979.

1*

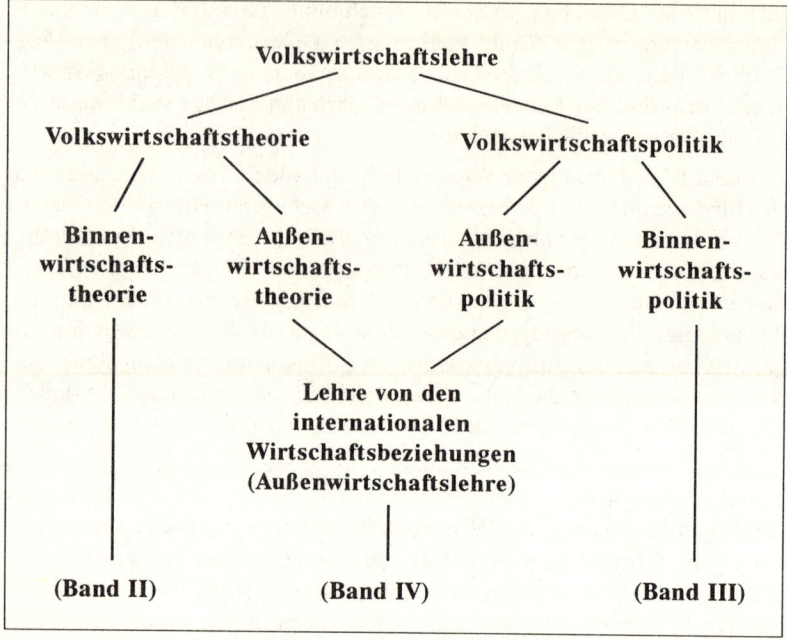

Schaubild 0.2: Die Teilgebiete der Volkswirtschaftslehre

0.2. Der Einstieg in die Volkswirtschaftslehre

Im folgenden soll der Einstieg in die Volkswirtschaftslehre in fünf Schritten vollzogen werden. Erstens ist es erforderlich, die Ausgangspunkte der Volkswirtschaftslehre zu erläutern, die grundlegend für das Verständnis allen ökonomischen Geschehens sind. Zweitens kann man dann auf den Ordnungsrahmen dieser ökonomischen Prozesse eingehen. In den anschließenden Teilen 3 bis 5 werden die ökonomischen Vorgänge nacheinander auf einzelwirtschaftlicher Ebene, auf Marktebene und auf gesamtwirtschaftlicher Ebene untersucht.

Im Anschluß an die weitestgehend methodologischen Ausführungen des Teiles 1 liegt der Schwerpunkt des Teils 2 auf elementaren wirtschaftspolitischen Fragestellungen. Hingegen sind die Teile 3 bis 5 vorwiegend theoretisch ausgerichtet.

Literatur zur Einleitung

Der Gegenstand der Volkswirtschaftslehre und ihrer Teilgebiete ist in Kompendien übersichtlich zusammengefaßt. Zu empfehlen sind *Ehrlicher* u. a. 1975 sowie *Bender* u. a. 1992. Die Beziehungen der Volkswirtschaftslehre zur Betriebswirtschaftslehre sind von *Frey/Hill* 1979 leicht verständlich dargestellt worden. Das gesamte Gebiet der Wirtschaftswissenschaften ist im Handwörterbuch der Wirtschaftswissenschaften (HdWW) zusammengefaßt worden. Dieses von *Albers* u. a. 1977–1983 herausgegebene Werk umfaßt 9 Bände und einen Registerband und ist auch als „ungekürzte Studienausgabe" erschienen.

Für den Einstieg in die Volkswirtschaftslehre gibt es zahlreiche einführende Lehrbücher. Gut verständlich sind vor allem *Preiser* 1990, *Bartling/Luzius* 1992, *Hübl/Meyer/Ströbele* 1989 und *Ott* 1992. Zur Einarbeitung in die englischsprachige Literatur ist das ausführliche Lehrbuch von *Samuelson/Nordhaus* 1989 geeignet, zumal man anfangs in Zweifelsfällen auf die deutschsprachige Übersetzung dieser Arbeit zurückgreifen kann. Lesenswert ist auch die Darstellung von *Lipsey/Steiner/Douglas* 1987.

1. Ausgangspunkte der Volkswirtschaftslehre

Beim ersten Kontakt mit einer Wissenschaft ist es erforderlich, sich zunächst mit ihren Ausgangspunkten vertraut zu machen. Deshalb werden im folgenden zunächst die Untersuchungsmethoden der Volkswirtschaftslehre erläutert. Anschließend kann man dann nacheinander auf die Grundbegriffe der Volkswirtschaftslehre und auf die sog. Wirtschaftssubjekte eingehen.

1.1. Die Untersuchungsmethoden der Volkswirtschaftslehre

Im Zuge der historischen Entwicklung der Volkswirtschaftslehre (vgl. dazu *Issing* 1988) sind verschiedene Untersuchungsmethoden diskutiert und präferiert worden. Man spricht in diesem Zusammenhang vom sog. ersten (älteren) und zweiten (jüngeren) Methodenstreit. Um die in der Gegenwart praktizierte Methode verstehen zu können, ist es erforderlich, zunächst auf die Argumente einzugehen, die im ersten und zweiten Methodenstreit angeführt worden sind. Anschließend kann man dann die verschiedenen Betrachtungsweisen der Volkswirtschaftslehre erläutern.

(1) Zur Beschreibung des ersten Methodenstreites ist es zweckmäßig, von der Aufgabenstellung der Volkswirtschaftstheorie auszugehen. Es ist das Ziel der Volkswirtschaftstheorie, das wirtschaftliche Geschehen eines Landes zu erklären. Dabei ist in der Vergangenheit heftig über die Frage diskutiert worden, auf welchem Wege am besten Aufschlüsse über das Wirtschaftsgeschehen eines Landes zu gewinnen sind. Diese Auseinandersetzungen sind als sog. erster Methodenstreit in die Geschichte der Volkswirtschaftslehre eingegangen.

Im folgenden sollen zunächst die Hauptargumente des ersten Methodenstreites einander gegenübergestellt werden. Anschließend kann man dann die Grundzüge jener Methode erläutern und diskutieren, die sich in diesem Methodenstreit durchgesetzt hat und seither charakteristisch für die Volkswirtschaftstheorie ist.

(a) Gegenstand des ersten Methodenstreites war die Frage, ob die Induktion oder die Deduktion die der Volkswirtschaftslehre angemessene Forschungsmethode sei. Zur Beantwortung dieser Frage ist es erforderlich, auf beide Methoden einzugehen.

Die Vertreter der induktiven Methode waren der Ansicht, daß es zweckmäßig sei, die volkswirtschaftliche Realität zu beobachten und zu beschreiben, um dann aus den Tatsachen auf allgemeine Gesetzmäßigkeiten zu schließen (Induktion), von denen man hoffte, daß sie zur Erklärung der ökonomischen Realität geeignet sein würden. Diese induktive Methode wurde vor allem von denjenigen Ökonomen praktiziert, die unter dem Begriff der Historischen Schule (vgl. dazu *Schmölders* 1988) zusammengefaßt werden. Hauptvertreter der sog. jüngeren Historischen Schule, die ab ca. 1870 vorherrschte, war *Gustav Schmoller*.

Hingegen vertraten die Befürworter der deduktiven Methode die Ansicht, daß man durch bloße Beobachtung und Beschreibung der Realität nicht zu deren Erklärung gelangen könne. Vielmehr sei es erforderlich, in Anlehnung an beobachtete Zusammenhänge einige allgemein einsichtige Aussagen über volkswirtschaftliche Zusammenhänge zu formulieren (Axiome), um aus diesen dann weitere Aussagen durch logische Argumentationen abzuleiten (Deduktion). Dies ist der Grundgedanke der sog. deduktiven Methode. Der wichtigste unter den frühen Vertretern dieser Vorgehensweise war *Carl Menger*.

Der Unterschied zwischen der induktiven und der deduktiven Methode läßt sich am leichtesten beschreiben, wenn man für jede Methode den Untersuchungsgegenstand der Volkswirtschaftslehre charakterisiert: Die Vertreter der induktiven Methode versuchen, Aussagen über die ökonomische Realität zu formulieren; ihr Untersuchungsgegenstand ist also die reale Volkswirtschaft (= Erfahrungsobjekt). Hingegen haben die Vertreter der deduktiven Methode das Ziel, Aussagen über ein vereinfachtes Abbild der ökonomischen Realität (= Modell) zu formulieren; ihr Untersuchungsgegenstand ist also das theoretische Modell (= Erkenntnisobjekt), wobei sie davon ausgehen, daß die für das ökonomische Modell erkannten Zusammenhänge auch für die ökonomische Realität gelten.

In der Folgezeit stellte sich heraus, daß man am ehesten im Wege der Deduktion zu allgemeinen Erkenntnissen über die Funktionsweise von Volkswirtschaften gelangen konnte. Die von *Menger* befürwortete Deduktion und mithin die Modelltheorie erwies sich also als die überlegene Methode. Es ist deshalb nunmehr erforderlich, auf die Grundlagen der Modelltheorie kurz einzugehen.

(b) Volkswirtschaftliche Modelle sind gedankliche Konstruktionen, die als vereinfachte Abbilder der ökonomischen Realität betrachtet werden können: Sie enthalten anstelle der Vielfalt des ökonomischen Geschehens nur einige wesentliche Merkmale der realen Volkswirtschaft.

Jedes ökonomische Modell setzt sich aus drei Bestandteilen zusammen (vgl. *Helmstädter* 1991, S. 12f.). Sie lassen sich anhand des nachfolgenden Schaubildes 1.1 leicht erläutern.

Der erste Bestandteil eines ökonomischen Modells ist die modellspezifische Fragestellung. Dies wird unmittelbar deutlich, wenn man sich klarmacht, daß jedes wirtschaftstheoretische Modell konstruiert wird, um eine bestimmte Fragestellung zu beantworten, über die man andernfalls (d. h. insbes. bei ausschließlicher Beobachtung der ökonomischen Realität) keinen Aufschluß gewinnen könnte. Bei der Modellkonstruktion hängt es von der jeweiligen Fragestellung ab, welche Merkmale der betrachteten Volkswirtschaft als „wesentlich" einzustufen und deshalb in das Modell einzubauen sind. – Entsprechend der Vielzahl von Fragen, die man stellen muß, wenn man das volkswirtschaftliche Geschehen verstehen will, gibt es eine große Anzahl verschiedenartiger ökonomischer Modelle. Zu ihrer Klassifikation sind die im späteren Unterabschnitt (3) erläuterten Kategorien geeignet.

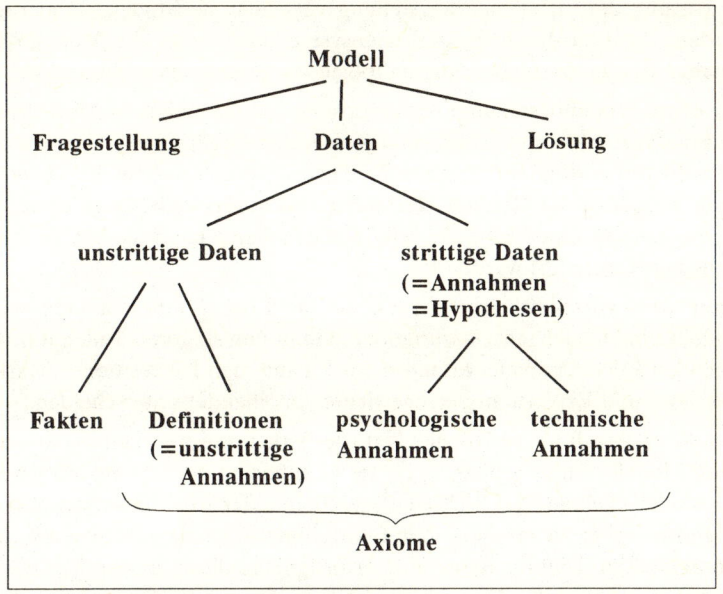

Schaubild 1.1: Die Bestandteile ökonomischer Modelle

Der zweite Modellbestandteil ist die Gesamtheit der Daten des Modells (Datenkranz). Zu ihnen gehören alle Größen, die innerhalb des Modells nicht erklärt werden, die also exogen determiniert sind. Sie lassen sich in zwei Gruppen unterteilen: in die unstrittigen Daten einerseits und in die strittigen Daten andererseits. – Zu den unstrittigen Daten zählen zum einen die Fakten und zum anderen die Definitionen. Die Fakten werden nicht selten auch als Daten i. e. S. bezeichnet. Im folgenden soll jedoch der Begriff Daten immer i. w. S. (d. h. wie in Schaubild 1.1) verwendet werden. Definitionen werden gelegentlich auch als unstrittige Annahmen bezeichnet. – Die strittigen Daten, die auch als Annahmen schlechthin oder als Hypothesen bezeichnet werden, umfassen psychologische und technische Daten. Zu den psychologischen strittigen Daten zählen die Annahmen über das Verhalten und die Verhaltensziele derjenigen wirtschaftlichen Akteure (z.B. Haushalte, Unternehmungen),[1] die in dem jeweils betrachteten Modell berücksichtigt werden. Hingegen zählt man zu den technischen strittigen Daten die Annahmen über die für das betrachtete Modell relevanten technischen Annahmen. Die unstrittigen Annahmen (Definitionen) und die Annahmen schlechthin (Hypothesen) werden in der Modelltheorie unter dem Begriff „Axiome" zusammengefaßt. Axiome sind Aussagen, die innerhalb eines Modells nicht bewiesen werden. Sofern Axiome keine Definitionen sind, sollten sie nach Möglichkeit allgemein akzeptierbar sein. Wenn die Vertreter der ökonomischen Theorie über die Akzeptanz einzelner Axiome unterschiedlicher Ansicht sind, wird man beobachten, daß zur Beantwortung der gleichen Fragestellung verschiedene Modelle konstruiert werden, die sich durch ihr Axiomensystem und durch die Modellösung voneinander unterscheiden, die im folgenden genauer zu erläutern ist.

Der dritte Modellbestandteil ist die Lösung (= Ergebnis) des Modells. Sie wird durch Explikation (Umformung nach den Regeln der Logik) aus den Modelldaten gewonnen.[2] Sie ist eine Theorie, durch welche die ökonomischen Vorgänge der Realität verstehbar und vorhersehbar werden sollen. Ist die Lösung eines Modells sehr einfach, dann kann sie als Theorem (Lehrsatz) formuliert werden.

Unter volkswirtschaftlichem Aspekt ist die Lösung eines ökonomischen Modells eine Gleichgewichtssituation. Wie in den späteren Teilen des vorliegenden Buches genauer erläutert wird, kann man Dispositions-, Markt-, Kreislauf- und Expansionsgleichgewichte voneinander unterscheiden.[3]

(c) Offensichtlich ist die Nützlichkeit (der Erkenntniswert) eines ökonomischen Modells um so größer, je besser es aufgrund der Lösung des jeweiligen Modells gelingt, das Wirtschaftsgeschehen der Realität verstehbar und prognostizierbar zu machen. Zur Beurteilung des Erkenntniswertes einer ökonomischen Theorie ist es also erforderlich, diese an der Realität zu messen, d.h. zu testen. Dies entspricht der wissenschaftstheoretischen Position des sog. kritischen Rationalismus.

Allerdings ist eine solche Überprüfung ökonomischer Theorien nur möglich, solange sich die ökonomische Theorie nicht vollständig von der ökonomischen Realität löst. Um eine Verselbständigung der ökonomischen Theorie – wie sie z.B. durch unzweckmäßige Definitionen und unrealistische

---

[1] Vgl. dazu die Ausführungen im folgenden Abschnitt 3.1. des vorliegenden Buches.

[2] Gelegentlich sind deshalb die modelltheoretisch arbeitenden Ökonomen mit Kindern verglichen worden, die selbst die Ostereier versteckt haben, die sie dann nach einem Suchprozeß mit großer Freude wiederfinden.

[3] Für das Verständnis der Dispositionsgleichgewichte sind die Ausführungen der Abschnitte 3.2. und 3.3. relevant. Marktgleichgewichte werden im Abschnitt 2.2.2. und insbes. im Teil 4 dieses Buches erläutert. Kreislauf- und Expansionsgleichgewichte lassen sich unter Zuhilfenahme von Kategorien erfassen, deren Grundlagen in Teil 5 entwickelt werden.

Hypothesen verursacht sein kann – zu verhüten, ist für ökonomische Theorien zu fordern, daß sie prinzipiell widerlegbar sein müssen.[4] Die Implikationen dieser Aussage für die ökonomische Theorie bedürfen einer kurzen Erläuterung:

Wenn sich bei der empirischen Überprüfung (dem Test) einer ökonomischen Theorie zeigt, daß sie zu unzutreffenden Aussagen und Prognosen über die ökonomische Realität führt, dann genügt bereits ein einziger fehlgeschlagener Test, um die ökonomische Theorie als falsifiziert zu bezeichnen und zu verwerfen. Nicht selten läßt sich eine neue Theorie durch Verbesserung der alten Theorie gewinnen. Dafür gibt es zwei Ansatzpunkte. Erstens können ökonomische Theorien einer immanenten Kritik unterzogen werden. Es wird dann überprüft, ob die Explikation der in den Daten angelegten Beziehungen richtig (widerspruchsfrei) vorgenommen worden ist. Die immanente Kritik ist also eine Suche nach Denk- und Rechenfehlern. Sind diese ausgeschlossen oder korrigiert worden und läßt sich die betrachtete Theorie dennoch falsifizieren, dann muß man sie zweitens einer transzendenten Kritik unterziehen. Dies bedeutet, daß untersucht werden muß, ob die Daten (insbes. die Hypothesen) revisionsbedürftig sind. Diese sind dann so lange zu variieren, bis eine Falsifikation der auf ihrer Grundlage abgeleiteten Modellösung nicht mehr gelingt.

Zeigt sich bei der empirischen Überprüfung einer ökonomischen Theorie, daß ihre Aussagen und Prognosen mit der ökonomischen Realität übereinstimmen, dann rechtfertigt auch eine häufige Reproduktion positiver Testergebnisse nicht die Aussage, diese Theorie sei verifiziert worden: Da man nicht ausschließen kann, daß bei einem weiteren Test die ökonomische Theorie nicht durch die Realität bestätigt wird, geht man in der modernen Wissenschaftstheorie davon aus, daß eine Verifikation ökonomischer Theorien nicht möglich ist. Man arbeitet deshalb mit einer ökonomischen Theorie, solange ihre Falsifikation nicht gelungen ist.

(2) Zur Erläuterung des zweiten Methodenstreites ist es zweckmäßig, von der Aufgabenstellung der Volkswirtschaftspolitik auszugehen (vgl. dazu *Luckenbach* 1986, S. 9 ff.). Dabei ist es erforderlich, etwas weiter auszuholen als bei der Erläuterung des ersten Methodenstreites: Im folgenden soll zunächst die Aufgabe der Volkswirtschaftspolitik und anschließend ihr Verhältnis zur Volkswirtschaftstheorie erläutert werden. Darauf aufbauend kann man dann auf den zweiten Methodenstreit eingehen.

(a) Im Unterschied zur Volkswirtschaftstheorie, deren Aufgabe die Erklärung des Wirtschaftsgeschehens ist, beschäftigt sich die Volkswirtschaftspolitik mit der Beeinflussung dieses Geschehens. Stellt z.B. die Regierung eines Landes fest, daß die ökonomische Situation in der Volkswirtschaft (Ist-Zustand, z.B. Arbeitslosigkeit) von der gewünschten Situation (Soll-

---

[4] Diesem Falsifikationskriterium (*Popper*-Kriterium) müssen auch die Theorien aller anderen empirischen Wissenschaften genügen (vgl. *Popper* 1982).

Zustand, z. B. Vollbeschäftigung) abweicht, dann wird sie im Regelfalle versuchen, durch Beeinflussung der ökonomischen Realität die gewünschte Situation – d. h. ihren wirtschaftspolitischen Zielkatalog – zu realisieren. Im folgenden sollen zur Wirtschaftspolitik eines Landes alle Maßnahmen des Staates und anderer öffentlicher Institutionen (z. B. der Zentralnotenbank)[5] gezählt werden, die mit der Absicht ergriffen werden, den jeweils relevanten wirtschaftspolitischen Zielkatalog durch Beeinflussung des Wirtschaftsgeschehens zu realisieren. Dabei wird davon ausgegangen, daß der Zielkatalog von den politischen Entscheidungsgremien aufgrund von Werturteilen aus der Gesamtheit aller denkbaren Zielkataloge ausgewählt worden ist.

Bei der Beschäftigung mit wirtschaftspolitischen Problemen kann man alternative Schwerpunkte setzen. Zum einen ist es möglich, konkrete wirtschaftspolitische Einzelmaßnahmen in den Mittelpunkt des Interesses zu rücken, d. h. man kann sich den Fragen der praktischen Wirtschaftspolitik zuwenden. Zum anderen kann man sich jedoch auch auf die theoretischen Grundlagen der Wirtschaftspolitik (sog. Allgemeine oder Theorie der Wirtschaftspolitik) konzentrieren.

(b) Das Verhältnis zwischen Volkswirtschaftstheorie und Volkswirtschaftspolitik (vgl. dazu *Luckenbach* 1986, S. 4 ff.) läßt sich am besten erläutern, wenn man zunächst die Beziehungen zwischen der Volkswirtschaftstheorie (allgemeine ökonomische Theorie) und der Theorie der Wirtschaftspolitik klärt. Anschließend kann man dann die praktische Wirtschaftspolitik in die Betrachtung einbeziehen.

Allgemeine ökonomische Theorie und Theorie der Wirtschaftspolitik verhalten sich zueinander wie Grundlagenwissenschaft und angewandte Wissenschaft (vgl. dazu den obigen Abschnitt 0.1. (3)). Die allgemeine ökonomische Theorie geht von konkreten ökonomischen Gegebenheiten aus und versucht, die Ursachen der beobachteten Phänomene aufzudecken. Sie führt also Kausalanalysen durch, die sowohl quantitativer als auch qualitativer Natur sein können.[6] Die allgemeine ökonomische Theorie ist also die Grundlagenwissenschaft (sog. „reine" Wissenschaft). – Hingegen geht die Theorie der Wirtschaftspolitik nicht von konkreten, sondern von erwünschten ökonomischen Zuständen aus und fragt nach den Instrumenten, durch deren Einsatz sie herbeigeführt werden können. Die kausale Betrachtungsweise der allgemeinen ökonomischen Theorie ist also in der Theorie der Wirtschaftspolitik durch eine teleologische Betrachtungsweise ersetzt worden (vgl. *Albert* 1972, S. 36). Im Unterschied zur allgemeinen ökonomi-

---

[5] Dies ist in der Bundesrepublik Deutschland die Deutsche Bundesbank in Frankfurt a. M.

[6] Wegen der häufigen Interdependenz ökonomischer Größen tritt an die Stelle der Kausalanalyse häufig die Funktionalanalyse. Sie ist immer dann erforderlich, wenn man in der Realität beobachtet, daß im Falle zweier ökonomischer Größen A und B sowohl A auf B als auch B auf A einwirkt.

schen Theorie ist also die Theorie der Wirtschaftspolitik die angewandte Wissenschaft (sog. Technologie).

Wie sich den bisherigen Erörterungen entnehmen läßt, ist eine wohlausgebaute Theorie der Wirtschaftspolitik die Voraussetzung dafür, daß eine rationale und mithin erfolgversprechende angewandte Wirtschaftspolitik betrieben werden kann. Wenn die praktische Wirtschaftspolitik darauf verzichtet, die Erkenntnisse der theoretischen Wirtschaftspolitik zu nutzen, fehlen ihr die erforderlichen Informationen über die Mittel-Zweck-Beziehungen. Wenn sie dennoch das eine oder andere Ziel gelegentlich erreichen sollte, so ist dies nicht Ergebnis rationalen wirtschaftspolitischen Handelns, sondern Zufall.

Die Bedeutung der Theorie der Wirtschaftspolitik für die praktische Wirtschaftspolitik wird noch dadurch verstärkt, daß in der Realität das einfache Mittel-Zweck-Schema als Grundlage einer Modifikation des ökonomischen Geschehens meistens nicht ausreichend ist. Im Regelfalle wird in dem jeweils betrachteten Lande versucht, eine Vielfalt von wirtschaftspolitischen Zielen mittels einer großen Anzahl von wirtschaftspolitischen Instrumenten zu realisieren. Als theoretische Grundlage der Wirtschaftspolitik ist dann ein komplexes System von Mittel-Zweck-Beziehungen relevant, welches nur dann in praktische Wirtschaftspolitik umgesetzt werden kann, wenn zumindest zwei Voraussetzungen erfüllt sind: Zum einen müssen die Beziehungen zwischen den verschiedenen Zielen bekannt sein, um insbes. mögliche Zielkonflikte erkennen zu können. Zum anderen ist es erforderlich, die Wirkungen der verschiedenen Instrumente zu kennen, um vor allem ihre Zielkonformität beurteilen zu können.

(c) Da die Ziele der Wirtschaftspolitik aufgrund von Werturteilen aufgestellt werden, ist die Frage aufgeworfen worden, ob Wirtschaftswissenschaftler innerhalb ihrer Wissenschaft Werturteile fällen dürfen, oder ob sie sich auf werturteilsfreie Aussagen (sog. Sachaussagen) beschränken müssen. Diese Frage ist in der Vergangenheit verschieden beantwortet worden, was unmittelbar deutlich wird, wenn man die historische Entwicklung der Volkswirtschaftslehre verfolgt.

So wurden z.B. im 18. und 19. Jahrhundert in den Untersuchungen der Klassiker (vgl. dazu *Recktenwald* 1988) Sach- und Werturteile noch nicht auseinandergehalten. Diese Wissenschaftler betrachteten es als eine ihrer selbstverständlichen Pflichten, die ökonomische Realität nicht nur zu beschreiben und zu erklären, sondern auch Empfehlungen zu ihrer Gestaltung zu geben. Ihre Veröffentlichungen enthalten deshalb eine Mischung aus theoretischen Ableitungen und wirtschaftspolitischen Empfehlungen.

Dies änderte sich erst zu Beginn des 20. Jahrhunderts, als aufgrund der Untersuchungen von *Max Weber* (vgl. 1973a und 1973b) erstmalig eine klare Trennung der theoretischen Aussagen von den Werturteilen getroffen wurde. Die daraufhin von *Weber* und *Sombart* erhobene Forderung nach einer werturteilsfreien Wirtschaftswissenschaft (positive Ökonomik) löste den zweiten Methodenstreit (sog. Werturteilsstreit) aus, in welchem *Schmoller* und der Verein für Socialpolitik (heute: Gesellschaft für Wirtschafts- und Sozialwissenschaften) die Gegenposition zu *Weber* und *Sombart* bezogen, indem sie im Rahmen der Wirtschaftswissenschaft auch Werturteile zulassen wollten (normative Ökonomik).

Inzwischen herrscht die Ansicht vor, daß Aussagen, die im Rahmen einer Wissenschaft getroffen werden, unabhängig von der Person des jeweiligen Wissenschaftlers (d. h. insbesondere von seinen Werturteilen) sein sollen. Dadurch wird erreicht, daß solche Aussagen von jedem anderen Wissenschaftler reproduziert werden können (wie z. B. die Aussage 2 + 2 = 4). Im zweiten Methodenstreit haben sich also *Weber* und *Sombart* mit ihrer Forderung nach einer werturteilsfreien Nationalökonomie durchgesetzt. Seither ist unbestritten, daß Werturteile – z. B. die Aufstellung eines Katalogs wirtschaftspolitischer Forderungen – außerhalb der Wissenschaft und mithin auch außerhalb der Theorie der Wirtschaftspolitik gefällt werden.[7]

(3) Da sich die allgemeine ökonomische Theorie einerseits und die Theorie der Wirtschaftspolitik andererseits lediglich durch ihre jeweilige Betrachtungsweise voneinander unterscheiden, die entweder kausal oder teleologisch ist (vgl. den obigen Abschnitt (2) (b)), arbeitet man in beiden Teilgebieten der Volkswirtschaftslehre mit Modellen. Dabei gibt es verschiedene Arten von Modellen, die sich unter Zuhilfenahme von verschiedenen Begriffspaaren erläutern lassen, von denen die wichtigsten kurz aufgeführt werden sollen (vgl. *Helmstädter* 1991, S. 16ff.).

(a) Zentral ist die Unterscheidung mikroökonomischer Modelle einerseits und makroökonomischer Modelle andererseits. In mikroökonomischen Analysen geht man von den einzelnen Akteuren (Wirtschaftssubjekten) aus, z. B. vom einzelnen Haushalt oder von der einzelnen Unternehmung. Hingegen sind in makroökonomischen Untersuchungen Gruppen von Wirtschaftssubjekten (z. B. die Gesamtheit der Haushalte oder die Gesamtheit der Unternehmungen) Ausgangspunkte der ökonomischen Analyse. Die Makroökonomik arbeitet also mit sog. aggregierten Größen.[8] Dabei lassen sich verschiedene Aggregationsebenen voneinander unterscheiden. So kann man z. B. die Produzenten einer Branche, einer Industrie, einer

---

[7] Allerdings erfordert die Beantwortung der Frage, ob der wirtschaftspolitische Forderungskatalog sich ausschließende Ziele enthält (also inkonsistent ist) oder ob er konsistent (und mithin prinzipiell realisierbar) ist, ein Sachurteil und gehört deshalb zur Theorie der Wirtschaftspolitik (vgl. dazu *Luckenbach* 1986, S. 12f., 245ff.)

[8] Die Verwendung von Aggregaten ist auch außerhalb der Volkswirtschaftslehre gebräuchlich. So kann man z. B. den Wald als ein Aggregat von Bäumen oder den Regen als ein Aggregat von Wassertropfen betrachten.

Volkswirtschaft oder die Produzenten der gesamten Weltwirtschaft zu einer Gruppe zusammenfassen.[9]

(b) Eine zweite Möglichkeit der Klassifikation von Modellen ist die Unterscheidung in Partial- und Totalanalysen. Die Partialanalyse untersucht nur einen Ausschnitt aus dem volkswirtschaftlichen Geschehen. So kann sie sich z. B. auf den Agrarsektor der Volkswirtschaft oder auf den Markt für Mittelklassewagen konzentrieren. Hingegen erstreckt sich eine Totalanalyse immer auf das volkswirtschaftliche Gesamtgeschehen.[10]

(c) Drittens kann man statische und dynamische Modelle voneinander unterscheiden. Die statische Analyse ist eine zeitlose Betrachtung, in der davon abstrahiert wird, daß die ökonomischen Vorgänge im Regelfalle Zeit erfordern und mithin auch in einer bestimmten zeitlichen Reihenfolge ablaufen. In der statischen Analyse gehören also alle ökonomischen Größen, die in die Betrachtung einbezogen worden sind, dem gleichen Zeitpunkt an. Im Unterschied hierzu wird in dynamischen Analysen vom Zeitbedarf ökonomischer Vorgänge nicht abstrahiert. Vielmehr wird der zeitliche Ablauf wirtschaftlicher Prozesse explizit in die Analyse eingebaut. Die ökonomischen Größen in dynamischen Analysen beziehen sich also auf verschiedene (mindestens zwei) Zeitpunkte.

(d) Eine vierte gebräuchliche Klassifikation ökonomischer Modelle ist die Unterscheidung in kurz- und langfristige Analysen. Die Begriffe kurz-, (mittel-) und langfristig bezeichnen den Zeithorizont von Analysen. Allerdings ist die Abgrenzung zwischen diesen Kategorien fließend:

In der ökonomischen Theorie spricht man im Regelfalle dann von einer kurzfristigen Analyse, wenn während des Zeitraums, den diese umfaßt, relevante ökonomische Größen (z. B. Kapitalstock, strukturelle Merkmale) sich nicht ändern. Im Falle einer langfristigen Analyse werden alle denkbaren Änderungen ökonomischer Größen, insbes. Änderungen des in der Volkswirtschaft verfügbaren Bestandes an Produktionsfaktoren (Arbeit, Kapital),[11] berücksichtigt.

In der Realität spricht man von kurzfristigen Analysen, wenn sie einen Zeitraum von einem Jahr nicht überschreiten. Als langfristig werden Untersuchungen bezeichnet, die sich auf einen Zeitraum von mindestens 5 Jahren beziehen. Schließlich werden alle Untersuchungen, die einen Zeitraum von 1–5 Jahren umfassen, als mittelfristig bezeichnet.

(e) Jeweils zwei der obigen Merkmalspaare lassen sich in Matrixform erfassen, wie es im nachfolgenden Schaubild 1.2 für die unter (a) und (b) aufge-

---

[9] Seit einiger Zeit werden die beiden unteren Aggregationsebenen auch unter dem Begriff „Mesoökonomik" zusammengefaßt (vgl. *Peters* 1983, insbes. S. 130).

[10] Im Unterschied zur Partialanalyse benötigt sie deshalb geschlossene Modelle, in denen alle Variablen endogen erklärt werden.

[11] Genauere Ausführungen über Definition und Arten von Produktionsfaktoren sind im folgenden Abschnitt 1.2.2. (2) (b) dieser Arbeit zu finden.

führten Begriffspaare geschehen ist. Offensichtlich erhält man dann vier verschiedene Typen ökonomischer Analysen: Mikroökonomische Partialanalysen, mikroökonomische Totalanalysen, makroökonomische Partialanalysen und makroökonomische Totalanalysen.

	Mikroökonomie	**Makroökonomie**
Partial-analyse	**Mikroökonomische Partialanalyse**	**Makroökonomische Partialanalyse**
Total-analyse	**Mikroökonomische Totalanalyse**	**Makroökonomische Totalanalyse**

Schaubild 1.2: Arten volkswirtschaftlicher Analysen

Die mikroökonomische Partialanalyse untersucht mittels Einzelgrößen einen Ausschnitt aus dem volkswirtschaftlichen Gesamtgeschehen. Sie fragt z. B. nach Arten und Mengen der von einem privaten Haushalt verbrauchten und der von einer privaten Unternehmung erzeugten Güter. Seit Beginn der klassischen Nationalökonomie, deren Fundament vor allem die grundlegende Arbeit von *Adam Smith* 1776 ist, werden zentrale Problemstellungen der Volkswirtschaftslehre – z. B. die Frage nach den Bestimmungsgründen der Güterpreise – unter Zuhilfenahme mikroökonomischer Partialanalysen untersucht.

Die mikroökonomische Totalanalyse betrachtet basierend auf Einzelgrößen das volkswirtschaftliche Gesamtgeschehen. Um dennoch die Übersichtlichkeit der Analyse sicherzustellen, verwendet man in mikroökonomischen Totalanalysen häufig Modelle, die man als Zweiermodelle bezeichnen kann. Sie beruhen auf der Annahme, daß es in der betrachteten Volkswirtschaft zwei Konsumenten gibt, die zwei Güter konsumieren, welche von zwei Produzenten unter Verwendung von zwei Produktionsfaktoren hergestellt werden. Mikroökonomische Totalanalysen, als deren geistiger Vater *Léon Walras* angesehen wird (vgl. *Felderer* 1989, S. 64 ff.; *Kleinewefers/ Jans* 1983, S. 145 ff.) sind z. B. unerläßlich, wenn man die Wirkungen der Konsum- und Produktionsaktivitäten auf die Wohlstandssituation in der betrachteten Volkswirtschaft untersuchen will.

Die makroökonomische Partialanalyse untersucht unter Zuhilfenahme von aggregierten Größen einen Ausschnitt aus dem volkswirtschaftlichen Gesamtgeschehen.[12] So liegt z. B. eine makroökonomische Partialanalyse vor,

---

[12] Die makroökonomische Partialanalyse wäre in der Terminologie von *Peters* 1983 als Mesoökonomie zu bezeichnen. (Vgl. dazu auch die letzte Fußnote zum obigen Unterabschnitt (a)).

wenn man für einen bestimmten Sektor der Volkswirtschaft (z. B. für die Automobilindustrie oder für den Agrarsektor) über mehrere Jahre hinweg die Beziehung zwischen Investitions- und Produktionshöhe untersucht. Makroökonomische Partialanalysen sind u. a. die Grundlage für Aussagen über die Entwicklung einzelner Sektoren der betrachteten Volkswirtschaft.[13]

Die makroökonomische Totalanalyse untersucht auf der Grundlage von aggregierten Größen das volkswirtschaftliche Gesamtgeschehen. Als frühester Vertreter dieser Untersuchungsmethode ist *François Quesnay* anzusehen (vgl. *Blaich* 1988, S. 41 ff.); ihr bekanntester Vertreter ist *Keynes* 1936. Bis heute ist die makroökonomische Totalanalyse u. a. unentbehrliche Grundlage der Konjunktur- und Wachstumstheorie.

Offensichtlich ist jede dieser Formen ökonomischer Analysen zugleich statisch oder dynamisch und kurz- oder langfristig ausgerichtet. Jedes ökonomische Modell weist also insgesamt vier Merkmale auf, nämlich je eines von jedem der oben erläuterten Merkmalspaare. Welches der verschiedenen denkbaren Modelle jeweils verwendet wird, hängt von der interessierenden Fragestellung ab.

Die in Schaubild 1.2 dargestellte grundlegende Unterscheidung mikro- und makroökonomischer Analysen bestimmt auch den Aufbau der theoretisch ausgerichteten Teile 3 bis 5 des vorliegenden Buches.[14] Während die folgenden Teile 3 und 4 der mikroökonomischen Partialanalyse zuzurechnen sind, gehören die Überlegungen des abschließenden Teiles 5 in den Bereich der makroökonomischen Totalanalyse.

1.2. Die Grundbegriffe der Volkswirtschaftslehre

Wenngleich einige Ausdrücke der volkswirtschaftlichen Wissenschaftssprache bereits aus der Umgangssprache bekannt sind, so darf dies doch nicht darüber hinwegtäuschen, daß zwischen Wissenschaftssprache einerseits und Umgangssprache andererseits z. T. erhebliche Unterschiede bestehen. In der Wissenschaftssprache ist es üblich, den Inhalt jedes Begriffes exakt festzulegen. Diese Eindeutigkeit von Begriffsinhalten ist in der Umgangssprache oft nicht gegeben. Es ist dann möglich, daß die Aussage einer Person von einer anderen nicht so verstanden wird, wie sie gemeint war. Es treten also Mißverständnisse auf.

Wenn man erreichen will, daß in der Wissenschaft die Aussagen interpersonal verständlich sind und zuverlässig weitergegeben werden können, dann muß man die im Falle umgangssprachlicher Äußerungen nie auszuschlie-

---

[13] Sodann werden sie auch als Grundlage strukturpolitischer Aktivitäten der Wirtschaftspolitik herangezogen. Vgl. dazu den folgenden Band III dieser Reihe.

[14] Vgl. dazu die Ausführungen im obigen Abschnitt 0.2.

ßenden Mißverständnisse vermeiden. Dies erreicht man, indem man darauf achtet, daß in der Wissenschaftssprache die Begriffsinhalte eindeutig sind. Begriffsinhalte werden deshalb in wissenschaftlichen Untersuchungen durch Definitionen festgelegt;[15] und wenn es – z. B. bei der Untersuchung eines neuen Problems – zweckmäßig erscheint, den Inhalt eines Begriffes zu ändern, dann muß man in wissenschaftlichen Untersuchungen durch Um- oder Neudefinitionen ausdrücklich darauf hinweisen, daß man diesen Begriff abweichend vom bisherigen Begriffsinhalt verwendet.

In jeder Wissenschaft gibt es eine Anzahl von Grundbegriffen, von denen ausgehend man ganze „Begriffsfamilien" dieser Wissenschaft kennenlernen kann, die ihrerseits das gesamte Gebäude der betrachteten Wissenschaft erschließen. Die wichtigsten „Schlüsselbegriffe" der Volkswirtschaftslehre sind die Begriffe „Bedürfnisse", „Güter" und „ökonomisches Prinzip". Sie sollen im folgenden nacheinander erläutert werden.

1.2.1. Die Bedürfnisse

(1) Die Bedürfnisse des Menschen (z. B. Hunger, Reiselust) stehen im Zentrum der Volkswirtschaftslehre. Sie sind sowohl Ausgangs- als auch Zielpunkte des volkswirtschaftlichen Gesamtgeschehens. Deshalb ist es zweckmäßig, den Rundgang durch das Wissenschaftsgebäude der Volkswirtschaftslehre mit der Definition des Begriffes „Bedürfnis" zu beginnen.

Bedürfnisse (Wünsche) sind als „Empfindungen des Mangels" bezeichnet worden (*Wessels* 1966, S. 37), die mit dem Wunsch einhergehen, diese Mangelempfindungen zu beseitigen, d. h. die Bedürfnisse zu befriedigen. Die Bedürfnisse eines Menschen kann grundsätzlich nur dieser selbst empfinden und mithin kennen. Dies ergibt sich auch daraus, daß uns Einblicke in die Empfindungen und Bewußtseinszustände unserer Mitmenschen nicht möglich sind.[16] Es ist deshalb erforderlich, den Begriff „Bedürfnis" individualistisch zu konzipieren.

---

[15] Wenn man bei der Definition eines wissenschaftlichen Begriffes von umgangssprachlichen Gepflogenheiten abweicht, so bedeutet dies nicht, daß der umgangssprachliche Begriff „falsch" ist. Definitionen sind Sprachregelungen die (im Hinblick auf das zu analysierende Problem) zweckmäßig oder unzweckmäßig sein können und im letzteren Falle von jedem Wissenschaftler, dem die Unzweckmäßigkeit auffällt, geändert werden können.

[16] Gleichwohl sind wir (zumindest in Grenzen) in der Lage, uns „mitfühlend" in andere Menschen hineinzuversetzen. Dies kann simultan oder alternativ durch Introspektion (in den eigenen Bewußtseinszustand) mit anschließendem Analogieschluß von Eigenpsychischem auf Fremdpsychisches oder durch Intuition geschehen. Aussagen aufgrund von Introspektion oder Intuition sind jedoch nicht unabhängig von der Person, die sie trifft, d. h. sie sind interpersonal nicht reproduzierbar (wie es z. B. die Addition $2 + 2 = 4$ wäre) und mithin prinzipiell nicht nachprüfbar. Deshalb sind solche Aussagen in wissenschaftlichen Erörterungen nicht zulässig.

(2) Die Bedürfnisse des Menschen sind erfahrungsgemäß außerordentlich vielfältig. Man hat deshalb versucht, sie zu klassifizieren. So ist z. B. zwischen elementaren Bedürfnissen einerseits und durch Werbung geweckten Bedürfnissen andererseits unterschieden worden. Diese Aufteilung der Bedürfnisse ist jedoch aus zwei Gründen nicht sinnvoll.

Erstens muß man berücksichtigen, daß man grundsätzlich nicht unterscheiden kann, welche Bedürfnisse eines Menschen elementar und welche durch Werbung geweckt sind.[17] Auch gibt es außer der Werbung viele andere Einflußfaktoren der Bedürfnisse, die im Rahmen volkswirtschaftlicher Untersuchungen im Regelfalle nicht analysiert werden. Deshalb ist es üblich, die Bedürfnisse als gegeben zu betrachten. Von Versuchen ihrer Erklärung soll deshalb im folgenden abgesehen werden.[18]

Zweitens muß man sich klarmachen, daß die Unterscheidung der beiden genannten Arten von Bedürfnissen – sofern man sie zweifelsfrei treffen könnte – unerheblich wäre, solange die Bedürfnisse zum einen Ausgangs- und Zielpunkt des volkswirtschaftlichen Gesamtgeschehens und zum anderen individualistisch konzipiert sind: So würde man dem einzelnen Menschen nicht zu rechtfertigenden Zwang antun, wenn man ihm nur die Befriedigung elementarer Bedürfnisse ermöglichen wollte.

(3) Jeder kann bei sich selbst beobachten, daß – sobald ein Bedürfnis befriedigt ist – andere Wünsche in unser Bewußtsein nachrücken und der Befriedigung harren. Man sagt deshalb, daß die Bedürfnisse des Menschen unbegrenzt sind.

Leider sind jedoch die uns zur Verfügung stehenden Möglichkeiten der Bedürfnisbefriedigung begrenzt, was im folgenden Abschnitt 1.2.2. genauer erläutert werden soll. Im anschließenden Abschnitt 1.2.3. kann man dann auf die Folgerungen eingehen, die sich aus der Unbegrenztheit der Bedürfnisse einerseits und der Begrenztheit der Möglichkeiten zur Bedürfnisbefriedigung andererseits ergeben.

1.2.2. Die Güter

Alle Mittel, die der Befriedigung menschlicher Bedürfnisse dienen können, werden als Güter bezeichnet. Ihre Vielfalt ist nicht geringer als die der Bedürfnisse. Um gleichwohl eine Vorstellung von den verschiedenen Mit-

---

[17] Offensichtlich würde eine solche Differenzierung nur aufgrund von Aussagen möglich sein, die auf Introspektion oder Intuition basieren und die deshalb in einer wissenschaftlichen Argumentation nicht zulässig sind. (Vgl. dazu auch die Ausführungen in der vorausgegangenen Fußnote).

[18] Neuerdings gibt es im Rahmen der Volkswirtschaftslehre einige Versuche zur Erklärung von Bedürfnissen. Vgl. dazu z. B. *Kirsch* 1990. Interessant in diesem Zusammenhang ist auch der Überblick von *Earl* 1990 über die Beziehungen zwischen Ökonomie und Psychologie.

teln der Bedürfnisbefriedigung zu gewinnen, ist es erforderlich, die Güter zu klassifizieren. Dabei soll von dem nachfolgenden Schaubild 1.3 ausgegangen werden.

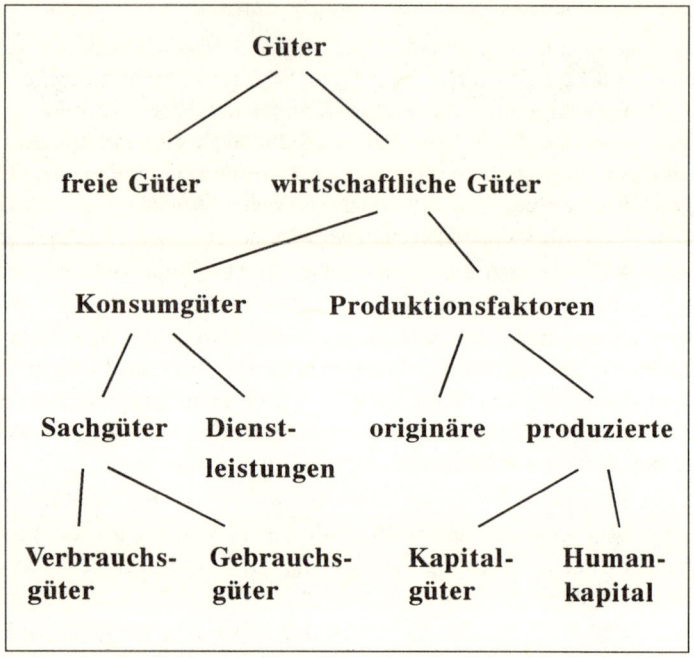

Schaubild 1.3: Die Klassifikation der Güter

(1) Nicht alle Güter gehören zum Untersuchungsgegenstand der Volkswirtschaftslehre. Dies läßt sich am leichtesten verdeutlichen, wenn man die Gesamtheit aller Güter in freie Güter einerseits und wirtschaftliche Güter andererseits unterteilt. Dabei bezeichnet man alle Güter als frei (Ubiquität), deren Menge unbegrenzt erscheint und die deshalb unentgeltlich verfügbar sind (z. B. das Sonnenlicht). Hingegen werden als wirtschaftlich alle Güter bezeichnet, deren Menge offensichtlich begrenzt ist und die man deshalb nur gegen Entgelt erhalten kann.

In der Vergangenheit wurden verschiedene Güter als freie Güter betrachtet (und behandelt), die man – wie z. B. Wasser und Luft – aufgrund wachsenden Umweltbewußtseins heute dem Bereich wirtschaftlicher Güter zuzuordnen bereit ist. Die Frage nach den Änderungen, die man am Grenzverlauf zwischen freien und wirtschaftlichen Gütern vornehmen muß und die sich daraus ergebenden wirtschaftspolitischen Folgerungen gehören zu einem noch jungen Zweig der Volkswirtschaftslehre, der als Umweltökonomie bezeichnet wird (vgl. z. B. *Siebert* 1987, *Wicke* 1989 und *Heller* 1989).

Zum Untersuchungsgegenstand der Volkswirtschaftslehre gehören nur die wirtschaftlichen Güter. Diese müssen deshalb im folgenden genauer betrachtet werden.

(2) Wirtschaftliche Güter kann man entweder in der Natur vorfinden (z. B. Wildfrüchte), oder man kann sie herstellen (z. B. Brötchen, Autos). Soweit wirtschaftliche Güter hergestellt werden, soll zunächst von der vereinfachenden Annahme ausgegangen werden, daß sie im Zuge eines einstufigen Produktionsprozesses erzeugt werden (z. B. Verarbeitung eines Baumes zu einem Einbaum), so daß Zwischenprodukte nicht anfallen.[19] Unter dieser Voraussetzung lassen sich wirtschaftliche Güter leicht nach ihrer Bedürfnisnähe klassifizieren. Ausgangspunkt ist die Überlegung, daß es offensichtlich zum einen Güter gibt, die unmittelbar der Bedürfnisbefriedigung dienen (z. B. Kartoffeln). Zum anderen gibt es aber auch Güter, die nur mittelbar für die Befriedigung menschlicher Bedürfnisse nutzbar gemacht werden können (z. B. Kartoffelacker). Alle Güter, die unmittelbar der Bedürfnisbefriedigung zugeführt werden können, nennt man Konsumgüter (= Güter i. e. S.).[20] Hingegen werden die nur mittelbar der Bedürfnisbefriedigung dienenden Güter als Produktionsfaktoren bezeichnet. Sowohl die Konsumgüter als auch die Produktionsfaktoren sind zentrale Kategorien der volkswirtschaftlichen Analyse und müssen deshalb nacheinander genauer erläutert werden.

(a) Die Konsumgüter lassen sich in zwei Kategorien unterteilen: in die Sachgüter einerseits (= Konsumgüter i. e. S.)[21] und in Tätigkeitsakte andererseits (= Dienstleistungen). Während zu den Sachgütern z. B. Frühstücksbrötchen und Häuser zählen, rechnet man zu den Dienstleistungen z. B. das Haareschneiden und die ärztliche Versorgung.

Vor allem am Beispiel der Sachgüter kann man sich klarmachen, daß die verschiedenen Güter alternativ oder simultan zur Befriedigung eines Bedürfnisses herangezogen werden können. So kann z. B. das Bedürfnis, am Morgen zu frühstücken, alternativ durch Brötchen oder Knäckebrot befriedigt werden. Man sagt dann, daß diese beiden Güter Substitute sind. Hingegen erfordert die Befriedigung des Bedürfnisses zu Surfen die simultane Nutzung von Board und Rigg. In diesem Falle spricht man von komplementären Gütern.

Unabhängig von diesen Substitutions- und Komplementaritätsbeziehungen zerfällt die Gruppe der Sachgüter in zwei Untergruppen. Zum einen gibt es Konsumgüter, die in einem einmaligen Konsumakt untergehen (z. B. Frühstücksbrötchen). Man bezeichnet sie als Verbrauchsgüter. Daneben gibt es

---

[19] Zwischenprodukte werden im anschließenden Unterabschnitt (3) in die Betrachtung einbezogen.

[20] Wenn im folgenden Begriff „Gut" bzw. „Güter" ohne Zusatz verwendet wird, dann wird er immer i. e. S. benutzt.

[21] Wenn im folgenden der Begriff „Konsumgut" ohne Zusatz verwendet wird, dann wird er immer i. e. S. benutzt.

andere Konsumgüter, die über einen längeren Zeitraum hinweg genutzt werden können (z. B. Wohnhaus). Dies sind die sog. Gebrauchsgüter, die auch als dauerhafte Konsumgüter bezeichnet werden.

(b) Die Produktionsfaktoren sind in originäre Produktionsfaktoren einerseits und in produzierte Produktionsfaktoren andererseits unterteilt worden. Während man in der Vergangenheit den Boden und die Arbeit als originäre Produktionsfaktoren betrachtet hat, sind die produzierten Produktionsfaktoren (z. B. Webstühle) unter dem Begriff „Kapital" oder „Kapitalgüter" zusammengefaßt worden. Als Kapital wird also alles bezeichnet, was in der Vergangenheit produziert worden ist und in der Gegenwart oder Zukunft zur Erzeugung zusätzlicher Güter verwendet werden kann.

In modernen Volkswirtschaften sind originäre Produktionsfaktoren praktisch bedeutungslos. Dies wurde zuerst für den Faktor Boden erkannt: So wird Boden z. B. erst dann für die landwirtschaftliche Produktion benutzt, wenn er urbar gemacht, gepflügt und gedüngt worden ist, d. h. nachdem er von einem originären zu einem produzierten Produktionsfaktor geworden ist. Folgerichtig wird deshalb in der neueren Volkswirtschaftslehre dieser Faktor Boden dem Kapital zugerechnet. Im Unterschied zur traditionellen Volkswirtschaftslehre, die drei Produktionsfaktoren kannte (Boden, Arbeit, Kapital), arbeitet die moderne Volkswirtschaftslehre also mit Zwei-Faktoren-Modellen (Arbeit, Kapital).

Neben dem Faktor Boden wird in der modernen Volkswirtschaftslehre auch der Faktor Arbeit immer häufiger nicht mehr als originärer, sondern als produzierter Produktionsfaktor betrachtet. Dahinter steht die Überlegung, daß der Faktor Arbeit ähnlich wie der Faktor Boden in modernen Volkswirtschaften zunächst „verbessert" wird, ehe er für Produktionszwecke nutzbar gemacht wird: Dies geschieht vor allem durch Ausbildung, aber auch durch Gesundheitsvorsorge. In diesem Falle muß offensichtlich auch der Faktor Arbeit unter den Begriff Kapital subsumiert werden. Im Unterschied zu den zunächst erläuterten Komponenten des Kapitals, die auch als Sachkapital bezeichnet werden, hat man für die durch Ausbildung qualifizierte Arbeit die Bezeichnung „Humankapital" geprägt.

(3) Für die Beantwortung verschiedener Fragen ist es erforderlich, sowohl die Konsumgüter als auch die Kapitalgüter genauer als bisher zu betrachten: Man muß berücksichtigen, daß Konsum- und Kapitalgüter nicht nur in einstufigen Produktionsprozessen hergestellt werden können – wovon bisher ausgegangen wurde – sondern im Regelfalle in mehrstufigen Produktionsprozessen erzeugt werden.

Geht man z. B. davon aus, daß aus Wolle zunächst Tuch hergestellt wird, welches dann seinerseits zu Kleidung verarbeitet wird (zweistufige Produktion), dann ist Tuch ein Zwischenprodukt und Kleidung ein Endprodukt des Konsumgütersektors der betrachteten Volkswirtschaft. Analog lassen sich auch im Kapitalgütersektor Zwischen- und Endprodukte voneinander unterscheiden.

1.2.3. Das ökonomische Prinzip

Berücksichtigt man, daß einerseits die Bedürfnisse des Menschen unbegrenzt sind, andererseits die Mittel zur Bedürfnisbefriedigung nur in begrenztem Umfang zur Verfügung stehen, dann wird deutlich, daß man – sofern möglichst viele Bedürfnisse befriedigt werden sollen – mit den Mitteln der Bedürfnisbefriedigung sparsam umgehen muß. Man spricht in diesem Zusammenhang davon, daß der Mensch wirtschaften muß. Damit ist gemeint, daß er sich dem sog. ökonomischen Prinzip entsprechend verhalten soll. Dieses Prinzip ist das Grundprinzip der Volkswirtschaftslehre und muß deshalb im folgenden genauer erläutert werden.

Das ökonomische Prinzip ist nichts anderes als eine Regel rationalen Verhaltens (Rationalprinzip), die in dreifacher Weise formuliert werden kann (vgl. *Bartling/Luzius* 1992, S. 5): Erstens läßt sich das ökonomische Prinzip als sog. Maximumprinzip formulieren. Es besagt dann z. B., daß mit gegebenem Gütereinsatz ein möglichst hohes Befriedigungsniveau erreicht werden soll. Zweitens kann man das ökonomische Prinzip als sog. Minimumprinzip ausdrücken. Dann besagt es z. B., daß ein gegebenes Befriedigungsniveau mit möglichst geringem Gütereinsatz erreicht werden soll. Schließlich ist es drittens möglich, das ökonomische Prinzip als generelles Extremumprinzip darzustellen, was dem Grundsatz entspricht, das Verhältnis von Befriedigungsniveau zu Gütereinsatz zu maximieren.

Bisher ist das ökonomische Prinzip anhand von Beispielen aus dem Konsumgüterbereich der Volkswirtschaft erläutert worden. Da aber nicht nur mit Konsumgütern, sondern offensichtlich auch mit Produktionsfaktoren gewirtschaftet werden muß, ist es erforderlich, das ökonomische Prinzip auch als Regel für die Verwendung von Produktionsfaktoren zu formulieren. Es besagt dann, daß mit gegebenem Faktoreinsatz ein möglichst hoher Produktionsertrag erreicht werden soll (Maximumprinzip) oder daß ein gegebener Produktionsertrag mit möglichst geringem Faktoreinsatz erstellt werden soll (Minimumprinzip) oder daß das Verhältnis von Produktionsertrag zu Faktoreinsatz maximiert werden soll (generelles Extremumprinzip).

In der Volkswirtschaftslehre geht man davon aus, daß sich die Menschen entsprechend dem ökonomischen Prinzip – d. h. rational – verhalten. Alle Personen, für welche diese Annahme zutrifft, werden in der Volkswirtschaftslehre als Wirtschaftssubjekte bezeichnet. Ihre (am ökonomischen Prinzip ausgerichteten) Entscheidungen über Güter und Produktionsfaktoren werden als ökonomische Aktivitäten bezeichnet. Im folgenden soll auf die verschiedenen Wirtschaftssubjekte eingegangen werden, die in einer Volkswirtschaft ökonomische Aktivitäten entfalten.

1.3. Die Wirtschaftssubjekte

In einer Volkswirtschaft lassen sich im Regelfalle drei Gruppen von Wirtschaftssubjekten unterscheiden: die Wirtschaftssubjekte des privaten Sektors, die Wirtschaftssubjekte des öffentlichen Sektors und die Verbände.

1.3.1. Die Wirtschaftssubjekte des privaten Sektors

Zu den Wirtschaftssubjekten des privaten Sektors der Volkswirtschaft zählen die Haushalte und die Unternehmungen. Die Analyse ihrer ökonomischen Aktivitäten gehört zum Gegenstand der Volkswirtschaftstheorie.[22] Wie die folgenden Erörterungen zeigen werden, sind ihre ökonomischen Aktivitäten komplementär.

(1) Haushalte kann man als Wirtschaftssubjekte definieren, die zur Befriedigung ihrer Bedürfnisse Konsumgüter kaufen. Die zu deren Bezahlung erforderlichen Mittel verschaffen sie sich, indem sie Produktionsfaktoren (z. B. Arbeitsleistungen, Kapitalnutzungsrechte) verkaufen. Sie erzielen dann Faktoreinkommen[23] (z. B. Arbeitseinkommen, Kapitaleinkommen).

Jede Person gehört einem Haushalt an. Dies kann alternativ ein Ein- oder Mehrpersonenhaushalt (z. B. der Haushalt einer Familie) sein. Im folgenden soll zwischen Ein- und Mehrpersonenhaushalten nicht unterschieden werden. Deshalb ist es erforderlich, von der vereinfachenden Annahme auszugehen, daß im Falle von Mehrpersonenhaushalten nur ein Mitglied des Haushalts (z. B. der Haushaltsvorstand) wirtschaftliche Entscheidungen trifft.

Offensichtlich sind die Haushalte jene Wirtschaftssubjekte, die Träger der menschlichen Bedürfnisse sind. Berücksichtigt man, daß die Bedürfnisbefriedigung Ausgangs- und Zielpunkt des volkswirtschaftlichen Gesamtgeschehens ist (vgl. dazu den obigen Abschnitt 1.2.1.), dann wird deutlich, daß man die Haushalte als die „Adressaten" des ökonomischen Geschehens betrachten muß. Sie sind mithin die wichtigsten Wirtschaftssubjekte.

(2) Die Unternehmungen sind nach den Haushalten die zweitwichtigsten Wirtschaftssubjekte der Volkswirtschaft. Bei der ersten Beschäftigung mit Unternehmungen ist es zweckmäßig, von der Möglichkeit mehrstufiger Produktion zu abstrahieren und von einstufigen Produktionsprozessen auszugehen. Unternehmungen kann man dann als Wirtschaftssubjekte definieren, die den Haushalten Konsumgüter verkaufen. Die zu deren Herstellung

---

[22] Vgl. dazu den folgenden Teil 3 sowie Bd. II der vorliegenden Reihe.
[23] Daneben gibt es sog. Transfereinkommen (z. B. Renten, Subventionen), von denen jedoch im folgenden abgesehen werden soll. Zur Berücksichtigung der Transfereinkommen vgl. den folgenden Abschnitt 5.1.3.

erforderlichen Produktionsfaktoren beschaffen sie sich, indem sie diese von den Haushalten kaufen.

Im folgenden ist es zweckmäßig, zunächst kurz auf die verschiedenen Rechtsformen der Unternehmung einzugehen. Anschließend sollen dann die ökonomischen Aktivitäten der Unternehmung präzisiert werden.

(a) Es gibt verschiedene Rechtsformen der Unternehmung: Neben der Einzelunternehmung unterscheidet man Personen- und Kapitalgesellschaften. Die Form der Einzelunternehmung, die z. B. im handwerklichen Bereich der Volkswirtschaft oft zu finden ist, wird durch drei Merkmale charakterisiert:

– Der Einzelunternehmer arbeitet in seiner Firma selbst mit. Dafür bezieht er Arbeitseinkommen, welches als Unternehmerlohn bezeichnet wird.[24]
– Er bringt in die Firma neben seiner Arbeitsleistung auch Kapital ein. Dafür bezieht er Kapitaleinkommen.[25]
– Er haftet persönlich (d. h. auch mit seinem Privatvermögen) für die Schulden der Unternehmung.

Wenn ein Unternehmer Güter zu verkaufen beabsichtigt, zu deren Erstellung die Kapazitäten des Einzelunternehmers nicht ausreichen, dann kann er eine Personengesellschaft gründen, wie man sie z. B. im Handels- und Transportbereich der Volkswirtschaft nicht selten antrifft. Die wichtigsten Personengesellschaften sind die Gesellschaft bürgerlichen Rechts, die offene Handelsgesellschaft (OHG), die Kommanditgesellschaft (KG) und die Reederei. Im Unterschied zum Einzelunternehmer sind die Gesellschafter einer Personengesellschaft als Mitunternehmer anzusehen: Jeder von ihnen bringt Arbeit und Kapital ein und haftet persönlich für die Schulden der Gesellschaft.[26]

Im Unterschied zur Einzelunternehmung und zur Personengesellschaft ist die Kapitalgesellschaft eine juristische Person. Diese Unternehmensform ist vor allem im industriellen Bereich anzutreffen. Die wichtigsten Kapitalgesellschaften sind die Gesellschaft mit beschränkter Haftung (GmbH), die Aktiengesellschaft (AG) und die Kommanditgesellschaft auf Aktien (KGaA). Kapitalgesellschaften sind dadurch gekennzeichnet, daß die Beziehung des einzelnen Gesellschafters zu seiner Unternehmung im Vergleich zur Personengesellschaft stark gelockert ist: Die persönliche Mitarbeit des Gesellschafters ist die Ausnahme, insbes. die Geschäftsführung liegt bei besonderen Organen der Gesellschaft. Die Beziehung des Gesellschafters zu seiner Unternehmung manifestiert sich in seiner Kapitalbeteili-

---

[24] Zur Abgrenzung des Unternehmerlohns vom Unternehmensgewinn vgl. den folgenden Abschnitt 3.1.2.
[25] Zur Abgrenzung des Kapitaleinkommens vom Unternehmensgewinn vgl. den folgenden Abschnitt 3.1.2.
[26] Dies gilt in Kommanditgesellschaften nur für Komplementäre, nicht aber für Kommanditisten.

gung, die veräußert und vererbt werden kann; d. h. Ausscheiden oder Tod eines Gesellschafters beeinträchtigen im Regelfalle nicht den Bestand der Gesellschaft. Die Gesellschafter haften nicht persönlich für die Schulden der Gesellschaft, d. h. sie haften nur mit ihrer Kapitaleinlage.

(b) Im folgenden soll von den verschiedenen Unternehmensformen abstrahiert werden. Allen Unternehmungen ist offensichtlich gemeinsam, daß sie jene Güter bereitstellen, welche die Haushalte kaufen möchten. Berücksichtigt man, daß die Haushalte nur jene Güter kaufen, die sie zur Befriedigung ihrer Bedürfnisse haben möchten, dann wird deutlich, daß die Unternehmungen Verkaufserfolge nur dann erzielen können, wenn sie sich mit ihrer Produktion auf die Konsumentenbedürfnisse einstellen. Sie dienen also unmittelbar den „Adressaten" des ökonomischen Geschehens und sind deshalb – wie bereits erwähnt – nach diesen die zweitwichtigsten Wirtschaftssubjekte.

Zu beachten ist, daß der Begriff Produktion der Unternehmung in der Volkswirtschaftslehre in einem weiten Sinne gebraucht wird. Er umfaßt nicht nur den technischen Herstellungsakt von Gütern (Produktion i. e. S.), sondern auch alle anderen Aktivitäten, welche die Unternehmung realisieren muß, um ihre Erzeugnisse in den Besitz jener Nachfrager zu bringen, die diese Güter kaufen möchten: Die Produktion i. w. S. umfaßt (neben der Produktion i. e. S.) z. B. auch Forschung und Entwicklung, Verwaltung, Marketing und Vertrieb sowie den Transport.

Die meisten Güter – wie z. B. Brötchen und Autos – können von privaten Unternehmungen hergestellt und den daran interessierten Wirtschaftssubjekten angeboten werden. Diese von Privaten bereitgestellten Güter bezeichnet man als private Güter. Daneben gibt es aber auch einige Güter, die – wie z. B. innere und äußere Sicherheit – nicht von Privatpersonen bereitgestellt werden können.[27] Wenn gleichwohl diese Güter in einer Volkswirtschaft verfügbar sein sollen, dann muß eine öffentliche Institution (z. B. der Staat[28]) sie anbieten. Güter, die nur von öffentlichen Institutionen bereitgestellt werden können, bezeichnet man als öffentliche Güter. Im folgenden soll zunächst von der Existenz öffentlicher Güter abstrahiert werden.[29]

(3) Da alle Unternehmensbeteiligten (z. B. Gesellschafter und Mitarbeiter) einem Haushalt angehören, sind Haushalte und Unternehmungen durch Personalunion miteinander verbunden. Alle Haushalte, die Eigentümer von Unternehmungen sind, bezeichnet man als Unternehmerhaushalte. Die anderen Haushalte bezeichnet man als Nichtunternehmerhaushalte.

---

[27] Die Gründe dafür können erst im späteren Abschnitt 2.3.2. (1) (c) dargestellt werden.

[28] Vgl. dazu den anschließenden Abschnitt 1.3.2.

[29] Sie kann erst im späteren Abschnitt 2.3.2. (1) (c) in die Betrachtung einbezogen werden.

Der Begriff des Unternehmerhaushaltes wird i. e. S. nur auf Einzel- und Mitunternehmer angewendet, d. h. auf die Eigentümer von Einzelunternehmungen und Personengesellschaften. Benutzt man diesen Begriff i. w. S., dann umfaßt er auch die Eigentümer von Kapitalgesellschaften. Da jedoch mit Unternehmertum eigene Mitarbeit und persönliche Risikoübernahme assoziiert wird, ist die Verwendung i. w. S. ungebräuchlich.

1.3.2. Die Wirtschaftssubjekte des öffentlichen Sektors

Zu den Wirtschaftssubjekten des öffentlichen Sektors zählen der Staat und die Notenbank, die auch als Zentralbank oder Zentralnotenbank bezeichnet wird. Die Analyse ihrer ökonomischen Aktivitäten gehört zum Gegenstand der (Theorie der) Volkswirtschaftspolitik (vgl. *Luckenbach* 1986), auf die in Bd. III der vorliegenden Reihe genauer eingegangen wird. Die wirtschaftspolitischen Aktivitäten von Staat und Notenbank sind komplementär: Der Staat ist Träger der Wirtschaftspolitik (hoheitliche Funktion) mit Ausnahme der Geld- und Kreditpolitik, denn diese fällt in den Zuständigkeitsbereich der Zentralbank.[30]

(1) Unter dem Begriff Staat werden Parlament, Regierung und Verwaltung zusammengefaßt. Bei föderativer Staatsverfassung lassen sich diese drei Organe auf mehreren Ebenen feststellen: So sind z. B. im Falle der Bundesrepublik Deutschland die Bundes-, die Länder- und die Gemeindeebene zu unterscheiden. Im folgenden soll der Begriff Staat alle Organe aller Ebenen umfassen.

Der Staat kann in zweifacher Weise in einer Volkswirtschaft tätig werden. Erstens kann er – wie private Wirtschaftssubjekte – unternehmerische Tätigkeiten ausüben und private Güter anbieten. Zu diesem Zweck betreibt er öffentliche Betriebe (z. B. Gas- und Wasserwerke, Müllentsorgungsbetriebe). Da erfahrungsgemäß private Firmen solche Aufgaben kostengünstiger erfüllen, hat man seit Jahren mit der Privatisierung staatlicher Betriebe begonnen. – Zweitens übt der Staat – und das ist seine eigentliche Aufgabe – hoheitliche Funktionen aus, indem er öffentliche Güter anbietet. Die wichtigsten öffentlichen Güter sind die (staatliche) Gewährleistung der inneren und äußeren Sicherheit sowie der Rechtssicherheit.

Zur Bereitstellung öffentlicher Güter muß der Staat Ausgaben tätigen. So setzt z. B. die Bereitstellung des Gutes innere Sicherheit Ausgaben für einen Polizeiapparat voraus. Die dazu erforderlichen Finanzmittel verschafft sich der Staat im Regelfalle, indem er von seinen Bürgern Zwangsabgaben erhebt. Zu diesen zählt man zum einen Gebühren und Beiträge (= Zwangsabgaben mit spezieller Entgeltlichkeit[31]) und zum anderen Steuern und

---

[30] Dies gilt nur für jene Volkswirtschaften, in denen – wie in der Bundesrepublik Deutschland – die Zentralbank vom Staat unabhängig ist. Zur Bedeutung der Zentralbankunabhängigkeit vgl. den folgenden Unterabschnitt (3).

[31] z. B. Straßenbenutzungsgebühr

Zölle (= Zwangsabgaben ohne spezielle Entgeltlichkeit). Außerdem kann der Staat Kredite aufnehmen, d. h. sich verschulden.

Außer dem Staat können auch andere Institutionen, die keine hoheitlichen Funktionen ausüben, Zwangsabgaben erheben. Aufgrund der Sozialversicherungspflicht in der Bundesrepublik Deutschland gehören die Sozialversicherungsträger in den Kreis dieser Institutionen, die man als intermediäre Finanzgewalten oder Parafisci bezeichnet.

(2) Die Notenbank eines Landes hat die Aufgabe, die betrachtete Volkswirtschaft mit Geld zu versorgen (*Issing* 1992, S. 7 ff.). In der Bundesrepublik Deutschland wird diese Aufgabe von der Deutschen Bundesbank wahrgenommen, welche die Deutsche Volkswirtschaft mit der Währung Deutsche Mark (DM) versieht. Die Deutsche Bundesbank hat ihren Sitz in Frankfurt a. M. Sie ist eine sog. bundesunmittelbare juristische Person des öffentlichen Rechts. In jedem alten Bundesland unterhielt sie bisher eine Hauptverwaltung (die sog. Landeszentralbank) sowie eine Anzahl von Haupt- und Zweigstellen. Die Bildung der neuen Bundesländer nach der Wende ist der Anlaß für eine Straffung des Systems der Landeszentralbanken gewesen: Mit Wirkung vom 1. November 1992 ist die Anzahl der Landeszentralbanken von 11 auf 9 reduziert worden.[32] Sowohl Aufgaben und Befugnisse als auch Rechtsform und Organisation der Deutschen Bundesbank sowie ihr Verhältnis zum Staat[33] sind im Gesetz über die Deutsche Bundesbank vom 26. Juli 1957 geregelt (*Gramlich* 1988).

Das von der Zentralnotenbank bereitgestellte Geld ist das gesetzlich vorgeschriebene Zahlungsmittel. Es erfüllt in der Volkswirtschaft drei Funktionen: die Tausch- und Zahlungsmittelfunktion, die Rechenmittelfunktion sowie die Wertaufbewahrungsfunktion. Allerdings kann das Geld diese Funktionen nur dann erfüllen, wenn die Notenbank die Geldwertstabilität sicherstellt, so daß die in Gütereinheiten gemessene Kaufkraft des Geldes konstant ist.

(3) Das Verhältnis zwischen Staat und Notenbank ist nicht unproblematisch (vgl. *Luckenbach* 1986, S. 224). Wie die Erfahrung lehrt, versucht der Staat nicht selten, im Falle besonders hoher Staatsausgaben, wie sie z. B. zur Kriegsfinanzierung getätigt wurden, diese nicht durch reguläre Staats-

---

[32] Vgl. dazu *Deutsche Bundesbank* 1992 a, S. 48 ff. und 1992 b, S. 126 ff. Es gibt nunmehr je eine Landeszentralbank für
– Bayern
– Baden-Württemberg
– Berlin und Brandenburg
– Niedersachsen, Sachsen-Anhalt und Bremen
– Hamburg, Mecklenburg-Vorpommern und Schleswig-Holstein
– Hessen
– Nordrhein-Westfalen
– Rheinland-Pfalz und Saarland
– Sachsen und Thüringen.
[33] Vgl. dazu den folgenden Unterabschnitt (3)

einnahmen (z. B. Steuern) zu decken, sondern er veranlaßt die Notenbank, zu seinen Gunsten die Notenpresse zu betätigen. In solchen Fällen kann die Notenbank die Wertstabilität des Geldes nicht mehr sicherstellen und das Geld kann seine oben aufgeführten Funktionen nicht erfüllen.

Es ist deshalb zur Sicherung der Geldwertstabilität und der Geldfunktionen erforderlich, daß die Notenbank eines Landes vom Staat unabhängig ist. Die Deutsche Bundesbank gehört neben den Zentralbanken anderer Länder (z. b. der Schweiz und Österreichs) zu jenen Notenbanken, deren Unabhängigkeit vom Staat relativ groß ist. Hingegen wird in anderen Ländern (z. B. in Australien, Brasilien, den Niederlanden, Großbritannien und Nordirland) die Geld- und Kreditpolitik durch die jeweilige Regierung festgesetzt.[34]

1.3.3. Die Verbände

Verbände können als Zusammenschlüsse von Wirtschaftssubjekten definiert werden, die gemeinsame Interessen durchsetzen wollen (vgl. *Luckenbach* 1986, S. 227ff.). Diese Zweckbündnisse lassen sich sowohl nach ihrem Zweck (Ziel) als auch nach ihrer rechtlichen Ausgestaltung klassifizieren.

(1) Die Klassifikation der Verbände nach ihrem Ziel ist im nachfolgenden Schaubild 1.4 dargestellt worden, in dem zwischen Parteien einerseits und Verbänden i. e. S. andererseits unterschieden wird.

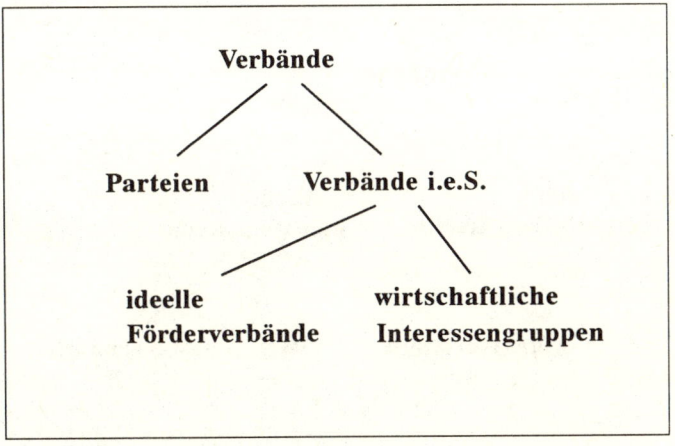

Schaubild 1.4: Die Klassifikation der Verbände nach ihren Zielen

Die Parteien versuchen, zur Durchsetzung der gemeinsamen Interessen ihrer Mitglieder im parlamentarischen Willensbildungsprozeß maßgebend

---

[34] Zu den Ausgangspunkten der Geld- und Kreditpolitik vgl. Bd. IV der vorliegenden Reihe.

mitzuwirken. Zu diesem Zweck verfolgt jede Partei das Ziel, in Wahlen möglichst viele Stimmen auf sich zu vereinigen (sog. Stimmenmaximierungshypothese), um im Parlament die (absolute oder relative) Mehrheit zu gewinnen und die Regierung stellen zu können. Dieses Vorhaben gelingt einer Partei nur dann, wenn sie die Mehrheit der Bürger davon zu überzeugen vermag, daß sich die politischen und wirtschaftspolitischen Zielvorstellungen der Partei mit den Wünschen der Bürger decken.

Die Verbände i. e. S. (im folgenden als Verbände bezeichnet) wollen die Durchsetzung gemeinsamer Interessen ihrer Mitglieder fördern, indem sie u. a. versuchen, die Willensbildung der staatlichen Entscheidungsträger (Parlament, Regierung) zu beeinflussen. Dies gilt sowohl für die ideellen Förderverbände (z. B. für Verbände mit religiösen, humanitären oder kulturellen Zielen) als auch für die sog. wirtschaftlichen Interessengruppen. Da diese Verbandsvertreter im Unterschied zu den staatlichen Entscheidungsträgern nicht durch Wahlen legitimiert sind, muß man davon ausgehen, daß sie Partikularinteressen vertreten. Diesen dürfen die staatlichen Entscheidungsträger nur dann nachgeben, wenn sie sich (zufällig) mit den Interessen der Mehrheit aller Wirtschaftssubjekte des betrachteten Landes decken.

(2) Bei der Klassifikation dieser Verbände nach ihrer rechtlichen Ausgestaltung unterscheidet man Verbände nach öffentlichem Recht einerseits und nach privatem Recht andererseits (vgl. *Streit* 1991, S. 291 ff.), was anhand des nachfolgenden Schaubildes 1.5 genauer erläutert werden soll.

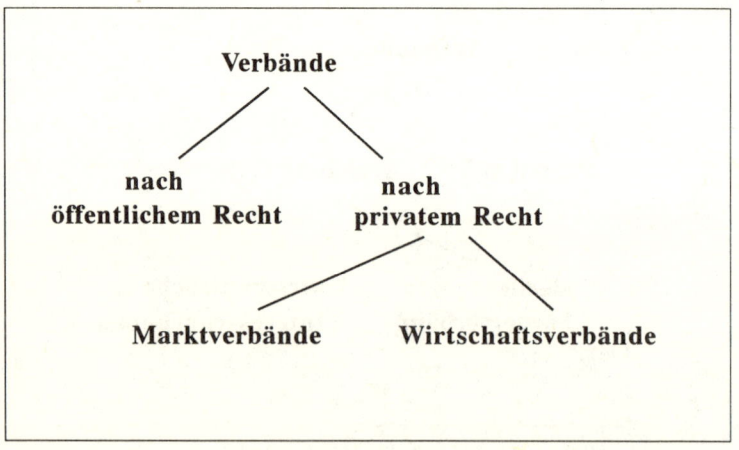

Schaubild 1.5: Die Klassifikation der Verbände nach ihrer rechtlichen Ausgestaltung

Verbände mit öffentlich-rechtlichem Charakter sind die verschiedenen Kammern (z. B. die Industrie- und Handelskammern). Die den entsprechenden Beruf ausübenden Wirtschaftssubjekte gehören diesen Kammern Kraft Gesetzes an. Die Kammern nehmen gegenüber ihren Mitgliedern gewisse hoheitliche Funktionen wahr. So sind sie z. B. für die Berufsausbildung, die Abnahme von Prüfungen und für die Ehrengerichtsbarkeit zuständig.

Die nach privatem Recht organisierten Verbände kennen im Unterschied zu den Kammern keine gesetzliche Mitgliedschaft, sondern werden durch freiwilligen Zusammenschluß privater Wirtschaftssubjekte gebildet. Auch sind sie gegenüber ihren Mitgliedern nicht mit Hoheitsbefugnissen ausgestattet. Vielmehr konzentrieren sie sich auf die Vertretung der wirtschaftlichen Interessen ihrer Mitglieder. Dies gilt sowohl für die sog. Marktverbände (z. B. Genossenschaften, Kartelle, Gewerkschaften, Arbeitgeberverbände) als auch für die sog. Wirtschaftsverbände (= wirtschaftspolitische Interessenverbände, z. B. Arbeitsgemeinschaft der Verbraucherverbände, Bund der Steuerzahler, Haus- und Grundbesitzerverein, Deutscher Bauernverband, Hauptgemeinschaft des Deutschen Einzelhandels, Bundesverband der Deutschen Industrie).

Literatur zum 1. Teil

Aufschluß über die Methodenprobleme der Volkswirtschaftslehre gewinnt man vor allem durch die Lektüre von *Topitsch* 1993, *Blaug* 1980, *Pagenstecher* 1987 sowie *Kleinewefers/Jans* 1983. Daneben ist auch die Lektüre von *Raffée/Abel* 1979, *Bohnen* 1980, *Popper* 1982, *Pheby* 1988 und *Danneberg* 1989 empfehlenswert. Zum Werturteilsstreit vgl. insbes. *Albert/Topitsch* 1979 sowie die Darstellung bei *Luckenbach* 1986, S. 9 ff. und die dort angegebene Literatur.

Über die Grundbegriffe der Volkswirtschaftslehre kann der eilige Leser vor allem unter Zuhilfenahme der verschiedenen Handwörterbücher und Wirtschaftslexika Aufschluß gewinnen. Zuverlässig sind z. B. *Geigant/Sobotka/Westphal* 1983 und *Dichtl/Issing* 1993. Daneben kann man auch über die Sachregister der verschiedenen Lehrbücher (vgl. z. B. *Bartling/Luzius* 1992, *Hübl/Meyer/Ströbele* 1989, *Ott* 1989, *Samuelson/Nordhaus* 1989, *Lipsey/Steiner/Douglas* 1987) schnellen Zugang zu den gesuchten Definitionen der verschiedenen Grundbegriffe finden. – Der engagierte Leser wird sich jedoch mit Definitionen nicht begnügen wollen und es sich nicht nehmen lassen, die verschiedenen Begriffe im Rahmen eines größeren Kontextes kennenzulernen. Für ihn ist es zweckmäßig, die relevanten Lehrbuchkapitel via Inhaltsverzeichnis zu erschließen: Einfache Informationen über die Bedürfnisse sind z. B. bei *Dahl* 1989, S. 66 ff. zu finden. – Erörterungen über Güter kann man z. B. nachlesen bei *Dahl* 1989,. S. 69 ff. und *Grass/Stützel* 1988, S. 32 ff. – Ausführungen über das ökonomische Prinzip und zugehörige Begriffe sind in allen einführenden Arbeiten zu finden. Eine leicht verständliche Erklärung des Wirtschaftens gibt *Abele* 1991, S. 11 f. Auf die Beziehungen dieses Begriffes zur Rationalität geht *Wille* 1985 ein. Sehr informativ (und anspruchsvoll) ist der ausführliche Überblick von *Sug-*

den 1991 über die verschiedenen Aspekte der Theorie rationalen Verhaltens.

Informationen über die verschiedenen Wirtschaftssubjekte vermitteln neben Lehrbüchern zur Einführung in die Volkswirtschaftslehre (vgl. z. B. *Grass/Stützel* 1988, S. 27 ff.) vor allem auch zwei Kategorien weiterführender Lehrbücher: Die Wirtschaftssubjekte des privaten Sektors und ihre ökonomischen Aktivitäten werden in einführenden Lehrbüchern zur Theorie der Mikroökonomie dargestellt. Gut verständlich sind z. B. *Helmstädter* 1991, *Schumann* 1992 und *Stobbe* 1991. – Ausführungen über die Wirtschaftssubjekte des öffentlichen Sektors und über die Verbände sind in einführenden Lehrbüchern zur Wirtschaftspolitik zu finden (vgl. z. B. *Lukkenbach* 1986, S. 222 ff.; *Streit* 1991, S. 284 ff. und last not least Bd. III der vorliegenden Reihe).

2. Der Ordnungsrahmen des ökonomischen Geschehens

Wie die bisherigen Erörterungen gezeigt haben (vgl. dazu insbes. den obigen Abschnitt 1.3), wird das ökonomische Geschehen in einer Volkswirtschaft von einer Vielzahl von Wirtschaftssubjekten getragen, die ihre verschiedenen ökonomischen Aktivitäten entfalten. Dabei ist bisher offengeblieben, wie man sicherstellen kann, daß diese Aktionen in geordneten Bahnen verlaufen, so daß sie sich nicht behindern, sondern ergänzen. Offensichtlich besteht also ein Koordinationsproblem, welches vor allem zwei Aspekte umfaßt, nämlich

– die Frage nach der Koordination zwischen dem Haushalts- und dem Unternehmenssektor der Volkswirtschaft (intersektorale Koordination): Zum einen müssen Konsumgüternachfrage und Konsumgüterangebot aufeinander abgestimmt werden und zum anderen auch Faktorangebot und Faktornachfrage;
– die Frage nach der Koordination innerhalb des Haushaltssektors einerseits und innerhalb des Unternehmenssektors andererseits (intrasektorale Koordination): Innerhalb des Haushaltssektors müssen z. B. Dienstleistungsnachfrage und -angebot aufeinander abgestimmt werden. Hingegen sind innerhalb des Unternehmenssektors zum einen Kapitalgüterangebot und Kapitalgüternachfrage aufeinander abzustimmen und zum anderen das Angebot an Zwischenprodukten auf die Nachfrage nach diesen Gütern.

In der ökonomischen Realität hat man bei der Lösung des Koordinationsproblems alternative Wege eingeschlagen. Zum einen gibt es eine immer geringer werdende Anzahl von Ländern, in denen die Koordinationsaufgabe einer zentralen Planungsbehörde übertragen worden ist. Man sagt dann, daß in diesen Staaten eine zentralplanwirtschaftliche Wirtschaftsordnung besteht. Zum anderen ist zu beobachten, daß in den meisten Ländern der sog. Marktmechanismus als Koordinationsinstrument benutzt wird. Die Wirtschaftsordnung dieser Länder bezeichnet man als Marktwirtschaft.

Im folgenden ist es zweckmäßig, die Lösungsmöglichkeiten des Koordinationsproblems nacheinander innerhalb des zentralplanwirtschaftlichen und des marktwirtschaftlichen Ordnungsrahmens zu erläutern. Abschließend kann man dann auf die Problematik des öffentlichen Sektors in der Marktwirtschaft eingehen.

2.1. Der zentralplanwirtschaftliche Ordnungsrahmen

Es ist das charakteristische Merkmal von Zentralplanwirtschaften, daß alle ökonomischen Aktivitäten zentral (z. B. vom Staat) festgelegt werden. Ausgangspunkt ist dabei die Produktionsplanung der Zentrale, in der für den jeweiligen Betrachtungszeitraum nicht nur über Arten und Mengen der zu erzeugenden Güter entschieden wird, sondern auch über die zu benutzenden Produktionsmethoden. Im Zuge des Planungsprozesses wird der Zentralplan so lange korrigiert, bis für jedes Gut die sog. Produktbilanz ausgeglichen ist.[1]

Im nachfolgenden Schaubild 2.1 ist die Produktbilanz eines Gutes in Tabellenform dargestellt worden. Darin sind als Quellen für das Aufkommen (Angebot) des betrachteten Gutes zum einen inländische Produktionsbereiche und zum anderen das Ausland aufgeführt, von dem das Inland Güter importieren kann. Die Verwendung (Nachfrage) dieses Gutes findet statt in inländischen Produktionsbereichen (sofern das Gut als Zwischenprodukt oder Kapitalgut verwendet wird), in inländischen Endnachfragebereichen (sofern das betrachtete Gut als Konsumgut verwendet wird) und im Ausland (sofern das betrachtete Gut exportiert wird).

Aufkommen (Angebot)	**Verwendung (Nachfrage)**
inländische Produktionsbereiche	**inländische Produktionsbereiche**
	inländische Endnachfragebereiche
Ausland	**Ausland**

Quelle: *Luckenbach* 1986, S. 117

Schaubild 2.1: Die Produktbilanz eines Gutes in Tabellenform

Sobald im Zuge des Planungsprozesses der Ausgleich der Produktbilanz erreicht worden ist, stimmen offensichtlich Güterangebot und Güternachfrage (im Plan) miteinander überein. Man spricht in diesem Zusammenhang von einer plandeterminierten ex ante-Koordination.

Bereits aufgrund dieser kurzen Charakterisierung der plandeterminierten Koordination kann man sich klarmachen, daß sie mit unüberwindbaren Problemen behaftet ist. Vor allem drei sind hervorzuheben:

---

[1] Zur genaueren Erläuterung der zentralen Planung vgl. z. B. *Luckenbach* 1986, S. 113 ff. und die dort angegebene Literatur.

(1) Im Falle einer zentralplanwirtschaftlichen Koordination kann den Wirtschaftssubjekten individuelle Entscheidungsfreiheit nicht zugestanden werden.[2] Die Unvereinbarkeit von Zentralplanwirtschaft und Freiheit entspricht nicht nur der Erfahrung, sondern ist unlösbar mit jedem Versuch verbunden, die zentralplanwirtschaftliche Koordination zu realisieren:

(a) Da die Zentrale die Güterproduktion qualitativ und quantitativ festlegt, sind den einzelnen Wirtschaftssubjekten freie Entscheidungen über Güternachfrage und Güterangebot kaum möglich. Zum einen können die Haushalte eine freie Konsumwahl bestenfalls in den engen Grenzen des aufgrund der zentralen Planung erstellten Güterbündels ausüben. Zum anderen müssen die Produzenten sich mit ihrem Produktionsprogramm vollständig an den Vorgaben des Zentralplans ausrichten und können auf Wünsche, die von den Konsumenten an sie herangetragen werden, nicht eingehen.

(b) Da die Zentrale neben der Güterproduktion auch die zu verwendenden Produktionsmethoden und damit Art und Menge der einzusetzenden Produktionsfaktoren im Plan festlegt, sind den einzelnen Wirtschaftssubjekten freie Entscheidungen über Faktorangebot und Faktornachfrage nicht möglich. Dies bedeutet zum einen, daß den Faktoranbietern die Möglichkeit einer freien Berufswahl bestenfalls beschnitten, im Regelfalle aber genommen ist. Zum anderen sind die Faktornachfrager gezwungen, jene Produktionsmethoden zu wählen, die sich angesichts der Produktionsfaktoren, die ihnen aufgrund der zentralen Planung zur Verfügung gestellt worden sind, realisieren lassen. Als besser erkannte Produktionsmethoden können sie – wegen der von den Planvorgaben dann abweichenden Faktornachfrage – nicht einführen.

(2) Den Wirtschaftssubjekten in einer Zentralplanwirtschaft wird nicht nur der Verzicht auf individuelle Entscheidungsfreiheit zugemutet. Zusätzlich werden ihnen weitgehend jene Wohlstandsgewinne vorenthalten, die durch internationale Wirtschaftsbeziehungen realisiert werden können.[3] Dies ist letztlich darauf zurückzuführen, daß internationale Wirtschaftsbeziehungen einer zentralen Planung kaum zugänglich sind, was einer kurzen Erläuterung bedarf.

Ausgangspunkt ist die Überlegung, daß die Zentrale die ökonomischen Aktivitäten vollzählig planen muß. Deshalb müssen im Zentralplan einer offenen Volkswirtschaft grundsätzlich nicht nur die binnen-, sondern auch die außenwirtschaftlichen Aktivitäten festgelegt werden. Die Realisierung der die internationalen Wirtschaftsbeziehungen betreffenden Planungen setzt jedoch voraus, daß die ausländische Volkswirtschaft komplementäre ökonomische Aktivitäten durchführt. So sind z.B. Exporte (Importe) des

---

[2] Dies gilt nicht nur für den ökonomischen, sondern auch für den politischen Bereich des jeweils betrachteten Landes.

[3] Zu diesen Wohlstandsgewinnen vgl. z.B. *Siebert* 1991, S. 163 ff. und Bd. IV der vorliegenden Reihe.

Inlandes zwar möglich, wenn das Ausland bereit ist, diesen Außenhandels-wünschen des Inlandes durch Importe (Exporte) zu entsprechen. Dies können jedoch die zentralen Planungsorgane des Inlandes nicht sicherstellen. Deshalb ist es erklärlich, daß internationale Wirtschaftsbeziehungen für eine Zentralplanwirtschaft problematisch sind und als „Störfaktor" betrachtet werden, den es nach Möglichkeit zu umgehen gilt. Es ist deshalb immer wieder beobachtet worden, daß Zentralplanwirtschaften nach Autarkie streben, so daß die Intensität ihrer internationalen Wirtschaftsbeziehungen weit zurückbleibt hinter jenem Ausmaß internationaler Verflechtungen, welches durch Marktwirtschaften praktiziert wird.

Dies bedeutet in der Realität, daß nicht nur grenzüberschreitende Bewegungen von Gütern und Produktionsfaktoren kleingehalten werden. Auch der internationale Reiseverkehr wird auf ein Minimum reduziert oder unterbunden.

(3) Trotz des Verzichts auf die Realisierung von außenwirtschaftlich bedingten Wohlstandsgewinnen, der den Wirtschaftssubjekten ebenso zugemutet wird wie der Entzug individueller Freiheiten, hat sich die zentralplanwirtschaftliche Lösung des Koordinationsproblems als unerreichbar erwiesen. Dies ist dadurch zu erklären, daß die Zentrale zur Koordination aller für die Volkswirtschaft relevanten ökonomischen Aktivitäten eine Flut von Informationen benötigt, die sie auch im Computerzeitalter weder erlangen noch verarbeiten kann.[4]

2.2. Der marktwirtschaftliche Ordnungsrahmen

Es ist das charakteristische Merkmal von Marktwirtschaften, daß alle ökonomischen Aktivitäten dezentral von den verschiedenen Wirtschaftssubjekten geplant werden. Ausgangspunkt der dezentralen Planung ist die Konsumplanung der Haushalte, deren Realisierung auf Seiten der Haushalte eine entsprechende Planung des Faktorangebots (zum Einkommenserwerb) voraussetzt und auf Seiten der Unternehmungen eine adäquate Angebotsplanung sowie die entsprechende Planung der Faktornachfrage (als Voraussetzung für die Produktion der anzubietenden Güter). Diese verschiedenen individuellen Pläne werden in Marktwirtschaften durch den sog. Marktmechanismus aufeinander abgestimmt, was im folgenden genauer erläutert werden soll.

Das Verständnis der marktwirtschaftlichen Koordination ist am leichtesten möglich, wenn man in drei Schritten vorgeht. Zunächst ist es erforderlich, die Definition und die Arten der Märkte zu erläutern. Anschließend kann man dann die Funktionsweise des Marktmechanismus beschreiben und ab-

---

[4] Zur genaueren Darstellung der Erscheinungsformen und Wirkungen unvollständiger Information in einer Zentralplanwirtschaft vgl. *Luckenbach* 1986, S. 179 ff.

schließend auf die Wohlstandswirkungen des Marktmechanismus eingehen.

2.2.1. Definition und Arten von Märkten

Märkte sind Treffpunkte von Anbietern und Nachfragern. Für jedes Gut (i. w. S.) gibt es einen Markt. Verwendet man den Begriff Gut i. e. S., dann kann man Güter- und Faktormärkte voneinander unterscheiden. – Sind die Marktteilnehmer auf beiden Marktseiten (Anbieter- und Nachfragerseite) Inländer, dann ist der betrachtete Markt ein Binnenmarkt (nationaler Markt). Ist jedoch mindestens ein Marktteilnehmer auf einer der beiden Marktseiten Ausländer, dann spricht man von einem internationalen Markt.

In der ökonomischen Realität kann jeder Markt in verschiedenen Formen vorkommen. Da das Marktverhalten der Wirtschaftssubjekte und mithin das Marktergebnis entscheidend von der jeweiligen Marktform abhängen,[5] ist es erforderlich, auf die verschiedenen Marktformen kurz einzugehen.

Die Beschreibung der Marktformen ist der Gegenstand der sog. Marktformenlehre. Bei der Erläuterung ihrer Grundzüge soll zunächst – der historischen Entwicklung der Marktformenlehre entsprechend – nur die Anbieterseite berücksichtigt werden. Anschließend kann man dann die Marktgegenseite (= Nachfrageseite) in die Betrachtung einbeziehen.

(1) Die Versuche zur Klassifikation der Marktformen nach der Konstellation auf der Anbieterseite gehen auf *Cournot* und *v. Stackelberg* zurück. Sie lassen sich am leichtesten für Gütermärkte erläutern.

(a) *Cournot* ging davon aus, daß das relevante Kriterium für die Klassifikation der Marktformen die Anzahl der Anbieter sei. Die relevanten Zusammenhänge sollen anhand des nachfolgenden Schaubildes 2.2. erläutert werden.[6]

Anzahl der Anbieter	Wettbewerbs- intensität	Marktmacht	Marktform
viele	maximal	null	Konkurrenz
wenige	beschränkt	beschränkt	Oligopol
einer	null	maximal	Monopol

Schaubild 2.2: Das Marktformenschema nach Cournot

---

[5] Vgl. dazu z. B. den folgenden Abschnitt 3.3.1. (2).
[6] Zur genaueren Erläuterung von Konkurrenz und Monopol vgl. den folgenden Abschnitt 3.3.1. (2).

Ist die Anzahl der Anbieter groß, dann ist die Wettbewerbsintensität zwischen den Anbietern groß: Jeder einzelne Anbieter versucht, durch möglichst günstige Angebotspreise die Nachfrager zu veranlassen, das betrachtete Gut bei ihm (und nicht bei anderen Anbietern) zu kaufen (Leistungswettbewerb). Die verschiedenen Anbieter konkurrieren also um die Nachfrager, weshalb man diese Marktform als Konkurrenz bezeichnet.

Gibt es hingegen nur einen Anbieter, dann ist die Wettbewerbsintensität null. Der einzige Anbieter unterliegt keinem Leistungswettbewerb, d. h. er hat die Möglichkeit, den Angebotspreis nach seinen Vorstellungen zu bestimmen. Im Unterschied zu einem Anbieter in der Marktform der Konkurrenz verfügt der Alleinanbieter also über Marktmacht. Diese Marktform bezeichnet man als Monopol.

Während im Falle vieler Anbieter die Wettbewerbsintensität maximal und die Marktmacht offensichtlich null ist, gilt für den Alleinanbieter die umgekehrte Situation. Liegt schließlich die Anzahl der Anbieter zwischen diesen beiden Extremen, dann gilt dies auch für die Wettbewerbsintensität zwischen den Anbietern und für die Marktmacht des einzelnen Anbieters. Diese Marktform wird als Oligopol bezeichnet.

(b) Das *Cournot*sche Marktformenschema beruht auf der stillschweigenden Annahme, daß sich die auf einem Markt angebotenen Güter „wie ein Ei dem anderen" gleichen. Man sagt dann, daß die Güter homogen sind. Sobald jedoch auf einem Markt die Anzahl der Anbieter größer als 1 ist, muß man davon ausgehen, daß die verschiedenen Anbieter versuchen werden, ihr eigenes Gut ein wenig anders zu gestalten als das der Mitanbieter. Sie hoffen, daß sie – wenn die Nachfrager diese Modifikation schätzen – einen Wettbewerbsvorsprung vor ihren Mitanbietern erreichen und mithin ihre Marktmacht steigern können. Man sagt dann, daß die Güter heterogen sind (wie z. B. die Personenkraftwagen mit 1,3 l Hubraum verschiedener Hersteller).

Offensichtlich nimmt also die Marktmacht eines Anbieters nicht nur mit sinkender Anbieterzahl, sondern auch mit steigender Heterogenität des Güterangebots zu. Deshalb hat *v. Stackelberg* das *Cournot*sche Marktformenschema erweitert, indem er den Homogenitäts- beziehungsweise Heterogenitätsgrad der Güter als zweite Determinante der Marktmacht (und mithin auch der Wettbewerbsintensität) berücksichtigte. Anstelle der drei *Cournot*schen Marktformen erhält man dann die in Schaubild 2.3 zusammengestellten fünf Marktformen des *v. Stackelberg*schen Schemas.

(c) Den Marktformenklassifikationen von *Cournot* und *v. Stackelberg* ist gemeinsam, daß sie die verschiedenen Marktformen anhand morphologischer Kriterien unterscheiden. In der neueren Marktformenlehre sind jedoch neben den marktmorphologischen auch andere Klassifikationskriterien entwickelt worden,[7] von denen jedoch im Rahmen eines einführenden Lehrbuches abgesehen werden soll.

Anzahl der Anbieter	homogene Güter	heterogene Güter
viele	homogene atomistische Konkurrenz (=vollständige Konkurrenz)	heterogene atomistische Konkurrenz (=polypolistische Konkurrenz)
wenige	homogenes Oligopol	heterogenes Oligopol
einer	Monopol	——

Schaubild 2.3: Das Marktformenschema nach v. Stackelberg

(2) Die erläuterten Marktformen kann man nicht nur für die Anbieterseite, sondern auch für die Nachfragerseite definieren. Offensichtlich ist es zur vollständigen Beschreibung der Form eines Marktes erforderlich, die Konstellationen auf der Anbieterseite und auf der Nachfragerseite simultan zu betrachten. Legt man dabei das *v. Stackelberg*sche Marktformenschema zugrunde und berücksichtigt man, daß grundsätzlich jede Marktform auf der Angebotsseite mit jeder Marktform auf der Nachfragerseite einhergehen kann, dann sind insgesamt 25 Marktformen denkbar.

Unter den denkbaren Kombinationsmöglichkeiten aus Anbieter- und Nachfragerkonstellation ist das bilaterale Monopol nicht nur besonders brisant, sondern auch besonders relevant: Es ist die vorherrschende Marktform des Arbeitsmarktes, auf dem das Arbeitsangebot von den Gewerkschaften monopolisiert worden ist, denen als Arbeitsnachfrager die Unternehmerverbände gegenüberstehen. Deshalb werden Gewerkschaften und Unternehmerverbände unter dem Begriff Tarifparteien (oder auch Sozialpartner) zusammengefaßt.

2.2.2. Der Marktmechanismus

Auf einem Markt induziert der sog. Markt- oder Preismechanismus im Regelfalle so lange Planrevisionen der Marktteilnehmer, bis das Marktgleichgewicht erreicht ist, d. h. Angebot und Nachfrage auf dem betrachteten Markt gleich groß sind, so daß die Marktteilnehmer sich nicht länger veranlaßt sehen, ihr Angebots- bzw. Nachfrageverhalten zu verändern. Diese Zusammenhänge müssen im folgenden genauer erläutert werden,

---

[7] Vgl. dazu die kurze Darstellung bei *Recktenwald* 1980, S. 95 ff. und Bd. II der vorliegenden Reihe.

wobei zunächst auf die Gütermärkte und anschließend auf die Faktormärkte eingegangen werden soll.

(1) Bei der Behandlung des Marktmechanismus am Beispiel eines Gütermarktes ist es zweckmäßig, in zwei Schritten vorzugehen. Zunächst soll auf die Funktionsweise des Marktmechanismus eingegangen werden. Anschließend kann man dann die Bedeutung des Marktmechanismus für die Entscheidungsfreiheit der Wirtschaftssubjekte erläutern.

(a) Die Funktionsweise des Marktmechanismus läßt sich am leichtesten anhand des nachfolgenden Schaubildes 2.4 erklären, auf dessen Abszisse die Menge x und auf dessen Ordinate der Preis p des betrachteten Gutes abgetragen worden ist. Erfahrungsgemäß ist die Nachfrage der Haushalte nach einem Gut um so größer, je niedriger der Preis dieses Gutes ist.[8] Diese negative Korrelation zwischen Güterpreis und nachgefragter Gütermenge wird in Schaubild 2.4 durch die von links oben nach rechts unten verlaufende (d. h. negativ geneigte) N-Kurve dargestellt. Dies ist die Güternachfragefunktion, die angibt, welche Menge des Gutes x die Haushalte bei verschiedenen Güterpreisen nachfragen. – Analog ist das von den Unternehmungen erbrachte Angebot eines Gutes erfahrungsgemäß um so größer, je höher der Preis dieses Gutes ist.[9] Es besteht also eine positive Korrelation zwischen Güterpreis und angebotener Gütermenge, die in Schaubild 2.4 durch die A-Kurve dargestellt wird, die von links unten nach rechts oben verläuft, deren Steigungsmaß also positiv ist. Dies ist die Güterangebotsfunktion, der sich entnehmen läßt, welche Menge des Gutes x die Unternehmungen bei verschiedenen Güterpreisen anbieten.

Im Beispiel des Schaubildes schneiden sich die Nachfrage- und die Angebotsfunktion in S. Dies bedeutet, daß der Abszissenwert x_0 dieses Punktes sowohl die nachgefragte als auch die angebotene Gütermenge beschreibt, d. h. beide Mengen stimmen miteinander überein. Man sagt dann, daß sich der Gütermarkt im Gleichgewicht befindet, und die Gütermenge x_0 bezeichnet man als Gleichgewichtsmenge. Analog wird der Güterpreis p_0, bei dem Güternachfrage und Güterangebot miteinander übereinstimmen, als Gleichgewichtspreis bezeichnet.

Sobald Güternachfrage und Güterangebot voneinander differieren, also das Marktgleichgewicht nicht realisiert ist, treten Preisänderungen auf, die Modifikationen des Nachfrage- und Angebotsverhaltens der Wirtschaftssubjekte induzieren. Diese Preisänderungen und die dadurch ausgelösten Änderungen der Nachfrage- und Angebotsaktivitäten halten so lange an, bis der Gütermarkt wieder ausgeglichen ist. Dies ist die Funktionsweise des

---

[8] Zur genaueren Ableitung der Güternachfragefunktion vgl. die folgenden Abschnitte 3.2.1. und 4.1.1.
[9] Zur genaueren Ableitung der Güterangebotsfunktion vgl. die folgenden Abschnitte 3.3.1. und 4.1.2.

sog. Marktmechanismus (Preismechanismus), der anhand des obigen Schaubildes genauer erläutert werden kann.

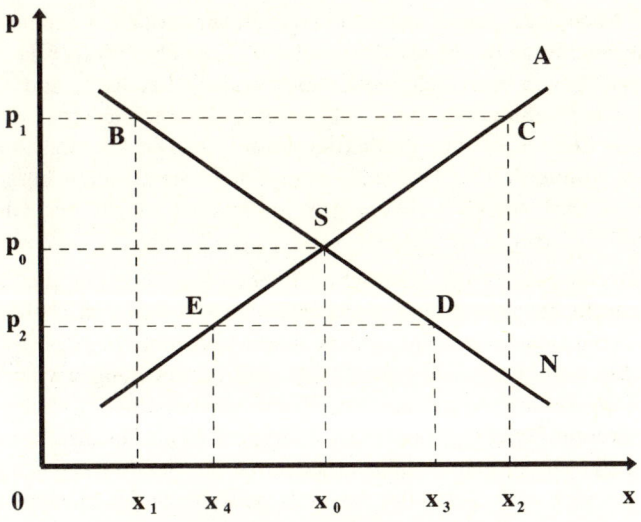

Schaubild 2.4: Das Marktgleichgewicht

Zunächst soll angenommen werden, daß die Güternachfrage der Haushalte geringer ist als das Güterangebot der Unternehmungen. Eine solche Situation tritt auf, wenn der aktuelle Preis des betrachteten Gutes über dem Gleichgewichtspreis liegt, wie es z. B. für den Preis p_1 in Schaubild 2.4 zutrifft. In diesem Falle beträgt die Nachfrage x_1 und das Angebot x_2, so daß auf dem Markt ein Angebotsüberhang in Höhe von $x_1 x_2 = BC$ besteht. Dieses Ungleichgewicht in Form eines Angebotsüberschusses veranlaßt die Unternehmungen, ihren Angebotspreis zu senken, wobei sie davon ausgehen, daß sie dann für die bisher nicht absetzbaren Gütermengen Nachfrager finden. Wie sich dem Verlauf der Angebots- und Nachfragekurve entnehmen läßt, vermindert sich im Falle eines Preisrückgangs das Angebot der Unternehmungen (weil z. B. einige Anbieter bei einem gesunkenen Güterpreis nicht mehr ihre Produktionskosten decken können), und es steigt die Nachfrage der Haushalte (weil z. B. einige Nachfrager, denen das Gut angesichts ihres Einkommens beim bisherigen Preis zu teuer war, nunmehr kaufen). Die Preissenkungen und die dadurch ausgelösten Angebots- und Nachfrageänderungen hören auf, sobald der Gleichgewichtspreis p_0 erreicht worden ist.

Analoge Vorgänge treten auf, wenn man davon ausgeht, daß die Güternachfrage der Haushalte größer ist als das Güterangebot der Unternehmungen. Dies ist immer dann der Fall, wenn der aktuelle Preis des betrachteten Gutes unter dem Gleichgewichtspreis liegt, wie es z. B. für den Preis p_2 in Schaubild 2.4 gilt. In diesem Falle beträgt die Nachfrage x_3 und das Angebot x_4, so daß auf dem Markt ein Nachfrageüberhang in Höhe von x_3x_4=DE besteht. Dieses Ungleichgewicht veranlaßt die Haushalte, durch Preisüberbietung in den Besitz des Gutes zu kommen. Wie sich dem Verlauf der Nachfrage- und Angebotskurve entnehmen läßt, vermindert sich dann die Nachfrage der Haushalte (weil z. B. einige Nachfrager das Gut zu einem gestiegenen Preis nicht mehr haben wollen), und es steigt das Angebot der Unternehmungen (weil z. B. einige Unternehmungen, die beim bisherigen Preis nicht ihre Produktionskosten decken konnten, nunmehr mithalten können). Die Preissteigerungen und die dadurch ausgelösten Nachfrage- und Angebotsänderungen hören auf, sobald der Gleichgewichtspreis p_o erreicht worden ist.

Im Unterschied zur zentralplanwirtschaftlichen Koordination, die als plandeterminierte ex ante-Koordination bezeichnet worden ist, bewirkt der Marktmechanismus offensichtlich eine marktdeterminierte ex post-Koordination. Sie beruht auf der Feststellung, daß Abweichungen vom Gütermarktgleichgewicht (Angebots- oder Nachfrageüberschüsse) solche Änderungen ökonomischer Größen (Preisänderungen sowie Nachfrage- und Angebotsmengenänderungen) induzieren, durch die das Marktgleichgewicht wieder erreicht wird. Dabei übt der Preis im Rahmen des Marktmechanismus drei zentrale Funktionen aus, die man als Ausgleichs-, Signal- und Lenkungsfunktion bezeichnet. Mit der Ausgleichsfunktion ist gemeint, daß der frei sich bildende Preis Nachfrage und Angebot auf dem jeweils betrachteten Markt einander angleicht. Die Signalfunktion des Preises kommt darin zum Ausdruck, daß er ein Knappheitsindikator für wirtschaftliche Güter darstellt und durch seine Wirkung auf das Nachfrage- und Angebotsverhalten deren wirtschaftliche (sparsame) Verwendung sicherstellt. Schließlich erfüllt der Preis eine Lenkungsfunktion, weil er die Produktion und die Investition auf diejenigen Güter hinlenkt, nach denen die Nachfrage besonders dringend ist.

(b) Nachdem die Funktionsweise des Marktmechanismus erläutert worden ist, kann man nunmehr auf seine Bedeutung für die Entscheidungsfreiheit der Wirtschaftssubjekte eingehen. Im Unterschied zur plandeterminierten Koordination von Güterangebot und Güternachfrage[10] wird bei marktkoordinierter Koordination offensichtlich die individuelle Entscheidungsfreiheit der Wirtschaftssubjekte sichergestellt. Jeder Haushalt entscheidet für sich, welche Güter er nachfragt (freie Konsumwahl), und analog entscheidet jede Unternehmung für sich, welche Güter sie anbietet.

Die Bedeutung und die Wirkung dieser Entscheidungsfreiheit, die auf beiden Marktseiten zu beobachten ist, wurden in der Vergangenheit oft mißverstanden. So ist z. B. immer wieder die Frage aufgeworfen worden, wer denn in einer Marktwirtschaft letztlich über Art und Umfang des Güterangebots entscheide, die Haushalte oder die Unternehmungen? Überspitzt

---

[10] Vgl. dazu die Ausführungen im obigen Abschnitt 2.1. (1).

lautet die Frage: Führt die Marktwirtschaft zur Konsumenten- oder zur Produzentensouveränität?

Die Diskussion über diese Frage endete zugunsten der Konsumentensouveränität (vgl. *Luckenbach* 1975, S. 19 ff.). Sie ergibt sich unmittelbar aus der Überlegung, daß es für die Unternehmungen keinen Grund gibt, Konsumgüter zu produzieren, die von den Haushalten nicht nachgefragt werden und deshalb am Markt nicht verkauft werden können.

(2) Der Marktmechanismus arbeitet grundsätzlich nicht nur auf Güter-, sondern auch auf Faktormärkten. Er läßt sich anhand einer grafischen Darstellung erläutern, die sich von Schaubild 2.4 nur dadurch unterscheidet, daß zum einen auf der Abszisse nicht die Gütermenge x, sondern die Faktormenge v abgetragen wird und zum anderen auf der Ordinate nicht der Güterpreis p, sondern der Faktorpreis q gemessen wird.

Während der Marktmechanismus auf den Gütermärkten die Entscheidungsfreiheit der Wirtschaftssubjekte auf den Gütermärkten sichert, wird durch die Nutzbarmachung des Marktmechanismus auf den Faktormärkten erreicht, daß die Wirtschaftssubjekte auch über ihre faktormarktrelevanten ökonomischen Aktivitäten frei entscheiden können. So sind im Unterschied zur plandeterminierten Koordination von Faktorangebot und -nachfrage die Haushalte in der Lage, über ihre Faktorangebotsaktivitäten (und mithin über ihre Berufswahl) frei zu entscheiden, während den Unternehmungen die Auswahl der zweckmäßigsten Produktionsmethoden möglich ist.

So wie für die Haushalte die Entscheidungsfreiheit auf den Gütermärkten zur Konsumentensouveränität führt, wird ihnen durch die Entscheidungsfreiheit auf den Faktormärkten zusätzlich die Faktoranbietersouveränität eröffnet, durch die sie letztlich über die anzuwendenden Produktionsmethoden und über die Verteilung der Produktion entscheiden (*Luckenbach* 1991, S. 225). Dies bedarf einer kurzen Erläuterung.

Die Bedeutung der Faktoranbietersouveränität für die anzuwendenden Produktionsmethoden könnte man mit dem Hinweis darauf bezweifeln, daß die Unternehmungen entscheiden, welcher Produktionsmethoden sie sich zur Erzeugung ihrer Produkte bedienen. Berücksichtigt man jedoch, daß die Unternehmungen nur innerhalb jener Grenzen über die zweckmäßigste Produktionsmethode befinden können, die durch Art, Menge und Preis des von den Haushalten erbrachten Faktorangebots determiniert sind, dann wird die Relevanz der Faktoranbietersouveränität für die Wahl der Produktionsmethoden offensichtlich.

Die Bedeutung der Faktoranbietersouveränität für die Verteilung der Produktion kann man sich am besten klarmachen, wenn man davon ausgeht, daß die Haushalte über Arten und Mengen der ihnen zur Verfügung stehenden Konsumgüter entscheiden, indem sie auf den Gütermärkten Kaufakte tätigen. Dies setzt voraus, daß sie über „Kaufkraft" verfügen, welche sie sich verschaffen, indem sie auf den Faktormärkten Faktorleistungen (Arbeit, Kapital) verkaufen, wofür ihnen Faktoreinkommen (Lohneinkommen, Kapitaleinkommen) zufließen.[11] Offensichtlich erzielen die Haushalte in jenem Maße Einkommen, wie sie zur Gütererstellung der Volkswirtschaft (d. h. zum Sozialprodukt) beitragen.[12] Mithin entsprechen auch ihre Ansprüche auf das Sozialprodukt, die sie durch Nachfrage auf den Gütermärkten geltend machen können, ihren Beiträgen zum Sozialprodukt, die sie durch Verkäufe auf den Faktormärkten erbracht haben.

2.2.3. Die Wohlstandswirkungen des Marktmechanismus

Wie sich den obigen Erörterungen über den Marktmechanismus entnehmen läßt, wird auf den Gütermärkten vor allem entschieden, was produziert wird, während auf den Faktormärkten vor allem festgelegt wird, wie und für wen produziert wird. Im Falle funktionierender Märkte konstituiert die Gesamtheit aller Marktergebnisse eine Situation, die als optimal bezeichnet werden kann: Zum einen führt der Marktmechanismus zu einem Zustand, in dem sowohl die erzeugten Güter[13] als auch die dabei verwendeten Produktionsmethoden[14] mit den Wünschen der Haushalte übereinstimmen. Man spricht in diesem Zusammenhang vom sog. Effizienzmaximum. Zum anderen zeitigt der Marktmechanismus eine leistungsbezogene Verteilungssituation,[15] die man – sofern man eine leistungsbezogene Verteilungssituation als gerecht und deshalb als erwünscht betrachtet – als Verteilungsoptimum bezeichnen kann. Da das Effizienzmaximum und das Verteilungsoptimum als die beiden Aspekte des Wohlstandsmaximums angesehen werden, sagt man, daß im Falle funktionierender Märkte die Realisierung des Wohlstandsmaximums in der betrachteten Volkswirtschaft sichergestellt ist.

In wohlstandstheoretischen und empirischen Untersuchungen ist jedoch bereits vor Jahrzehnten nicht ausgeschlossen worden, daß in der ökonomischen Realität alternativ oder simultan Effizienz- und Verteilungsmängel auftreten können. Man spricht in diesem Zusammenhang oft vom sog. Marktversagen. Die marktdeterminierte Wohlstandssituation ist dann suboptimal (vgl. dazu *Luckenbach* 1991, S. 226 f.). Diese Wohlstandsdefizite werden als gewichtiges Argument für wirtschaftspolitische Aktivitäten des öffentlichen Sektors benutzt,[16] auf dessen Problematik im folgenden eingegangen werden muß.

---

[11] Zur genaueren Darstellung dieser Zusammenhänge vgl. den folgenden Abschnitt 3.2.2.
[12] Zur genaueren Darstellung dieser Zusammenhänge vgl. den folgenden Abschnitt 3.3.2.
[13] Vgl. dazu den obigen Abschnitt 2.2.2. (1) (b).
[14] Vgl. dazu den obigen Abschnitt 2.2.2. (2).
[15] Vgl. dazu den letzten Absatz des obigen Abschnitts 2.2.2. (2)
[16] Vgl. dazu insbes. den folgenden Abschnitt 2.3.2.

2.3. Die Problematik des öffentlichen Sektors in der Marktwirtschaft

In der ökonomischen Realität läßt sich beobachten, daß es in jeder Marktwirtschaft einen Sektor gibt, in dem nicht private Wirtschaftssubjekte agieren, sondern die sog. öffentliche Hand ökonomische Aktivitäten entfaltet.[17] Berücksichtigt man jedoch, daß im Zentrum von Marktwirtschaften das private Individuum mit seinen dezentralen Planungen steht,[18] dann wird deutlich, daß die Existenz eines öffentlichen Sektors in der Marktwirtschaft als Fremdkörper (Ordnungsinkonformität) erscheint, die nicht kommentarlos hingenommen werden kann.

Ordnungsinkonform und mithin ordnungswidrig sind offensichtlich alle unternehmerischen Aktivitäten des Staates. Wenn man jedoch von diesem Tätigkeitsfeld abstrahiert, dann erschöpfen sich die ökonomischen Aktivitäten der Wirtschaftssubjekte des öffentlichen Sektors in wirtschaftspolitischen Aktionen,[19] deren Ordnungskonformität zu diskutieren ist. Dabei ist es zweckmäßig, im folgenden Abschnitt 2.3.1. zunächst die Teilgebiete der Wirtschaftspolitik zu erläutern. Im anschließenden Abschnitt 2.3.2. kann man dann auf die Frage der Rechtfertigung wirtschaftspolitischer Aktivitäten eingehen. Schließlich ist es erforderlich, im abschließenden Abschnitt 2.3.3. das Problem des Politikversagens kurz aufzugreifen.

2.3.1. Die Teilgebiete der Wirtschaftspolitik

Es gibt verschiedenen Teilgebiete der Wirtschaftspolitik, die sich am leichtesten anhand des folgenden Schaubildes 2.5. erläutern lassen. Grundlegend ist dabei die Unterscheidung zwischen Ordnungspolitik einerseits und Prozeßpolitik andererseits.

(1) Der Ordnungspolitik werden alle wirtschaftspolitischen Aktionen zugerechnet, die der Gestaltung der Wirtschaftsordnung dienen.[20] Dabei ist in Marktwirtschaften nach Grundsätzen zu verfahren, die von *Eucken* als konstituierende Prinzipien oder als Prinzipien der Wirtschaftsverfassung bezeichnet worden sind. (vgl. *Eucken* 1990, S. 254 ff.)[21]

Bei der Formulierung dieser Prinzipien ging *Eucken* von der Überlegung aus, daß die marktwirtschaftliche Lösung des Koordinatenproblems einen

---

[17] Vgl. dazu den obigen Abschnitt 1.3.2.
[18] Vgl. dazu den obigen Abschnitt 2.2.
[19] Vgl. dazu den obigen Abschnitt 1.3.2.
[20] Vgl. zum folgenden z.B. die ausführliche Darstellung bei *Luckenbach* 1986, S. 233 ff.
[21] Zu den sechs konstituierenden Prinzipien zählen die Geldwertstabilität, der freie Marktzutritt, das Privateigentum an den Produktionsmitteln, die Vertragsfreiheit, die unbeschränkte Haftung und die Konstanz der Wirtschaftspolitik. Zur genaueren Darstellung und Erläuterung dieser Prinzipien vgl. *Luckenbach* 1986, S. 233 ff.

funktionsfähigen Preismechanismus voraussetzt. Deshalb hat *Eucken* die Funktionsfähigkeit des Preismechanismus als wirtschaftsverfassungsrechtliches Grundprinzip bezeichnet (vgl. *Eucken* 1990, S. 291 ff.) Wie in wirtschaftspolitischen Lehrbüchern eingehend begründet wurde (vgl. z. B. *Lukkenbach* 1986, S. 233 ff.), gelingt die Installierung funktionsfähiger Preismechanismen nur dann, wenn die konstituierenden Prinzipien realisiert sind.

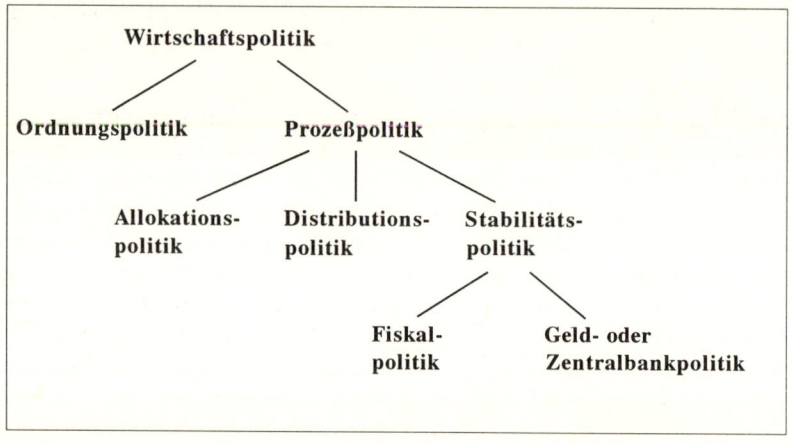

Schaubild 2.5: Die Teilgebiete der Wirtschaftspolitik

(2) Während die Ordnungspolitik der Gestaltung der Wirtschaftsordnung dient, werden zur Prozeßpolitik alle wirtschaftspolitischen Aktionen gerechnet, die auf die Erhaltung der Wirtschaftsordnung gerichtet sind (vgl. z. B. *Luckenbach* 1986, S. 242 f.). Dabei ist in Marktwirtschaften nach Grundsätzen zu verfahren, für die von *Eucken* der Begriff regulierende Prinzipien geprägt worden ist. (vgl. *Eucken* 1990, S. 254 ff., 289 ff.)[22]

Die Bedeutung dieser Prinzipien und damit der Prozeßpolitik kann man am besten ermessen, wenn man berücksichtigt, daß es verschiedene Gründe gibt, durch welche die Funktionsfähigkeit einer Marktwirtschaft gefährdet werden kann. Zu ihnen zählen

– Beeinträchtigungen der Ausgleichs-, Signal- oder Lenkungsfunktion von Märkten (sog. Effizienzmängel),
– Verteilungs- oder Distributionsmängel und
– Störungen der sog. internen Stabilität, von denen man immer dann

---

[22] Im Unterschied zu den konstituierenden Prinzipien hat *Eucken* die regulierenden Prinzipien nicht so plakativ charakterisiert. Sie ergeben sich jedoch unmittelbar aus den im folgenden zu nennenden Teilgebieten der Ordnungspolitik, mit denen sie als kongruent betrachtet werden können.

spricht, wenn Geldwertstabilität (Preisniveaustabilität) und Vollbeschäftigung nicht gewährleistet sind.[23]

Diesen drei Gefährdungen entsprechen drei Teilbereiche der Prozeßpolitik. Den Effizienzmängeln[24] begegnet man mit wirtschaftspolitischen Maßnahmen, die auf der mikroökonomischen Theorie basieren und unter dem Begriff Allokationspolitik zusammengefaßt werden. Verteilungsmängel werden mit Instrumenten behandelt, die teils auf der mikroökonomischen und teils auf der makroökonomischen Theorie fußen und der Verteilungs- oder Distributionspolitik zugerechnet werden. Störungen der internen Stabilität werden auf der Grundlage makroökonomischer Theorien mit stabilitätspolitischen Aktionen angegangen.

Während im allokations- und verteilungspolitischen Bereich der Wirtschaftspolitik der Staat agiert, ist im stabilitätspolitischen Bereich der Wirtschaftspolitik sowohl der Staat als auch die Zentralnotenbank aktiv.[25] Die stabilitätspolitischen Aktivitäten des Staates faßt man unter dem Begriff Fiskalpolitik zusammen. Hingegen werden die stabilitätspolitischen Aktionen der Zentralnotenbank als Geld- oder Zentralbankpolitik bezeichnet.

2.3.2. Zur Frage der Rechtfertigung wirtschaftspolitischer Aktivitäten

Da die Notwendigkeit ordnungspolitischer Maßnahmen unbestreitbar ist,[26] muß man die Frage der Rechtfertigung wirtschaftspolitischer Maßnahmen nur für den prozeßpolitischen Bereich der Wirtschaftspolitik diskutieren.[27] Zur Darstellung der relevanten Argumente ist es erforderlich, auf Zusammenhänge zurückzugreifen, die in mikro- und makroökonomischen Theorien beschrieben worden sind. Da im Rahmen des vorliegenden Buches bisher nur einige Aspekte der mikroökonomischen Theorie dargestellt worden sind,[28] während Grundlagen der makroökonomischen Theorie erst im abschließenden Teil 5 dieser Arbeit in die Betrachtung einbezogen werden können, läßt sich die Frage der Rechtfertigung wirtschaftspolitischer Aktivitäten nur für die Allokationspolitik und für die mikroökonomisch fundierten Teile der Distributionspolitik diskutieren.[29]

(1) Durch allokationspolitische Maßnahmen soll eine Form der Marktwirtschaft erreicht werden, die man als effiziente Marktwirtschaft bezeichnen

---

[23] Von der internen Stabilität ist die sog. externe Stabilität (= Zahlungsbilanzausgleich) zu unterscheiden, die erst im folgenden Band IV dieser Reihe in die Betrachtung einbezogen werden kann.

[24] Vgl. dazu den obigen Abschnitt 2.2.3. sowie den folgenden Abschnitt 2.3.2.

[25] Zur genaueren Darstellung dieser Zusammenhänge vgl. Band III der vorliegenden Reihe.

[26] Vgl. dazu die Ausführungen im obigen Abschnitt 2.3.1. (1).

[27] Vgl. dazu die Ausführungen im obigen Abschnitt 2.3.1. (2).

[28] Vgl. dazu den obigen Abschnitt 2.2.2.

[29] Zur Frage der Rechtfertigung stabilitätspolitischer Aktivitäten vgl. Band III der vorliegenden Reihe.

kann (vgl. *Luckenbach* 1986, S. 150 ff.). Ausgangspunkte allokationspolitischer Aktivitäten sind Effizienzmängel, die – wie im folgenden genauer erläutert werden soll – auf drei Gründe zurückgeführt werden können: auf Marktmacht, auf (technologische) externe Effekte[30] und auf jene Merkmale, durch die öffentliche Güter charakterisiert sind. Diesen Gründen ist gemeinsam, daß sie die Funktionsfähigkeit von Güter- oder Faktormärkten einschränken oder ausschalten. Deshalb entsprechen den drei Ursachen von Effizienzmängeln auch drei Teilbereiche allokationspolitischer Aktivitäten, die nun nacheinander charakterisiert werden sollen.

(a) Der erste Teilbereich der Allokationspolitik ist durch die Marktmacht begründet, über die Nachfrager oder Anbieter verfügen können. Von Marktmacht wird immer dann gesprochen, wenn auf einem Markt die Bedingungen der vollständigen Konkurrenz aufgrund natürlicher oder künstlicher Wettbewerbshemmnisse nicht erfüllt sind. Das bekannteste Beispiel für eine solche Situation ist das bilaterale Monopol auf dem Arbeitsmarkt, welches die Ursache dafür ist, daß im Bereich dieser Marktform Löhne nicht mehr als (präferenzdeterminierte) Konkurrenzpreise anzusehen sind, sondern als (machtdeterminierte) Ergebnisse der Verhandlungen zwischen den sog. Sozialpartnern (Gewerkschaften und Arbeitgeberverbände).

Zur Vermeidung der durch Marktmacht bedingten Effizienzmängel muß der Staat Maßnahmen ergreifen, die unter dem Begriff Wettbewerbspolitik zusammengefaßt werden.[31] Nachhaltige Erfolge sind der Wettbewerbspolitik nur dann beschieden, wenn sie kausaltherapeutisch vorgeht, d.h. die Marktmacht unterbindet. In der ökonomischen Realität entzieht sich jedoch der Staat immer wieder dieser Aufgabe (z.B. auf dem Arbeitsmarkt) und versucht stattdessen, durch Symptomtherapien (z.B. Aufstellung von sog. Lohnleitlinien) die Marktmacht zu verkleinern oder zu kompensieren.

(b) Der zweite Teilbereich der Allokationspolitik ist aufgrund externer Effekte entstanden und zu rechtfertigen, was man sich am leichtesten anhand der sog. negativen externen Effekte klarmachen kann: Wenn Konsum- oder Produktionsaktivitäten eines Wirtschaftssubjektes mit Emissionen verbunden sind, durch welche die ökonomischen Aktivitäten anderer Wirtschaftssubjekte beeinträchtigt werden, dann sind dies negative externe Effekte der ökonomischen Aktivitäten des emittierenden Wirtschaftssubjektes. Ein einfaches Beispiel für externe Effekte des Konsums läßt sich in sommerlichen Gärten beobachten, wenn der Besitzer des einen Gartens auf seinem

---

[30] Außer den technologischen gibt es auch die im vorliegenden Zusammenhang irrelevanten pekuniären externen Effekte. Zur Abgrenzung vgl. z.B. *Luckenbach* 1986, S. 138. Wenn im folgenden der Begriff externe Effekte ohne Zusatz verwendet wird, dann bezieht er sich immer auf die technologischen externen Effekte.
[31] Zur Einführung in die Wettbewerbspolitik vgl. z.B. *Luckenbach* 1986, S. 150 ff., *Willeke* 1988 und *Herdzina* 1991.

Holzkohlengrill die Mittagsmahlzeit zubereitet und durch die dabei entstehenden Rauchschwaden den Eigentümer des benachbarten Gartens beeinträchtigt, der in frischer Luft seine Mittagsruhe genießen möchte.

Wie dieses Beispiel veranschaulicht, ist es das charakteristische Merkmal der von Wirtschaftssubjekten ausgehenden externen Effekte, daß sie die Wohlstandssituation anderer Wirtschaftssubjekte beeinflussen und dabei direkt (d. h. nicht über den Markt) wirksam sind. Offensichtlich gibt es also wohlstandsrelevante Faktoren, die nicht den marktdeterminierten Koordinationsmechanismen ausgesetzt sind. Wenn – im Unterschied zum oben angeführten Beispiel – diese externen Effekte weitreichend sind, dann besteht eine Indikation für regulierende Maßnahmen des Staates, die unter dem Begriff Umweltpolitik zusammengefaßt werden.[32]

(c) Der dritte Teilbereich der Allokationspolitik ist dadurch bedingt, daß in den Begehrskreis der Wirtschaftssubjekte auch sog. öffentliche Güter fallen, (z. B. der sauerstoffspendende Grüngürtel einer Großstadt sowie die innere und äußere Sicherheit des betrachteten Landes), die sich von den privaten Gütern (z. B. Nahrungsmittel, Kleidung, Konzertkarte) dadurch unterscheiden, daß Wirtschaftssubjekte, die für den Genuß dieser Güter nicht bezahlen wollen, vom Konsum dieser Güter nicht ausgeschlossen werden können (sog. Nichtgeltung des Ausschlußprinzips).[33] Im Falle öffentlicher Güter muß man davon ausgehen, daß die Anzahl der nicht zahlungswilligen Wirtschaftssubjekte besonders groß ist. Dies ergibt sich unmittelbar aus der Überlegung, daß für die meisten privaten Güter der Konsum dieses Gutes durch ein Wirtschaftssubjekt den Konsum des gleichen Gutes durch ein anderes Wirtschaftssubjekt ausschließt (sog. Rivalität des Konsums). Hingegen kann ein Wirtschaftssubjekt ein öffentliches Gut genießen, ohne den Konsum dieses Gutes durch andere Wirtschaftssubjekte zu beeinträchtigen (Nichtrivalität des Konsums). Diese Erkenntnis veranlaßt immer wieder verschiedene Wirtschaftssubjekte zu dem Versuch, öffentliche Güter zu genießen, ohne dafür zu zahlen (sog. free rider- oder Trittbrettfahrer-Phänomen).

Die Nichtgeltung des Ausschlußprinzips ist die Ursache dafür, daß öffentliche Güter von privaten Wirtschaftssubjekten nicht angeboten werden. Im Unterschied zu privaten Wirtschaftssubjekten, die das free rider-Problem nicht lösen können, hat der Staat die Möglichkeit, Zwangsabgaben (Steuern) zu erheben und so das Trittbrettfahrer-Phänomen zu umgehen. Deshalb ist der Staat das einzige Wirtschaftssubjekt, welches jene Güter anzubieten in der Lage ist, für die Märkte nicht existieren können.

---

[32] Zur Einführung in die Umweltpolitik und ihrer theoretischen Grundlagen vgl. neben der im obigen Abschnitt 1.2.2. (1) angegebenen Literatur auch *Hansmeyer/Schneider* 1990 und *Frey/Staehelin-Witt/Blöchliger* 1991.

[33] Von den privaten und den öffentlichen Gütern im oben erläuterten Sinne unterscheidet man die sog. meritorischen Güter, auf die im Abschnitt 4.2.1. eingegangen wird.

Anders als im Falle privater Güter, für welche die optimale (den Konsumentenpräferenzen entsprechende) Angebotsmenge durch den Markt ermittelt wird, ist die Bestimmung des optimalen Angebots öffentlicher Güter problematisch.[34] Vor allem haben die Haushalte nur äußerst begrenzte Möglichkeiten, darauf hinzuwirken, daß das Angebot an öffentlichen Gütern ihren Präferenzen entsprechend gestaltet wird: Während sie im Falle privater Güter für jedes einzelne Gut durch Kaufentscheidungen (Zahlung des Kaufpreises) am Markt ihre Präferenzen für das betrachtete Gut unmittelbar zur Geltung bringen können, haben sie im Falle öffentlicher Güter nur bei den vergleichsweise seltenen Wahlterminen die Möglichkeit, die Regierung (und damit das von ihr bereitgestellte Bündel öffentlicher Güter) wieder- oder abzuwählen. Zugleich können sie dabei ihre Präferenzen für das einzelne öffentliche Gut nur sehr mittelbar zum Ausdruck bringen.

(2) Durch distributionspolitische Maßnahmen soll eine Form der Marktwirtschaft erreicht werden, für die der Begriff „Soziale Marktwirtschaft" (vgl. *Müller-Armack* 1976) geprägt worden ist. So wird z.B. die Wirtschaftsordnung der Bundesrepublik Deutschland als Soziale Marktwirtschaft bezeichnet.[35]

Ausgangspunkte distributionspolitischer Aktivitäten sind Verteilungsmängel.[36] Während Effizienzmängel sowohl auf Güter- als auch auf Faktormärkten auftreten können, beziehen sich Verteilungsmängel nur auf Faktormärkte. Zur Abgrenzung der Verteilungs- von den Effizienzmängeln der Faktormärkte ist es zweckmäßig, davon auszugehen, daß die Funktionsfähigkeit der Faktormärkte nicht eingeschränkt ist (also z.B. Marktmacht nicht auftritt), so daß die Faktormärkte ihre Allokationsfunktion erfüllen und eine leistungsgerechte Einkommensverteilung sicherstellen. Unter dieser Voraussetzung spricht man von Verteilungsmängeln immer dann, wenn man die sich aus den Koordinationsvorgängen auf den Faktormärkten ergebende leistungsbezogene Verteilungssituation als gesellschaftspolitisch suboptimal betrachtet. Im Unterschied zu den Effizienzmängeln, die infolge partieller Funktionsunfähigkeit des Marktes (Marktversagen i.e.S.) auftreten, werden Verteilungsmängel immer dann konstatiert, wenn man glaubt, die Ergebnisse – auch funktionsfähiger – Faktormärkte nicht akzeptieren zu können (Marktablehnung).

Wie im folgenden genauer erläutert werden soll, kann man zwei Arten von Verteilungsmängeln unterscheiden:[37] die Einkommensdefizite und die Si-

---

[34] Zur Diskussion der relevanten Zusammenhänge vgl. z.B. *Pommerehne* 1982, *Becker/Gretschmann/Mackscheidt* 1992.

[35] Eine kurze und gut verständliche Darstellung dieser Wirtschaftsordnung unter Einbeziehung ihrer historischen Hintergründe sowie ihrer Fehlentwicklungen gibt *Kloten* 1986. Zu den theoretischen Grundlagen vgl. auch *Luckenbach* 1986, S. 170ff.

[36] Zur Einführung in die verschiedenen Teilgebiete der Distributionspolitik vgl. *Lampert* 1988a, 1988b und *Luckenbach* 1986, S. 170ff., 175ff.

[37] Vgl. zum folgenden insbes. *Luckenbach* 1991, S. 226ff.

cherungsdefizite. Ihnen entsprechen zwei Teilbereiche der Distributionspolitik, die kurz charakterisiert werden müssen.

(a) Der erste Teilbereich der Distributionspolitik wird mit dem Hinweis auf Einkommensdefizite begründet. Dabei wird angeführt, daß möglicherweise einige Wirtschaftssubjekte oder Bevölkerungsgruppen aufgrund mangelnder Leistungsfähigkeit oder -bereitschaft ein Faktoreinkommen, welches ihr Überleben ermöglicht (sog. Existenzminimum) nicht realisieren können.

Zur Vermeidung dieser Einkommensdefizite kann der Staat Maßnahmen ergreifen, die unter dem Begriff Einkommenspolitik zusammengefaßt werden sollen. Dabei kann man in zweifacher Weise vorgehen.[38]

Zum einen kann man versuchen, die Rahmenbedingungen zu beeinflussen, unter denen die Preisbildungsprozesse auf den Faktormärkten ablaufen. So kann man z. B. auf eine Verlängerung der Arbeitszeit oder (durch Ausbildungsförderung) auf eine Verbesserung der Arbeitsqualität hinwirken. Dies sind Beispiele für eine kausaltherapeutische Einkommenspolitik, die auf eine Beeinflussung der marktdeterminierten Verteilungssituation (sog. Primärverteilung) gerichtet ist. Sie kann sich simultan oder alternativ auf beide Einkommenskategorien beziehen (Arbeitseinkommen und Lohnpolitik, Kapitaleinkommen und Vermögenspolitik).

Zum anderen ist es möglich, die Primärverteilung durch Einkommensumverteilungen (Einkommensredistributionen) zu verändern, deren Ergebnis die sog. Sekundärverteilung ist. Dies ist die symptomtherapeutische Einkommenspolitik, die sowohl über das Steuersystem (via Fiskus) als auch über das Sozialleistungssystem (via Parafiskus) vorgenommen werden kann (sog. Dualismus in der Einkommensumverteilung).

(b) Der zweite Teilbereich der Distributionspolitik wird mit dem Hinweis auf Sicherungsdefizite gerechtfertigt. Dabei wird darauf hingewiesen, daß einige Wirtschaftssubjekte oder Bevölkerungsgruppen aufgrund mangelnder Fähigkeit oder Bereitschaft zur Vorsorge ihre soziale (= wirtschaftliche) Sicherheit nicht in ausreichendem Maße realisieren können. Während also die Einkommensdefizite die gegenwärtigen Lebensgrundlagen der Wirtschaftssubjekte betreffen, beziehen sich die Sicherungsdefizite auf die zukünftigen Lebensgrundlagen der Wirtschaftssubjekte.

Zur Vermeidung dieser Sicherungsdefizite kann der Staat Maßnahmen ergreifen, die unter dem Begriff Sicherungspolitik zusammengefaßt werden sollen. Die Maßnahmen der Sicherungspolitik kann man in zwei Gruppen einteilen, die den beiden Kategorien von Maßnahmen der Einkommenspolitik entsprechen:[39] Zum einen gibt es eine kausaltherapeutisch ausgerichte-

---

[38] Zur genaueren Darstellung der im folgenden nur kurz charakterisierten Zusammenhänge vgl. z. B. *Luckenbach* 1986, S. 170 ff.

[39] Zur genaueren Darstellung der im folgenden nur kurz charakterisierten Zusammenhänge vgl. z. B. *Luckenbach* 1986, S. 175 ff.

te Sicherungspolitik, deren Ziel die Beeinflussung (Verbesserung) der privaten Vorsorge ist (z. B. durch steuerliche Begünstigung von Lebensversicherungen). Zum anderen gibt es eine symptomtherapeutisch ausgerichtete Sicherungspolitik, deren Ziel die Einrichtung oder Verbesserung der Sozialversicherung ist.

2.3.3. Das Politikversagen

Bisher ist implizit von der Annahme ausgegangen worden, daß wirtschaftspolitische Aktionen erfolgreich sind, d. h. zum Wohlstandsmaximum der Volkswirtschaft führen oder zumindest wohlstandssteigernd wirken. In der ökonomischen Realität ist dies jedoch häufig nicht der Fall. So führen z. B. allokationspolitische Maßnahmen (des Staates) immer wieder zu suboptimalen Situationen, in denen das zuvor durch Marktversagen bedingte Wohlstandsdefizit nunmehr von einem durch Politikversagen (Staatsversagen) bedingten Wohlstandsdefizit abgelöst worden ist.[40] Dabei können die Wohlstandsdefizite durch Staatsversagen größer sein als die Wohlstandsdefizite durch Marktversagen, zu deren Beseitigung der Staat angetreten war.

Von Staatsversagen soll im folgenden immer dann gesprochen werden, wenn die Träger der Wirtschaftspolitik das Wohlstandsziel nicht erreichen, obwohl sie über die dazu erforderlichen wirtschaftspolitischen Instrumente verfügen und ihre Handhabungs- und Wirkungsweise kennen oder kennen könnten. Für das Staatsversagen gibt es mehrere Gründe, die zunächst am Beispiel der Allokations- und Distributionspolitik kurz erläutert werden sollen. Anschließend kann man dann auf die daraus zu ziehenden Folgerungen eingehen.[41]

(1) Die Ursachen des Staatsversagen lassen sich am besten erläutern, wenn man von den Verhaltensweisen der in wirtschaftspolitischen Institutionen agierenden Personen ausgeht, welche seit Ende der 60er Jahre im Rahmen der sog. ökonomischen Theorie der Politik immer wieder beschrieben worden sind (vgl. z. B. *Frey* 1981). Im Unterschied zur traditionellen Theorie der Wirtschaftspolitik, die von der Vorstellung beherrscht wird, die Träger der Wirtschaftspolitik verhielten sich gleichsam wie ein „wohlwollender Diktator", dessen Ziel die Maximierung des gesellschaftlichen Wohlstands sei („altruistische" Zielfunktion), wird von den Vertretern der ökonomischen Theorie der Politik darauf hingewiesen, daß die Träger der Wirtschaftspolitik auch eigene Ziele verfolgen können. Dabei wird im Regelfalle unterstellt, daß sie anstelle der gesellschaftlichen Wohlstandsfunktion

---

[40] Zur Gegenüberstellung von Markt- und Staatsversagen vgl. *Watrin* 1986.
[41] Die folgenden Ausführungen beruhen auf *Luckenbach* 1991, S. 228 ff., wo eine Beschreibung der Ursachen des Staatsversagens sowie eine Diskussion von Abhilfemaßnahmen zu finden ist. Zu diesem Problemkreis vgl. auch *Recktenwald* 1980, S. 157 ff.

ihren eigenen Nutzen (unter Nebenbedingungen) maximieren („eigennützige" Zielfunktion).

Diese Verhaltenshypothese gilt sowohl für Politiker als auch für die öffentliche Verwaltung. Sie ist für Politiker durch jenes Teilgebiet der ökonomischen Theorie der Politik präzisiert worden, in dem Fragen der Parteienkonkurrenz untersucht werden (Demokratietheorie). Wie sich den verschiedenen Untersuchungen über das nutzenmaximierende Verhalten von Politikern und dessen Nebenbedingungen entnehmen läßt, kann man die Verhaltensmaxime von Politikern z.B. durch die Stimmenmaximierungshypothese beschreiben. Hingegen kann man zur genaueren Darstellung des Verhaltens der öffentlichen Verwaltung auf jene Teilgebiete der ökonomischen Theorie der Politik zurückgreifen, die im Rahmen der Bürokratietheorie entwickelt worden sind. Wie sich den verschiedenen Untersuchungen über das nutzenmaximierende Verhalten von Bürokraten und dessen Nebenbedingungen entnehmen läßt, kann man die Verhaltensmaxime von Bürokraten durch zwei Verhaltenshypothesen präzisieren: durch die sog. Budgetmaximierungshypothese und durch die Hypothese von der Maximierung des Freiraums öffentlicher Bediensteter (diskretionärer Spielraum).[42]

Wie sich anhand von demokratie- und bürokratietheoretischen Überlegungen genauer erläutern läßt, führt das nutzenmaximierende Verhalten der Politiker und Bürokraten zu einem Staatsversagen, welches vor allem in zwei Erscheinungsformen auftritt: Zum einen werden immer wieder symptomtherapeutische Maßnahmen den kausaltherapeutischen Maßnahmen der Wirtschaftspolitik vorgezogen. Dafür lassen sich anschauliche Beispiele im Bereich des Gesundheitswesens finden, in dem zumindest hierzulande die Steuerungsmechanismen der Marktwirtschaft weitgehend suspendiert worden sind. Solche Symptomtherapien sind die Ursache dafür, daß wirtschaftspolitische Maßnahmen oft nur temporär wirken und zu späteren Zeitpunkten wiederholt werden müssen.

Zum anderen ist zu beobachten, daß die Staatstätigkeit ausgedehnter ist, als aufgrund von Marktversagen gerechtfertigt werden kann. Dies führt im allokationspolitischen Bereich der Wirtschaftspolitik dazu, daß der Staat z.B. auch Güter anbietet, für die das Ausschlußprinzip gilt, so daß ein privatwirtschaftliches Angebot möglich wäre, welches nicht nur nach empirischen Untersuchungen kostengünstiger ist als das staatliche Angebot, sondern es ist auch besser auf die Konsumentenwünsche abgestimmt, da die Probleme der Präferenzermittlung für öffentliche Güter entfallen. Hingegen führt das Übermaß staatlicher Aktivitäten im distributionspolitischen Bereich der Wirtschaftspolitik dazu, daß einkommens- und sicherungspoli-

---

[42] Zur Erläuterung dieser Verhaltensannahmen vgl. *Luckenbach* 1986, S. 275 ff. und die dort angegebene Literatur.

tische Maßnahmen auch dann ergriffen werden, wenn sie nicht durch extreme, vom einzelnen nicht beherrschbare Notlagen, begründet sind.

Im Falle einer solchen Entartung der Sozialen Marktwirtschaft zum Sozialstaat (Versorgungsstaat) wird die Effizienz der Volkswirtschaft und mithin die Basis ihres wirtschaftlichen Wohlstandes sowohl durch die Einkommens- als auch durch die Sicherungspolitik verkleinert: Durch einkommenspolitische Maßnahmen wird die Beziehung zwischen Faktorleistung und Faktoreinkommen gelockert, so daß das Prinzip der Leistungsgerechtigkeit verletzt und dadurch die Leistungsbereitschaft der Faktoranbieter beeinträchtigt wird. Hingegen wird durch sicherungspolitische Maßnahmen nicht nur die Möglichkeit und die Bereitschaft zur privaten Vorsorge beeinträchtigt und mithin die Voraussetzung geschmälert, unter der man sich auf diesem Gebiet als sog. mündiger Bürger betätigen kann, der durch freie Marktentscheidungen effiziente Vorsorgemaßnahmen aufspürt. Vielmehr wird auch dem Parafiskus „Sozialversicherung" eine künstliche Monopolstellung eingeräumt.

(2) Angesichts der negativen Wohlstandswirkungen des Staatsversagens muß man versuchen, das Staatsversagen einzuschränken und nach Möglichkeit auszuschalten. Dazu sind zwei Strategien erforderlich.

Die erste Strategie gegen Staatsversagen ergibt sich aus wohlstandstheoretischen Überlegungen und richtet sich gegen das soeben erläuterte Übermaß staatlicher Aktivitäten. Sie besteht in der Reduzierung der Staatstätigkeit, was vor allem zweierlei erfordert: Zum einen ist die Indikation für staatliche Maßnahmen der Allokations- und Distributionspolitik streng zu stellen, d.h. sie ist auf die oben beschriebenen Fälle des Marktversagens zu beschränken. Zum anderen sind bei allen infolge Marktversagens zu befürwortenden wirtschaftspolitischen Aktivitäten kausaltherapeutische Maßnahmen den symptomtherapeutischen vorzuziehen.

Die zweite Strategie gegen Staatsversagen ergibt sich aus Überlegungen zur ökonomischen Theorie der Politik und richtet sich gegen den verhaltensbezogenen Ursachenkomplex des Staatsversagens. Sie geht davon aus, daß die Effizienz öffentlicher Institutionen (und mithin die Effizienz der Wirtschaftspolitik) durch Einbau von Kontrollen und Leistungsanreizen gesteigert werden kann. Während die Kontrolle der Politiker zumindest partiell durch Wahlen gesichert ist, fehlt sie bei den Bürokraten weitgehend: Im Unterschied zu privaten Unternehmungen ist in Bürokratien der organisationsinterne Wettbewerb der verschiedenen Aufgabenträger um Leistungszulagen und Beförderungen durch die sog. Regelbeförderung aufgehoben und der organisationsexterne Wettbewerb zwischen aktuellen und potentiellen Aufgabenträgern um Arbeitsplätze durch Lebenszeitanstellungen ausgeschaltet. Es liegt deshalb nahe, sowohl Regelbeförderungen als auch Lebenszeitanstellungen abzuschaffen.

Literatur zum 2. Teil

Ausführungen über die Koordination des ökonomischen Geschehens sind in jedem einführenden Lehrbuch zur Wirtschaftspolitik unter der Überschrift Wirtschaftsordnung oder Wirtschaftssystem zu finden, wie z. B. bei *Luckenbach* 1986, S. 103 ff., *Streit* 1991, S. 24 ff. *Eucken* 1990, S. 241 ff. Daneben gibt es eine umfangreiche ordnungstheoretische und -politische Spezialliteratur (vgl. vor allem *Gutmann* 1990, daneben aber auch *Gäfgen* 1991, *Leipold* 1988, *Küng* 1985, *Hensel* 1978, *Hedtkamp* 1974).

Speziellen Untersuchungen zur zentralplanwirtschaftlichen Koordination (z. B. *Hensel* 1979, *Seidl* 1971 sowie *Dobias* 1977 und 1981) wird seit dem Zusammenbruch des sog. Ostblocks und damit der meisten Zentralplanwirtschaften vorwiegend historisches Interesse entgegengebracht. Um so größer ist die praktische Relevanz von Darstellungen der marktwirtschaftlichen Koordination: Dabei kann man neben grundlegenden Arbeiten (*Harbusch/Wiek* 1975, *Thieme* 1991) mehrere leicht verständliche Untersuchungen finden, in denen der Entstehungs- und Wandlungsprozeß der sozialen Marktwirtschaft in der (alten) Bundesrepublik Deutschland beschrieben wird (vgl. dazu insbes. *Grosser/Lange* u. a. 1990; *Laitenberger* 1986, *Heusgen* 1981) und die spätere Übernahme dieser Wirtschaftsordnung im sog. Beitrittsgebiet, d. h. in den heutigen neuen Bundesländern (vgl. dazu z. B. *Kraus* 1990 und insbes. *Sinn/Sinn* 1993). Die gegenwärtige Wirtschafts- und Sozialordnung der Bundesrepublik Deutschland ist von *Lampert* 1992 ausführlich beschrieben worden.

Aufschluß über das Koordinationsproblem in Marktwirtschaften ist nicht nur durch die Lektüre ordnungspolitischer Untersuchungen zu gewinnen. Für den Bereich privater Güter wird das Koordinationsproblem auch in preistheoretischen Erörterungen dargestellt, denen z. B. der Teil 4 des vorliegenden Buches gewidmet ist (vgl. die dort angegebene Literatur). Sodann kann man den entsprechenden Kapiteln einführender Lehrbücher zur Volkswirtschaftslehre genauere Informationen entnehmen (vgl. z. B. *Borchert/Grosskettler* 1985, *Demmler* 1990, *Ott* 1991). Für den Bereich öffentlicher Güter sind neben den relevanten Abschnitten in Lehrbüchern zur Finanzwissenschaft (vgl. z. B. *Petersen* 1990, S. 123 ff.; *Zimmermann/Henke* 1990, S. 39 ff.) auch Spezialuntersuchungen zur Theorie der öffentlichen Güter heranzuziehen (vgl. *Arnold* 1992, *Johann* 1977, *Hanusch* 1972).

Die Problematik des öffentlichen Sektors der Marktwirtschaft wird in den meisten Lehrbüchern zur Wirtschaftspolitik (vgl. die obigen Angaben) angesprochen. Daneben ist die Literatur über Markt- bzw. Politikversagen heranzuziehen, z. B. *Recktenwald* 1980, *Watrin* 1986, *Luckenbach* 1991. Sodann sind die Veröffentlichungen zur Neuen Politischen Ökonomie relevant, insbes. *Pommerehne/Frey* 1979, *Luckenbach* 1980 a, *Frey* 1981. Zur Gefahr der Entartung der sozialen Marktwirtschaft zum Sozialstaat vgl. vor allem *Schmölders* 1983 und *Weede* 1991.

3. Die einzelwirtschaftliche Betrachtung des ökonomischen Geschehens

Nachdem der Ordnungsrahmen des ökonomischen Geschehens erläutert worden ist, kann man nun das sich innerhalb seiner Grenzen abspielende ökonomische Geschehen genauer betrachten. Dabei ist es – vom marktwirtschaftlichen Ordnungsrahmen ausgehend – zweckmäßig, zunächst von den ökonomischen Aktivitäten des öffentlichen Sektors zu abstrahieren[1] und ausschließlich die ökonomischen Aktivitäten des privaten Sektors genauer als bisher zu analysieren.

Ausgangspunkte der folgenden Eröterungen sind die Ausführungen des obigen Abschnitts 2.2.2., in dem zur Erläuterung des Marktmechanismus angenommen wurde, daß sich das Nachfrageverhalten aller Nachfrager des Gutes x durch eine negativ geneigte Nachfragefunktion beschreiben läßt (vgl. Schaubild 2.4), während sich das Verhalten aller Anbieter dieses Gutes in einer positiv steigenden Angebotsfunktion niederschlägt. Offensichtlich informiert jede dieser Kurven über das unterstellte Marktverhalten einer Marktseite, so daß man sie als Marktnachfrage- und Marktangebotsfunktion bezeichnen kann

Da in einer Marktwirtschaft jedes Wirtschaftssubjekt über sein individuelles Marktverhalten entscheidet (dezentrale Planung), muß man erklären, wie man aus der Vielzahl individueller Nachfrage- und Angebotsaktivitäten Marktnachfrage- und Marktangebotsfunktionen gewinnen kann. Dabei läßt sich im folgenden zeigen, daß man bei rationalem Verhalten der verschiedenen (privaten) Wirtschaftssubjekte individuelle Nachfrage- und Angebotsfunktionen ableiten kann, aus denen sich die bereis erläuterten Marktnachfrage- und Marktangebotsfunktionen gewinnen lassen. Zu diesem Zweck muß man die im obigen Abschnitt 2.2.2. geführte „Argumentation auf Marktebene" zurückstellen und eine einzelwirtschaftliche Betrachtung des ökonomischen Geschehens einschieben.[2] Dabei ist es erforderlich, in drei Schritten vorzugehen. Zunächst sollen genauer als bisher (vgl. den obigen Abschnitt 1.2.3.) die Verhaltensziele der privaten Wirtschaftssubjekte erläutert werden. Auf der Grundlage dieser Ausführungen kann man anschließend nacheinander das Marktverhalten des Haushalts und der Unternehmung erläutern.

---

[1] Diese werden im Abschnitt 5.1.3. der vorliegenden Untersuchung erneut in die Betrachtung einbezogen.

[2] Die Argumentation auf Marktebene wird im folgenden Teil 4 dieses Buches wieder aufgegriffen und weitergeführt.

3.1. Die Verhaltensziele der privaten Wirtschaftssubjekte

Offensichtlich kann man im Rahmen wirtschaftstheoretischer Erörterungen die verschiedenen ökonomischen Aktivitäten eines Wirtschaftssubjektes nur dann erklären und voraussagen, wenn man unterstellt, daß sich das betrachtete Wirtschaftssubjekt in gleichartigen Situationen gleichartig entscheidet. Man sagt dann, daß sich das Wirtschaftssubjekt rational verhält.

Wie bereits erläutert,[3] tritt das Rationalprinzip im Rahmen ökonomischer Untersuchungen als ökonomisches Prinzip in Erscheinung. Dieses läßt sich sowohl für Haushalte als auch für Unternehmungen präzisieren.

3.1.1. Die Präzisierung der Rationalitätshypothese für den Haushalt

Für den privaten Haushalt ist die Hypothese rationalen Verhaltens in der haushaltstheoretischen Literatur präzisiert worden (vgl. z. B. *Luckenbach* 1975, S. 17 ff.).[4] Dabei ist es üblich, dem Haushalt nutzenmaximierendes Verhalten zu unterstellen.

Will man die Bedeutung dieser Verhaltensannahme erkennen, dann ist es erforderlich, zunächst die Nutzenmaximierungshypothese zu erläutern. Anschließend muß man dann auf die Frage nach der Meßbarkeit des Nutzens eingehen.

(1) Im Zuge der historischen Entwicklung der Theorie des Haushalts ist die Nutzenmaximierungshypothese verschieden interpretiert worden. In älteren Untersuchungen zur Haushaltstheorie wurde die Nutzenmaximierungshypothese introspektiv begründet,[5] d. h. sie wurde als Aussage über das Verhaltensmotiv des jeweils betrachteten Wirtschaftssubjektes angesehen. Hingegen ist für die neuere Theorie des Haushalts die behavioristische Interpretation der Nutzenmaximierungshypothese charakteristisch. Im Unterschied zur introspektiven Nutzentheorie verzichtet der Behaviorismus auf Aussagen über Verhaltensmotive. Stattdessen beschränkt sich die behavioristische Nutzentheorie auf die Formulierung von Aussagen, die sich aus beobachtbarem Verhalten ableiten lassen,[6] was kurz erläutert werden muß:

Wenn z. B. ein Gastgeber seinem Gast alternativ einen Apfel und eine Birne als Dessert anbietet und beobachtet, daß sein Gast den Apfel wählt, obgleich er sich auch für die Birne hätte entscheiden können, dann sagt

---

[3] Vgl. dazu den obigen Abschnitt 1.2.3.
[4] Neben der Theorie des Haushalts (vgl. dazu auch den folgenden Abschnitt 3.2.) sind die Theorie der Unternehmung (vgl. dazu die folgenden Abschnitte 3.1.2. und 3.3.) und die Preistheorie (vgl. dazu den obigen Abschnitt 2.2.2. und den folgenden Teil 4) Teilgebiete der Theorie der Mikroökonomie.
[5] Zur Introspektion und ihrer Unzulässigkeit in wissenschaftlichen Erörterungen vgl. den obigen Abschnitt 1.2.1. (1), insbes. die Fußnote.
[6] Dies erklärt zugleich den Namen dieser Nutzentheorie.

man, daß der Gast durch seine Entscheidung eine Präferenz für den Apfel (im Vergleich zur Birne) offenbart hat. Dabei werden die Gründe dieser Präferenz (Motive), die vielfältig sein können, nicht untersucht.

Diese Argumentation im Rahmen eines behavioristischen Kontextes kann man auch unter Verwendung des Nutzenkonzepts formulieren. Dabei wird das Wort „Präferenz" durch den Ausdruck „Nutzenvorsprung" ersetzt. Aufgrund dieser Sprachregelung sagt man immer dann, wenn man beobachtet, daß z. B. der Gast den Apfel anstelle der Birne wählt, daß der Apfel ihm einen größeren Nutzen stifte als die Birne. Dabei ist der Nutzenbegriff lediglich ein anderer Ausdruck für „offenbarte Präferenz". Diese behavioristische Interpretation der ursprünglich introspektiv (und mithin als Aussage über ein Motiv) gedeuteten Nutzenmaximierungshypothese ermöglicht es, die Begriffe „Nutzen" und „Nutzenmaximierungshypothese" auch in der modernen Theorie des Haushalts zu benutzen, was der Leichtigkeit ihrer sprachlichen Darstellung und ihrer Anschaulichkeit zugute kommt.

(2) Sowohl in der introspektiven als auch in der behavioristischen Nutzentheorie sind im Zuge der wissenschaftshistorischen Entwicklung verschiedene Vorstellungen über die Meßbarkeit des Nutzen zu beobachten. Während die ältere Nutzentheorie den individuellen Nutzen als kardinal meßbar betrachtete, geht die neuere Theorie überwiegend von nur ordinaler Nutzenmeßbarkeit aus. Den Unterschied zwischen diesen beiden Nutzentheorien kann man sich anhand des nachfolgenden Schaubilds 3.1 leicht klarmachen, in welchem der Nutzen in Abhängigkeit vom Weinkonsum x der betrachteten Person aufgezeichnet ist.

konsumierte Weinmenge x	Nutzen u	Nutzendifferenz Δu	
		bei kardinaler Nutzenmessung	bei ordinaler Nutzenmessung
1	2		
		+2	positiv
2	4		
		+1	positiv
3	5		
		-1	negativ
4	4		
		-2	negativ
5	2		

Schaubild 3.1: Zum Vergleich kardinaler und ordinaler Nutzenmessung

Im Rahmen der kardinalen Nutzentheorie werden die in der zweiten Spalte aufgeschriebenen Ziffern als Kardinalzahlen betrachtet. Bei im Zuge steigenden Weinkonsums variierendem Nutzen ist es dann möglich, sowohl Aussagen über die Richtung als auch über die Intensität der Nutzenänderung Δu zu machen. Wie sich der dritten Spalte der obigen Tabelle entnehmen läßt, ist z.B. die Nutzendifferenz zwischen dem Konsum von einem Glas und zwei Gläsern Wein doppelt so groß wie zwischen zwei und drei Gläsern. Hingegen werden im Rahmen der ordinalen Nutzentheorie die in der zweiten Spalte aufgeführten Ziffern (wie z.B. Hausnummern) als Ordinalzahlen betrachtet. Bei variierendem Nutzen ist es dann nach wie vor möglich, Aussagen über die Richtung der Nutzenänderung zu machen. Auf Aussagen über die Nutzenänderungsintensitäten muß jedoch verzichtet werden.

Vergleicht man (z.B. anhand von Schaubild 3.1) die kardinale mit der ordinalen Nutzentheorie, dann wird deutlich, daß die kardinale Nutzentheorie die speziellere der beiden Theorien ist: Im Unterschied zur ordinalen Nutzentheorie postuliert sie die Meßbarkeit von Nutzendifferenzen. Berücksichtigt man, daß der Erkenntniswert einer Theorie umso kleiner (größer) ist, je spezieller (allgemeiner) ihre Annahmen sind, dann wird deutlich, weshalb die neuere Haushaltstheorie im Unterschied zur älteren Haushaltstheorie überwiegend auf der ordinalen Nutzentheorie basiert: Auf der Grundlage ordinaler Nutzentheorien lassen sich fast alle Theoreme der älteren und der neueren Haushaltstheorie ableiten, während auf der Grundlage kardinaler Nutzentheorien nur die Theoreme der älteren Haushaltstheorie abgeleitet werden können.

Zur Vermeidung von Mißverständnissen sei darauf hingewiesen, daß der Ausdruck „ältere Haushaltstheorie" keine Abwertung impliziert und vielleicht besser durch die Bezeichnungen „traditionelle Haushaltstheorie" oder „Grundlagen der Haushaltstheorie" ersetzt werden sollte. Diese haushaltstheoretischen „Grundlagen" stehen im Zentrum des folgenden Abschnitts 3.2.[7] Da sich diese Grundlagen sowohl auf der Basis kardinaler als auch ordinaler Nutzentheorien darstellen lassen, wobei die kardinale Nutzentheorie anschaulicher und instrumental einfacher ist als die ordinale Nutzentheorie,[8] basieren die folgenden Ausführungen zur Haushaltstheorie meistens auf der kardinalen Nutzentheorie.

3.1.2. Die Präzisierung der Rationalitätshypothese für die Unternehmung

Für die private Unternehmung ist die Hypothese rationalen Verhaltens in der Literatur zur Theorie der Unternehmung (Theorie der Firma) präzisiert worden (vgl. *Fandel* 1991, S. 6 ff.; *Schumann* 1992, S. 133 ff.). Während die Rationalitätshypothese in der Theorie des Haushalts als Nutzenmaxi-

---

[7] Zur neueren Haushaltstheorie vgl. z.B. *Luckenbach* 1975, S. 52 ff. und insbes. Band II der vorliegenden Reihe.

[8] Im Unterschied zur kardinalen Nutzentheorie, in der die sog. Grenznutzenfunktionen ein zentrales Instrument der Analyse sind (vgl. z.B. den nachfolgenden Abschnitt 3.2.1.), arbeitet man in der ordinalen Nutzentheorie mit sog. Indifferenzkurven (vgl. dazu z.B. *Luckenbach* 1975, S. 52 ff., *Schumann* 1992, S. 46 ff. und insbes. Bd. II der vorliegenden Reihe.

mierungshypothese interpretiert wurde, tritt sie in der Theorie der Unternehmung in Form der Gewinnmaximierungshypothese auf.[9]

Zum Verständnis dieser Verhaltensannahme ist es erforderlich, zunächst die Definition des Gewinnes und seiner Komponenten zu erläutern. Anschließend muß man dann auf die Frage der Bedeutung (Funktion) von Gewinnen in der Marktwirtschaft eingehen.

(1) Der Unternehmensgewinn G ist als Differenz zwischen den von der Unternehmung erzielten Verkaufserlösen E und den bei dieser Unternehmung angefallenen Produktionskosten K definiert, so daß die Definitionsgleichung

$$G = E - K \qquad (1)$$

gilt. Offensichtlich hängt der Unternehmensgewinn von zwei Größen ab, die kurz zu erläutern sind.

(a) Der Erlös E, den die Unternehmung durch Verkauf ihrer Erzeugnisse erzielt, läßt sich errechnen, indem man die verkaufte Gütermenge x mit dem Güterpreis p multipliziert. Geht man davon aus, daß die betrachtete Unternehmung nur ein Gut herstellt (Einproduktunternehmung), dann ist der Erlös durch die Beziehung

$$E = x \cdot p \qquad (2)$$

definiert. Bietet die Unternehmung jedoch mehrere Güter an (Mehrproduktunternehmung), dann ist die obige Erlösgleichung zu modifizieren. Sie wird dann z. B. im Zweigüterfall zu

$$E = x_1 \cdot p_1 + x_2 \cdot p_2. \qquad (3)$$

Im folgenden soll jedoch von einer Einproduktunternehmung ausgegangen werden, so daß (2) die relevante Erlösgleichung ist.[10]

Es liegt auf der Hand, daß die Erlössituation der Unternehmung entscheidend von der Frage abhängt, ob für die betrachtete Firma der Preis des Gutes ein Datum ist (wie in der Marktform der vollständigen Konkurrenz),[11] oder ob der Anbieter den Preis beeinflussen kann (wie z. B. in der Marktform des Monopols). Diese Zusammenhänge werden im folgenden Abschnitt 3.3.1. (2) genauer dargestellt.

(b) Bei der Erläuterung der Kosten K, die der Unternehmung im Zusammenhang mit ihren Produktionsaktivitäten entstehen, muß man sich verge-

---

[9] Grundsätzlich kann man die Theorie der Unternehmung auch unter der Annahme anderer Verhaltensziele entwickeln (vgl. z. B. die bereits von *Baumol* 1959 verwendete Umsatzmaximierungshypothese), wovon jedoch im folgenden abgesehen werden soll.

[10] Zur Berücksichtigung der Mehrproduktunternehmung vgl. z. B. *Schumann* 1992, S. 205 ff.

[11] Zur Darstellung der Marktformen vgl. den obigen Abschnitt 2.2.1.

genwärtigen, daß der Begriff Produktion in der Volkswirtschaftslehre i. w. S. verwendet wird.[12] Daraus ergibt sich unmittelbar, daß unter dem Begriff der Kosten die Gesamtheit aller Ausgaben zusammengefaßt wird, welche die Unternehmung im Zuge ihrer Produktion i. w. S. für Faktorleistungen getätigt hat.

Diese der Unternehmung durch Kauf von Produktionsfaktoren entstehenden Kosten lassen sich errechnen, indem man für jeden Produktionsfaktor die gekaufte Menge v_i mit dem Preis q_i dieses Faktors multipliziert und die verschiedenen Produkte addiert. Geht man davon aus, daß die betrachtete Unternehmung zur Herstellung ihrer Erzeugnisse zwei Produktionsfaktoren (z. B. Arbeit und Kapital) benötigt, dann sind die Kosten durch die Beziehung

$$K = v_1 \cdot q_1 + v_2 \cdot q_2 \qquad (4)$$

definiert,[13] in der das Produkt $v_1 \cdot q_1$ die Arbeitskosten angibt, während $v_2 \cdot q_2$ die Kapitalkosten beschreibt.

Beide Kostenkategorien kann man eng oder weit definieren. Bei enger Definition zählt man zu den Arbeitskosten nur die Kosten für unselbständige Arbeit (der Arbeiter und Angestellten) und zu den Kapitalkosten nur die Kosten des Fremdkapitals. Bei weiterer Definition muß man jedoch zu den Arbeitskosten auch die Kosten der selbständigen Arbeit (des Unternehmers) hinzurechnen, d. h. der sog. Unternehmerlohn ist zu berücksichtigen. Entsprechend gehören zu den Kapitalkosten i. w. S. neben den für Fremdkapital zu zahlenden Zinsen auch die für das Eigenkapital zu veranschlagenden Zinszahlungen. Im folgenden sollen beide Kostenkategorien i. w. S. verstanden werden.

Unterstellt man, daß die Faktorpreise q_i für den betrachteten Unternehmer gegeben und konstant sind,[14] dann hängen die Kosten der Unternehmung ausschließlich von den eingesetzten Faktormengen ab. Diese Zusammenhänge werden im folgenden Abschnitt 3.3.1. (4) genauer dargestellt.

(2) Mit der engen oder weiten Definition der Kostenkategorien geht die weite oder enge Definition des Begriffes Gewinn einher. Definiert man die Kosten i. e. S., dann erhält man einen weiten Gewinnbegriff, der drei Komponenten umfaßt: den Unternehmerlohn, die Eigenkapitalverzinsung und eine sog. Risikoprämie. Wenn man jedoch die Kosten i. w. S. abgrenzt, dann ergibt sich ein enger Gewinnbegriff, der nur noch aus der letztgenannten Komponente besteht. Da im folgenden der Kostenbegriff i. w. S. verwendet werden soll, ergibt sich unmittelbar, daß mit dem engen Gewinnbegriff gearbeitet werden muß. Dieser Gewinn ist ein sog. Residualeinkom-

---

[12] Vgl. dazu die Ausführungen im obigen Abschnitt 1.3.1. (2) (b).
[13] Sie entspricht also in formaler Hinsicht der oben für den Zweigüterfall aufgeführten Erlösgleichung (3).
[14] Diese Annahme wird im folgenden Abschnitt 3.3.2. aufgelöst.

men, welches verbleibt, wenn man von den Erlösen der Unternehmung die Summe aller Faktorkosten (d. h. die Faktoreinkommen) abgezogen hat.

Im Unterschied zu den Arbeits- und Kapitalkosten, die den Arbeitnehmerhaushalten (= Nichtunternehmerhaushalte) und den Unternehmerhaushalten als Faktoreinkommen zufließen, betrifft der (positive oder negative) Unternehmensgewinn ausschließlich die Unternehmerhaushalte.[15] Sofern der Gewinn positiv ist, erzielen die Unternehmerhaushalte neben ihrem Faktoreinkommen (Unternehmerlohn, Eigenkapitalverzinsung) noch ein residuales Einkommen. Wenn jedoch der Unternehmensgewinn negativ ist, dann erleiden die Unternehmerhaushalte Verluste, die ihre Faktoreinkommen teilweise oder vollständig kompensieren oder sogar überkompensieren.

Die Hoffnung der Unternehmer, im Unterschied zu den Nichtunternehmern neben Faktoreinkommen auch Gewinne zu erzielen, ist die wichtigste Motivation, die Risiken unternehmerischer Aktivitäten zu übernehmen. Neben dieser Motivationsfunktion erfüllen die Gewinne in der Marktwirtschaft eine unentbehrliche Allokationsfunktion. Dies läßt sich am besten erläutern, wenn man zunächst von den verschiedenen Formen des Marktversagens abstrahiert und dieses erst im anschließenden Gedankenschritt in die Betrachtung einführt.

(a) Abstrahiert man vom Marktversagen, dann lassen sich positive Gewinne im Regelfalle nur durch Innovationen erzielen, die sich auf den Produktausstoß (und damit auf die Erlöse) und den Faktoreinsatz (und damit auf die Kosten) der Unternehmung beziehen können. Zum einen kann also die Unternehmung ihre Gewinnsituation verbessern, indem sie versucht, ihr Güterangebot besser als andere Anbieter den Wünschen der Nachfrager anzupassen (sog. Produktinnovation), so daß ihre Erlöse steigen. Zur Realisierung dieses Zieles kann sie die Art ihrer angebotenen Güter (Personenkraftwagen statt Postkutschen) oder deren Qualität (Personenkraftwagen mit Automatik- anstatt mit Schaltgetriebe) verändern. Zum anderen kann die Unternehmung ihre Gewinnsituation verbessern, indem sie versucht, wirtschaftlichere Produktionsmethoden zu realisieren als andere Anbieter (sog. Verfahrensinnovationen), so daß ihre Kosten sinken. Ein Beispiel für Verfahrensinnovationen ist der Übergang von handwerklicher zu industrieller Produktion.

Sobald Gewinne erzielt werden, veranlassen diese andere Unternehmer, als zusätzliche Anbieter in den gewinnträchtigen Produktionssektor der Volkswirtschaft einzutreten und mit der Hoffnung auf Partizipation an den Gewinnmöglichkeiten die Innovationen nachzuahmen. Die damit einhergehende Vergrößerung des Güterangebots führt offensichtlich bei gegebenem Güterpreis zu einem Angebotsüberschuß, der preissenkend wirkt, so daß

---

[15] Dies gilt nicht, wenn die Unternehmung im Zuge der sog. Gewinnbeteiligung Gewinnzuweisungen an ihre Arbeitnehmer vornimmt.

die Erlöse und schließlich auch die Gewinne aller Anbieter sinken, bis ein gewinnloser Zustand erreicht ist, so daß weitere Anbieter nicht mehr angelockt werden.

Offensichtlich können Unternehmer nur dann Gewinne erzielen, wenn sie eine Innovation realisieren. Dieser Innovationsgewinn verschwindet, sobald die Innovation nicht mehr „neu" ist. Dies ist dann der Fall, wenn sie Nachahmer gefunden und zu Preissenkungen geführt hat. Weitere temporäre Gewinne kann die Unternehmung dann nur durch weitere Innovationen erzielen. Damit wird deutlich, daß dieser jeweils temporär erzielbare Unternehmensgewinn der Motor ist, der in einer Volkswirtschaft jene Dynamik (Wandel und Entwicklung) ermöglicht, durch welche die Konsummöglichkeiten steigen.

In einer sich wandelnden und entwickelnden Volkswirtschaft kristallisieren sich auch Produktionsrichtungen heraus, deren Erzeugnisse immer weniger und schließlich gar nicht mehr nachgefragt werden (z. B. Postkutschen, Personenkraftwagen mit Schaltgetriebe). Die Hersteller dieser Güter erleiden Verluste (negative Gewinne), die sie zunächst zur Einschränkung und schließlich zur Aufgabe der Produktion zwingen.

Im Regelfalle vollzieht sich dieser Prozeß in Jahre oder Jahrzehnte umfassenden Zeiträumen. Dies bedeutet, daß in den schrumpfenden Sektoren der Volkswirtschaft keine Entlassungen von Arbeitskräften vorgenommen werden müssen; vielmehr reicht es meistens aus, diejenigen Stellen nicht mehr neu zu besetzen, die durch Pensionierung ihrer bisherigen Inhaber freiwerden.[16] Soweit jedoch Produktionsfaktoren früher als im Rahmen einer solchen sog. Altersfriktion aus verlustbedrohten Erzeugungsrichtungen ausscheiden, können sie in einer funktionierenden Marktwirtschaft in gewinnträchtigen Produktionsrichtungen tätig werden und dadurch dazu beitragen, daß der Zeitraum, in dem ein temporärer Gewinn erzielt werden kann, kürzer wird. Dies nützt den Konsumenten.

(b) Nunmehr soll Marktversagen in die Betrachtung einbezogen werden. Dabei ist es zweckmäßig, die Wirkung des Unternehmensgewinnes unter der Annahme zu diskutieren, daß das Marktversagen durch Marktmacht auf dem Gütermarkt (Absatzmarkt der Unternehmung) bedingt ist.

Marktmacht auf den Gütermärkten (z. B. Monopolstellung der betrachteten Unternehmung) führt im Regelfalle zu (positiven) Unternehmensgewinnen. Da der Monopolist im Unterschied zum Anbieter in vollständiger Konkurrenz seinen Güterpreis selbst bestimmen kann, versucht er, durch Preisanhebung seine Erlössituation und damit auch seine Gewinnsituation zu verbessern.[17] Sofern der Marktzutritt frei ist, ruft der Monopolgewinn

---

[16] So kann man z. B. immer wieder beobachten, daß Handwerkersöhne andere Berufe erlernen als ihre Väter (z. B. Industriekaufmann). Der Handwerksbetrieb wird dann geschlossen, sobald der bisherige Inhaber seinen Altersruhestand beginnt.

[17] Wie sich im folgenden Abschnitt 3.3.1. (5) (e) genauer zeigen läßt, liegt der Mo-

zusätzliche Anbieter auf den Plan, d. h. der Monopolgewinn ist dann temporär und hat die Funktion, Konkurrenten anzulocken, so daß das Güterangebot steigt und der Güterpreis sinkt. In der Realität ist jedoch der freie Marktzutritt oft nicht gewährleistet, was meistens auf eine verfehlte Wirtschaftspolitik des Staates zurückzuführen ist: So versucht man z. B. durch Einfuhrzölle und andere Maßnahmen einer restriktiven Importpolitik ausländische Anbieter vom inländischen Markt fernzuhalten.[18] Soweit dies gelingt, sind die Monopolgewinne permanent und mithin funktionslos – zum Schaden der inländischen Nachfrager und der ausländischen Anbieter.

3.2. Das Marktverhalten des Haushalts

Nachdem erläutert worden ist, daß das Verhaltensziel des Haushalts als Nutzenmaximierung zu beschreiben ist,[19] kann man nun genauer als bisher das Marktverhalten des Haushalts analysieren. Im folgenden soll auf der Grundlage dieser Verhaltensannahme zunächst das Nachfrageverhalten des Haushalts auf den Gütermärkten und dann sein Angebotsverhalten auf den Faktormärkten beschrieben werden. Dabei lassen sich individuelle Nachfrage- und Angebotskurven gewinnen.

3.2.1. Das Nachfrageverhalten auf den Gütermärkten

Solange man vom Faktorangebot des Haushalts abstrahiert und nur seine Güternachfrage betrachtet, ist es üblich, den Haushalt als Konsumenten zu bezeichnen. Analog wird jenes Teilgebiet der Theorie des Haushalts, welches das Konsumverhalten des Haushalts untersucht, Konsumtheorie genannt.

Ausgangspunkt der Konsumtheorie ist die Frage: Wie müßte sich ein Konsument verhalten, wenn er sicher sein will, das höchstmögliche Niveau seiner Bedürfnisbefriedigung (sog. Nutzenmaximum) zu erreichen? Von *Gossen* 1854 sind erstmalig die Verhaltensregeln formuliert worden, durch deren Befolgung die Konsumenten ihr Nutzenmaximum realisieren könnten. Sie sind als sog. *Gossen*sche Gesetze bekanntgeworden, die nun erläutert werden sollen (vgl. dazu *Luckenbach* 1980b und 1975).

(1) Bei der Formulierung des 1. *Gossen*schen Gesetzes wird vereinfachend unterstellt, daß es nur ein Gut gibt, welches in den Begehrskreis des Haushalts fällt. Symbolisiert man die Menge dieses Gutes durch x, dann wird der Zusammenhang zwischen der dem Haushalt verfügbaren Menge x des be-

---

nopolpreis über dem Konkurrenzpreis; zugleich ist die Angebotsmenge des Monopolisten kleiner als die des Anbieters in vollständiger Konkurrenz.
[18] Unter restriktiver Importpolitik leiden z. B. südamerikanische Bananenanbieter, japanische Anbieter von Kraftfahrzeugen u. a.
[19] Vgl. dazu den obigen Abschnitt 3.1.1.

trachteten Gutes und der dadurch bedingten Nutzenhöhe u durch die Nutzenfunktion

$$u = f(x) \tag{1}$$

beschrieben. u ist der als kardinal meßbar angenommene Nutzen.[20]

Diese Nutzenfunktion, die dem obigen Schaubild 3.1. zugrunde liegt, ist im (x/u)-Diagramm des nachfolgenden Schaubildes 3.2. grafisch dargestellt worden. Dabei ist den Überlegungen *Gossens* entsprechend unterstellt worden, daß der Nutzen des Konsumenten bei fortgesetzter Vermehrung der Menge des betrachteten Gutes nur unterproportional steigt und bei einer bestimmten Gütermenge (Sättigungsmenge OA) sein Maximum erreicht. Bei Zufuhr weiterer Gütermengen sinkt dann der Nutzen des Haushalts.

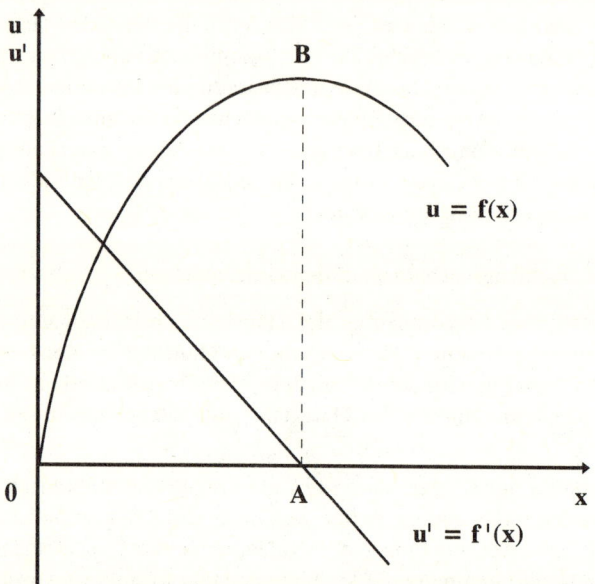

Schaubild 3.2: *Die grafische Darstellung der Nutzen- und Grenznutzenfunktion*

Die bisher erläuterten Zusammenhänge lassen sich auch unter Zuhilfenahme der Grenznutzenfunktion

$$u' = f'(x) \tag{2}$$

formulieren, welche die 1. Ableitung der Nutzenfunktion ist. Ökonomisch

---

[20] Zur Unterscheidung kardinaler und ordinaler Nutzenmessung vgl. den obigen Abschnitt 3.1.1. (2). Im Unterschied zu dieser auf der Grundlage kardinaler Nutzenmessung entwickelten älteren Konsumtheorie fußt die moderne Konsumtheorie auf der sog. ordinalen Nutzentheorie (vgl. *Luckenbach* 1975, S. 51 ff.). Der Einstieg in die Konsumtheorie ist jedoch im Rahmen des kardinalen Ansatzes am einfachsten.

ist der Grenznutzen des betrachteten Gutes der Differentialquotient $\frac{du}{dx}$, dem sich entnehmen läßt, welche Nutzenänderung (du) der Haushalt bei einer (infinitesimalen, d.h. marginalen) Änderung der konsumierten Gütermenge (dx) verzeichnet.[21] Offensichtlich muß der Grenznutzen bei den unterstellten Merkmalen der Gesamtnutzenfunktion sinken. Dabei ist der Grenznutzen für alle hinter der Sättigungsmenge zurückbleibenden Gütermengen positiv. Bei Erreichen der Sättigungsmenge wird er Null und nimmt nach Überschreiten der Sättigungsmenge negative Werte an. Die Hypothese vom sinkenden Grenznutzen bei steigendem Konsum des betrachteten Gutes ist in der konsumtheoretischen Literatur als „1. *Gossen*sches Gesetz" (*v. Wieser*) oder „Gesetz des abnehmenden Grenznutzens" bekannt geworden. Sie wird im Regelfalle durch die Erfahrung bestätigt.

Aufgrund des 1. *Gossen*schen Gesetzes läßt sich ableiten, unter welchen Voraussetzungen der Haushalt im Ein-Gut-Fall sein Nutzenmaximum erreicht. Dabei wird zunächst angenommen, daß dieses Gut ein freies Gut ist. Anschließend wird es dann als wirtschaftliches Gut betrachtet.

(a) Im Falle eines freien Gutes wird der Konsument den Konsum dieses Gutes so lange ausdehnen, wie durch eine zusätzliche Einheit dieses Gutes der Gesamtnutzen des Konsumenten gesteigert werden kann. Dies ist der Fall, solange der Gesamtnutzen sein Maximum B noch nicht erreicht hat, der Grenznutzen also positiv ist. Entsprechend kann im Falle eines negativen Grenznutzens der Gesamtnutzen durch eine Verminderung der konsumierten Menge erhöht werden.

Diesen Überlegungen kann man unmittelbar die erste Bedingung für ein Maximum der Nutzenfunktion entnehmen. Das individuelle Nutzenmaximum ist erreicht, wenn der Grenznutzen des Gutes (erste Ableitung der Nutzenfunktion) null ist. Mithin lautet die erste Bedingung für ein Maximum der Nutzenfunktion

$$u' = f'(x) = 0.$$

Die zweite Bedingung für ein Maximum der Nutzenfunktion erfordert, daß ihre zweite Ableitung negativ ist. Sie lautet mithin

$$u'' = f''(x) < 0$$

und stellt sicher, daß der betrachtete Extremwert der Nutzenfunktion kein Minimum ist.

Wenn das Extremum der Nutzenfunktion ein Maximum ist, dann werden keine Konsumentenentscheidungen revidiert. Man kann diese Situation

---

[21] Dieser Differentialquotient ist von dem (endliche Werte enthaltenden) Differenzenquotienten $\frac{\Delta u}{\Delta x}$ zu unterscheiden, dessen Werte sich z.B. dem Schaubild 3.1 entnehmen lassen.

deshalb als individuelles Gleichgewicht (Dispositionsgleichgewicht) betrachten. Wie ein Blick auf Schaubild 3.2 zeigt, ist diese Bedingung für ein Maximum der Nutzenfunktion erfüllt, wenn das 1. *Gossen*sche Gesetz gilt.

(b) Diese Überlegungen müssen modifiziert werden, wenn das betrachtete Gut ein wirtschaftliches Gut ist. Für den Erwerb jeder Gütereinheit muß dann ein Entgelt entrichtet werden, welches als Güterpreis bezeichnet wird.[22] Dabei ist es für die folgenden Erörterungen grundsätzlich unerheblich, ob dieser Preis in Einheiten eines anderen Gutes gezahlt wird (Tausch, Naturaltausch) oder in Geldeinheiten entrichtet wird (Kauf). Während in der Vergangenheit der Naturaltausch häufig war (Naturaltauschwirtschaft), sind moderne Volkswirtschaften Geldwirtschaften. Im folgenden wird deshalb vom Naturaltausch abstrahiert und unterstellt, daß der untersuchte Haushalt über ein Geldeinkommen E verfügt, welches er durch Verkauf von Faktorleistungen erworben hat.[23]

Da für wirtschaftliche Güter ein Preis gezahlt werden muß, führt offensichtlich die Ausdehnung des Konsums eines Gutes nur dann zu einer Erhöhung des individuellen Nutzens, wenn der Grenznutzen dieses Gutes größer ist als der Nutzenentgang, den der Konsument durch Zahlung des Güterpreises hinnimmt. Offensichtlich führt die Ausdehnung der Nachfrage und mithin des Konsums nur dann zu einer Erhöhung des individuellen Nutzens, wenn der Grenznutzen des Gutes größer ist als sein Preis. Ist hingegen der Grenznutzen des betrachteten Gutes kleiner als sein Preis, dann kann der individuelle Nutzen durch eine Nachfrageeinschränkung vergrößert werden. Mithin ist das individuelle Gleichgewicht erreicht, wenn der Grenznutzen des betrachteten Gutes gleich seinem Preis ist.

(c) Aufgrund dieser Überlegungen kann man nun die bei alternativen Preisen p nachgefragte Gütermenge x und mithin die sog. Nachfragefunktion

$$x = f(p) \tag{3}$$

bestimmen. Offensichtlich wird bei jedem Preis diejenige Gütermenge nachgefragt, durch welche die Übereinstimmung von Grenznutzen und Preis des betrachteten Gutes erreicht wird. Also fällt die individuelle Nachfragefunktion mit der Grenznutzenfunktion zusammen.

Da die Grenznutzenfunktion – wie sich dem obigen Schaubild 3.2 entnehmen läßt – negativ geneigt ist (d. h. von links oben nach rechts unten verläuft), gilt dies auch für die in Schaubild 3.3 dargestellte individuelle Nachfragefunktion. Der Verlauf der Funktion zeigt, daß die Nachfrage nach einem Gut mit sinkendem (steigendem) Preis dieses Gutes steigt (sinkt).

---

[22] Zur Bestimmung der Preishöhe vgl. den obigen Abschnitt 2.2.2. (1) und Teil 4 der vorliegenden Arbeit.

[23] Vgl. dazu die Ausführungen im obigen Abschnitt 2.2.2. (2) sowie im folgenden Abschnitt 3.2.2.

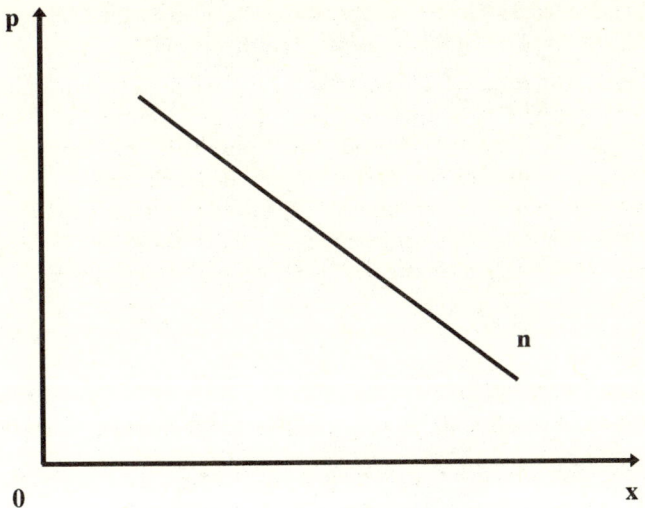

Schaubild 3.3: Die individuelle Nachfragefunktion des Haushalts

(2) Bei der Formulierung des zweiten *Gossen*schen Gesetzes wird unterstellt, daß es mehrere Güter gibt, die in den Begehrskreis des betrachteten Haushalts fallen. Im folgenden soll vereinfachend vom Zweigüterfall ausgegangen werden. Da sich die dabei gewonnenen Ergebnisse unmittelbar auf Modelle mit beliebig vielen Gütern (n-Güterfall) übertragen lassen, wird durch die Analyse des Zweigütermodells der Erkenntniswert der folgenden Überlegungen nicht beeinträchtigt.

Ausgangspunkt der Argumentation ist – wie bereits im Eingutmodell – die zu maximierende Nutzenfunktion. Sie lautet im Zweigüterfall

$$u = f(x_1, x_2) \tag{4}$$

und bringt zum Ausdruck, daß der individuelle Nutzen des betrachteten Haushalts nunmehr von der konsumierten Menge beider Güter abhängt.[24]

(a) Sind die betrachteten Güter freie Güter, dann liegt zunächst die Vermutung nahe, daß der Konsument von jedem Gut die Sättigungsmenge verbraucht. *Gossen* hat jedoch darauf verwiesen, daß im Regelfall die verfügbare Zeit dazu nicht ausreicht. Der Konsument realisiert dann offensichtlich sein Nutzenmaximum, wenn er die verfügbare Zeit so auf den Konsum der verschiedenen Güter verteilt, daß der Grenznutzen aller Güter, die er verbraucht, gleich ist. Diese These ist in der konsumtheoretischen Literatur

---

[24] In der kardinalen Nutzentheorie ist der Nutzen der verschiedenen Güter addierbar, so daß die Nutzenfunktion dann auch als $u = f_1(x_1) + f_2(x_2)$ geschrieben werden kann. Vgl. dazu z. B. *Luckenbach* 1975, S. 33 und die dort angegebene Literatur.

als „2. *Gossen*sches Gesetz" *(Lexis)* oder „Gesetz vom Ausgleich der Grenznutzen" (Äquimarginalprinzip) bezeichnet worden.

Offensichtlich stellt das 2. *Gossen*sche Gesetz sicher, daß durch Reallokationen der verfügbaren Zeit auf die verschiedenen Konsumakte Nutzenzuwächse nicht mehr zu erzielen sind. Der Konsument wird dann sein Konsumverhalten nicht ändern. Er hat mithin sein individuelles Nachfragegleichgewicht erreicht (Dispositionsgleichgewicht). Das 2. *Gossen*sche Gesetz ist also eine Gleichgewichtsbedingung, die sich für den Mehrgüterfall aus dem 1. *Gossen*schen Gesetz ergibt. Sie kann im Zweigüterfall durch den Ausdruck

$$\frac{\partial u}{\partial x_1} = \frac{\partial u}{\partial x_2}$$

wiedergegeben werden, in dem die Größen $\frac{\partial u}{\partial x_i}$ die partiellen Ableitungen der Nutzenfunktion nach der jeweiligen Gütermenge symbolisieren.

(b) Wie sich leicht zeigen läßt, gilt das 2. *Gossen*sche Gesetz auch dann, wenn die betrachteten Güter wirtschaftliche Güter sind. In diesem Falle ist bei der Maximierung der Nutzenfunktion die Grenze zu beachten, die bei gegebenen Güterpreisen durch das verfügbare Einkommen des Haushalts definiert ist[25] und im Regelfalle früher erreicht wird als die zeitliche Restriktion, die deshalb im folgenden vernachlässigt werden kann.[26] Bei Berücksichtigung der Einkommensrestriktion können offensichtlich in einer gegebenen Periode die Ausgaben eines Haushalts für Güter und Dienstleistungen nicht größer sein als sein Einkommen E dieser Periode. Bezeichnet man die Menge des Gutes i als x_i und seinen Preis als p_i, dann läßt sich dieser Sachverhalt durch die Beziehung

$$E \geq x_1 p_1 + x_2 p_2 \tag{6}$$

ausdrücken. Das Ungleichheitszeichen gilt immer dann, wenn der Haushalt einen Teil seines Einkommens spart, so daß die sog. Konsumsumme $(x_1 p_1 + x_2 p_2)$ kleiner als das Einkommen ist. Im folgenden wird unterstellt, daß die Konsumsumme gleich dem Einkommen ist, d. h. der Haushalt verwendet sein gesamtes Einkommen für konsumtive Zwecke. Das Ungleichheitszeichen der vorstehenden Bedingung entfällt dann. Der verbliebene Ausdruck

$$E = x_1 p_1 + x_2 p_2 \tag{7}$$

oder

---

[25] Von der Möglichkeit Ersparnisse aufzulösen oder Kredite aufzunehmen soll hier abgesehen werden. Diese Tatbestände werden im Abschnitt 5.1.2. dieses Buches kurz in die Betrachtung einbezogen.

[26] Zur simultanen Berücksichtigung der durch Einkommen und Konsumzeit determinierten Restriktionen vgl. die grundlegende Untersuchung von *Becker* 1965 und die Zusammenfassung bei *Luckenbach* 1978.

$$x_1p_1 + x_2p_2 - E = 0 \qquad (8)$$

wird gewöhnlich als Bilanzgleichung bezeichnet.

Im Unterschied zur Nutzenfunktion, welche die Konsumwünsche des Haushalts erfaßt, beschreibt die Bilanzgleichung seine Konsummöglichkeiten. Die Nutzenfunktion (4) ist also unter der durch die Bilanzgleichung (8) gegebenen Nebenbedingung zu maximieren.[27]

Ausgangspunkt ist die Überlegung, daß die Preise der beiden Güter im Regelfalle differieren, also der Preis von Gut 1 z. B. doppelt so groß sein kann wie der Preis von Gut 2. In diesem Falle ist das Gesetz vom Ausgleich der Grenznutzen nicht länger die Bedingung für nutzenmaximierendes Verhalten. Wenn man nämlich von beiden Gütern so viel kaufen würde, daß die Grenznutzen beider Güter gleich sind, dann würde durch Verzicht auf den Konsum einer Einheit von Gut 1 und Mehrkonsum einer Einheit von Gut 2 der Nutzen des betrachteten Haushalts unverändert bleiben. Bei den unterstellten Güterpreisen erlaubt jedoch der Verzicht auf den Konsum einer Einheit des Gutes 1 den Mehrkonsum von 2 Einheiten des Gutes 2, so daß der Nutzen des Haushalts steigt. Das „Gesetz vom Ausgleich der Grenznutzen" kann also im vorliegenden Falle nicht als Bedingung für ein Nutzenmaximum angesehen werden.

Im Zweigüterfall ist es bei differierenden Güterpreisen erforderlich, das 2. *Gossen*sche Gesetz als „Gesetz vom Ausgleich der gewogenen Grenznutzen" zu interpretieren, wobei die Güterpreise als „Gewichte" fungieren.[28] Das 2. *Gossen*sche Gesetz besagt dann, daß der Haushalt – sofern er sein Nutzenmaximum erreichen will – sein Einkommen so auf den Erwerb der beiden Güter verteilen muß, daß der Grenznutzen des letzten für Gut 1 verausgabten Einkommensteiles (z. B. gemessen durch 1 Geldeinheit) gleich ist dem Grenznutzen des letzten für Gut 2 verausgabten Einkommensteiles (ebenfalls gemessen durch 1 Geldeinheit). Diese notwendige Bedingung für ein Nutzenmaximum wird durch die Formel

$$\frac{\partial u}{\partial x_1} : p_1 = \frac{\partial u}{\partial x_2} : p_2 \qquad (9a)$$

beschrieben. Sie besagt, daß der Haushalt sein individuelles Nutzenmaximum erreicht hat, wenn er sein Einkommen so auf den Erwerb der beiden Güter verteilt, daß für beide Güter der Quotient aus Grenznutzen und Preis gleich ist.

---

[27] Dabei geht man nach der sog. Lagrange-Methode vor (vgl. dazu z. B. *Luckenbach* 1975, S. 34ff., *Bader/Fröhlich* 1988, S. 302ff.), deren exakte (und abstrakte) Argumentation jedoch im Rahmen eines einführenden Buches durch eine „intuitive" (und anschaulichere) Argumentation ersetzt werden kann. Vgl. zum folgenden auch die Ausführungen bei *Demmler* 1990, S. 93f.

[28] Während also das sog. Äquimarginalprinzip bei freien Gütern als Gesetz vom Ausgleich der Grenznutzen angesehen wurde, wird es nunmehr als Gesetz vom Ausgleich der gewogenen Grenznutzen interpretiert.

(c) Eine alternative Formulierung der Bedingung nutzenmaximierenden Nachfrageverhaltens im Zweigüterfall erhält man, wenn man (9a) zu

$$\frac{\partial u}{\partial x_1} : \frac{\partial u}{\partial x_2} = \frac{p_1}{p_2} \tag{9b}$$

umformuliert. Diese Beziehung besagt, daß zur Realisierung des individuellen Nutzenmaximums das Einkommen in der Weise für den Erwerb der beiden Güter zu verausgaben ist, daß das Grenznutzenverhältnis gleich dem Preisverhältnis ist.[29]

Solange diese Gleichgewichtsbedingung nicht erfüllt ist, kann der Haushalt durch Modifikation des am Markt erworbenen Güterbündels seinen Nutzen erhöhen. Ist z. B. das Grenznutzenverhältnis kleiner als das Preisverhältnis, dann kann der Haushalt einen Nutzenzuwachs erzielen, wenn er zu dem am Markt herrschenden Preisverhältnis der beiden Güter Teile seines Gut 1-Vorrates gegen Gut 2 eintauscht: Dadurch steigt für den betrachteten Konsumenten der Grenznutzen des Gutes 1, während der des Gutes 2 sinkt, d. h. das Grenznutzenverhältnis steigt. Der Haushalt kann erst dann seine Nutzensituation nicht mehr verbessern, wenn das Grenznutzenverhältnis gleich dem Preisverhältnis geworden ist. – Aufgrund einer entsprechenden Argumentation läßt sich erläutern, daß im Falle einer Abweichung des Grenznutzenverhältnisses vom Preisverhältnis nach oben der Haushalt so lange Gut 2-Einheiten gegen Gut 1-Einheiten tauschen wird, bis das Grenznutzenverhältnis mit dem Preisverhältnis übereinstimmt.

3.2.2. Das Angebotsverhalten auf den Faktormärkten

Wenn man von der Güternachfrage des Haushalts abstrahiert und nur sein Faktorangebot betrachtet, dann kann man ihn als Faktoranbieter bezeichnen. Analog wird jenes Teilgebiet der Theorie des Haushalts, welches das Faktorangebotsverhalten des Haushalts beschreibt, als Faktorangebotstheorie bezeichnet.

Neben der Güternachfrage dient auch das Faktorangebot des Haushalts der Befriedigung seiner Bedürfnisse und mithin der Nutzenmaximierung: Während aber die Güternachfrage (Einkommensverausgabung) in unmittelbarem Zusammenhang mit der Bedürfnisbefriedigung steht, dient das Faktorangebot (Einkommenserzielung) gewöhnlich nur mittelbar der Bedürfnisbefriedigung.

---

[29] Während im Eingutmodell das individuelle Gleichgewicht die Gleichheit von Grenznutzen und Güterpreis des jeweils betrachteten Gutes erfordert (vgl. dazu den obigen Unterabschnitt (1) (c)), ist unter den allgemeineren Voraussetzungen des Zweigütermodells auch die Gleichgewichtsbedingung allgemeiner. Anstelle der Gleichheit von Grenznutzen und Preis für jedes Gut wird nunmehr nur noch die Gleichheit von Grenznutzenverhältnis und Preisverhältnis für jedes Güterpaar gefordert. Offensichtlich umfaßt diese Bedingung als Spezialfall auch die Gleichheit von Grenznutzen und Preis.

Das Faktorangebot des Haushalts ist qualitativ und quantitativ nicht unabhängig von seiner Einkommensverwendung: Wenn der Haushalt in jeder Periode (z.B. in jedem Monat) sein gesamtes Einkommen für Konsumzwecke verausgabt – wovon bisher implizit ausgegangen wurde – dann kann er Einkommen nicht anders als durch Arbeitsangebot erwerben. Wenn jedoch der Haushalt nur einen Teil seines Einkommens (die sog. Konsumsumme) konsumtiv verausgabt und die verbliebenen Einkommensteile spart, ist er dazu in der Lage, Einkommen alternativ oder zusätzlich durch Kapitalangebot zu realisieren. Beide Arten der Erzielung von Faktoreinkommen sollen im folgenden genauer erläutert werden.

(1) Zunächst soll davon ausgegangen werden, daß der Haushalt ausschließlich Arbeit anbietet. Das Arbeitsangebot des Haushalts wird im Rahmen eines Teilgebietes der Faktorangebotstheorie untersucht, welches man als Arbeitsangebotstheorie bezeichnet (*Luckenbach* 1979a, *Bender* 1988a). Unter dem Begriff Arbeitsangebot werden im Regelfalle alle Aktivitäten eines Haushalts zusammengefaßt, die darauf gerichtet sind, durch Verkauf von Arbeitsleistungen Einkommen (Arbeitseinkommen) zu erzielen.

Wenn ein Haushalt erwägt, eine oder mehrere der verschiedenen Arbeitsarten anzubieten, dann setzt dies im Regelfalle voraus, daß er die entsprechenden Ausbildungsprozesse durchlaufen, d.h. Humankapital gebildet hat.[30] Da man auf die Bildung von Humankapital nur im Zusammenhang mit dem Kapitalangebot des Haushalts eingehen kann,[31] soll von Ausbildungsaktivitäten zunächst abstrahiert werden.

Die traditionelle Arbeitsangebotstheorie geht von der vereinfachenden Annahme aus, daß der betrachtete Haushalt nur eine Arbeitsart anbietet.[32] Die Entscheidung des Haushalts über sein Arbeitsangebot erschöpft sich dann in einer Entscheidung über seine Arbeitszeit. Ist der Lohnsatz gegeben, dann hängt das Arbeitseinkommen E_a, welches der betrachtete Haushalt erwirbt, von der Menge seines Arbeitsangebots ab, d.h. von seiner Arbeitszeit t_a und errechnet sich nach der Formel

$$E_a = t_a \cdot l. \tag{1}$$

Widmet der Haushalt die Gesamtzeit t einer Periode (z.B. Tag, Woche oder Monat) ausschließlich dem Einkommenserwerb, dann erzielt er ein Einkommen, welches in der haushaltstheoretischen Literatur als Totaleinkommen (full income) bezeichnet wird. In der Realität ist jedoch die Arbeitszeit des Haushalts geringer als die Gesamtzeit, denn der Haushalt benötigt neben der Arbeitszeit (für Einkommenserwerb) auch Zeit zur Ein-

---

[30] Zur Erläuterung des Begriffes „Humankapital" vgl. die Ausführungen im obigen Abschnitt 1.2.2. (2) (b).

[31] Vgl. dazu den folgenden Unterabschnitt (2).

[32] Zur Berücksichtigung mehrerer Arbeitsarten vgl. z.B. *Luckenbach* 1975, S. 128ff.

kommensverausgabung (= Konsumzeit t_c).[33] Mithin ergibt sich die Arbeitszeit des Arbeitsanbieters als Differenz zwischen Gesamt- und Konsumzeit, was durch die Beziehung

$$t - t_c = t_a \qquad (2)$$

ausgedrückt wird.

Die Entscheidung des Haushalts über die Länge seiner Arbeitszeit ist offensichtlich zugleich eine Entscheidung über die Allokation seiner Gesamtzeit auf Konsum und Arbeit. Dabei versucht der Haushalt, die Nutzenfunktion

$$u = f(E_a, t_c) \qquad (3)$$

zu maximieren, deren formaler Aufbau der Funktion (4) im obigen Abschnitt 3.2.1. entspricht, während sie inhaltlich dieser Funktion übergeordnet ist: Die obige Funktion (3) drückt aus, daß der individuelle Nutzen des Haushalts zum einen von seinem Arbeitseinkommen E_a abhängt, welches sicherstellt, daß der Haushalt über die materiellen Möglichkeiten verfügt, um sich Konsumgüter kaufen zu können (z.B. x_1 und x_2 in Formel (4) Abschnitt 3.2.1.). Zum anderen hängt der Nutzen des Haushalts nach der obigen Formel (3) von seiner Konsumzeit t_c ab, womit der Tatsache Rechnung getragen wird, daß der Haushalt auch die zeitlichen Möglichkeiten haben muß, die erworbenen Konsumgüter zu ver- oder gebrauchen.[34] Der Haushalt wird also versuchen, seine Arbeitszeit in Grenzen zu halten, damit er Zeit hat, das erworbene Einkommen „nutzensteigernd" auszugeben.

Gegen diese Überlegungen ist vorgebracht worden, daß der Haushalt über die Länge seiner Arbeitszeit oft nicht frei entscheiden kann. Zwar wird eingeräumt, daß jene Haushalte, die Eigentümer von Unternehmungen sind (Unternehmerhaushalte), im Regelfalle die Möglichkeit haben, die Quantität ihres Arbeitsangebots zu bestimmen. Im Falle von Nichtunternehmerhaushalten wird jedoch immer wieder darauf verwiesen, daß die Arbeitszeit institutionell fixiert sei (z.B. 8-Stunden-Tag).

Man muß jedoch berücksichtigen, daß die extreme Annahme einer ausschließlich institutionell bestimmten Arbeitszeit keineswegs realistisch ist. In den letzten Jahren hat der Einfluß des Anbieters von Arbeitskraft auf seine Arbeitszeit stark zugenommen. So kann er z.B. durch den Wechsel von Ganztags- zu Teilzeitarbeit (z.B. Halbtagsarbeit) und durch die Beanspruchung unbezahlten Urlaubs seine Arbeitszeit vermindern. Entspre-

---

[33] Die nicht für den Einkommenserwerb verwendete Zeit wird in den meisten Veröffentlichungen als Muße bezeichnet (vgl. z.B. *Külp* 1983, S. 1). Da jedoch die Nichtarbeitszeit auch bei Passivität des betrachteten Arbeitsanbieters mit Konsumakten einhergeht (zumindest findet Konsum von Nahrung, Kleidung, Sitz- oder Schlafgelegenheiten statt), soll hier der Begriff Konsumzeit vorgezogen werden (vgl. *Luckenbach* 1975, S. 119f.)

[34] Der Zeitbedarf des Konsums wird insbesondere deutlich, wenn man z.B. an Fernseher, Skiausrüstungen, Videoausrüstungen und Musikinstrumente denkt.

chend sind ihm durch den Übergang von einer Halbtags- zu einer Ganztags-
arbeit und durch die Übernahme von Überstunden Möglichkeiten einer
Verlängerung seiner Arbeitszeit gegeben.

(2) Das Kapitalangebot des Haushalts wird im Rahmen der Theorie des
Kapitalangebots untersucht, die neben der Theorie des Arbeitsangebots das
zweite Teilgebiet der Faktorangebotstheorie ist (vgl. *Luckenbach* 1979 b,
1979 c, *Bender* 1988 b). So wie die Theorie des Arbeitsangebots die Einkommenserzielung durch Arbeitsangebot erklärt, so untersucht die Theorie
des Kapitalangebots die Einkommenserzielung durch Kapitalangebot.
Während sich die Theorie des Arbeitsangebots wie die Theorie der Güternachfrage unter Zuhilfenahme statischer Modelle befriedigend erläutern
läßt, muß man sich zur Darstellung der Theorie des Kapitalangebots einer
dynamischen Analyse bedienen, die jedoch im Rahmen eines einführenden
Lehrbuches nicht durchgeführt werden soll. Im folgenden können deshalb
nur einige grundlegende Fragestellungen der Theorie des Kapitalangebots
erläutert werden (vgl. *Luckenbach* 1975 a, S. 38 f.).

Ausgangspunkt der Überlegungen muß dabei die Definition des Kapitalangebots sein: Als Kapitalangebot K_t, welches der Haushalt in einer Periode t
erbringt, soll jede nichtkonsumtive Verwendung des Einkommens E_t dieser
Periode bezeichnet werden,[35] die in der Absicht vorgenommen wird, zumindest in der folgenden Periode t+1 eine Einkommenserhöhung zu erzielen. Daneben sind auch Einkommensteile denkbar, die weder konsumtiv
verausgabt werden noch Kapitalangebot darstellen. Man spricht dann von
gehorteten Einkommensteilen, von denen jedoch im folgenden abstrahiert
werden soll.

Die durch Kapitalangebot erzielte Einkommenserhöhung soll als Kapitaleinkommen bezeichnet werden. Das Kapitaleinkommen kann in realen
Einheiten (z. B. Vermehrung einer in den Boden gepflanzten Kartoffel)
oder in Geldeinheiten (z. B. Zinsen für eine Geldanlage) dem Haushalt
zufließen. In jedem Falle läßt sich das Kapitaleinkommen E_K in der Periode
t+1 für den betrachteten Haushalt durch die Gleichung

$$E_{K(t+1)} = K_t \cdot z \tag{4}$$

beschreiben, in welcher das Symbol z den Preis des Faktors Kapital angeben soll, der gewöhnlich als Zins bezeichnet wird.

So wie der Haushalt in der traditionellen Arbeitsangebotstheorie sein Arbeitseinkommen E_a durch Entscheidungen über die Quantität seines Arbeitsangebots determiniert, bestimmt er sein Kapitaleinkommen E_K durch
Entscheidungen über die Höhe seines Kapitalangebots.[36] Zur Erläuterung

---

[35] Dieses Einkommen kann alternativ oder simultan aus Arbeits- und Kapitaleinkommen bestehen.
[36] Von qualitativen Aspekten kann im Rahmen eines einführenden Lehrbuches hier
wie dort abstrahiert werden.

geht man von der Überlegung aus, daß – nachdem von der Möglichkeit des Hortens abstrahiert worden ist – in jeder Periode t das Kapitalangebot K_t des Haushalts gleich der Differenz zwischen dem Einkommen E_t und den Konsumausgaben C_t der gleichen Periode ist, so daß für das Kapitalangebot die Definitionsgleichung

$$K_t = E_t - C_t \tag{5}$$

gilt. Sie stimmt überein mit der Definitionsgleichung für das Sparen, d. h. für den nicht für Konsumzwecke verausgabten Teil des Einkommens. Diese lautet:

$$S_t = E_t - C_t. \tag{6}$$

Durch Gleichsetzen der beiden vorstehenden Beziehungen erhält man die Gleichung

$$K_t = S_t, \tag{7}$$

welche besagt, daß die Quelle des individuellen Kapitalangebots das individuelle Sparen ist. Mit der Entscheidung über die Aufteilung seines Einkommens auf Konsum und Sparen bestimmt also der Haushalt zugleich die Höhe seines Kapitalangebots.

Allerdings muß man in der ökonomischen Realität davon ausgehen, daß der Haushalt einen Teil dieses Angebots „selbst nachfragt", also nicht am Markt anbietet. Dies gilt zum einen dann, wenn der Haushalt (zinslose) Geldbestände ansammelt und mithin hortet. Zum anderen fragt er sein Kapitalangebot z. T. selbst nach, wenn er Teile seiner Ersparnisse für Zwecke der eigenen Fortbildung verwendet, um die Qualität seines zukünftigen Arbeitsangebots zu verbessern und mithin seine Möglichkeiten des Einkommenserwerbs in t+1 zu vergrößern. Man spricht in diesem Falle von einer Investition in Humankapital.

(3) In Analogie zur Güternachfragefunktion (3) im obigen Abschnitt 3.2.1. kann man für jeden Produktionsfaktor auch eine Faktorangebotsfunktion

$$v = f(q) \tag{8}$$

formulieren. Sie gibt an, welche Menge v des betrachteten Produktionsfaktors der Haushalt bei alternativen Preisen q dieses Produktionsfaktors anbietet.

Die grafische Darstellung dieser Angebotsfunktionen läßt sich wie die grafische Darstellung der Güternachfragefunktionen aus den Nutzenfunktionen des Haushalts ableiten (vgl. dazu z. B. *Luckenbach* 1975, S. 127 ff., 178 ff.). Während die Güternachfragefunktionen normalerweise negativ geneigt sind, weisen Faktorangebotsfunktionen im Normalfalle eine positive Steigung auf.

Die Ableitung der verschiedenen Faktorangebotsfunktionen würde den Rahmen dieses einführenden Lehrbuches überschreiten. Allerdings ist es zweckmäßig, auf einige Besonderheiten hinzuweisen, die sich bei der Betrachtung von Arbeitsangebotsfunktionen zeigen (vgl. *Bartling/Luzius* 1991, S. 147ff.). Dabei soll das Schaubild 3.4 zuhilfe genommen werden.

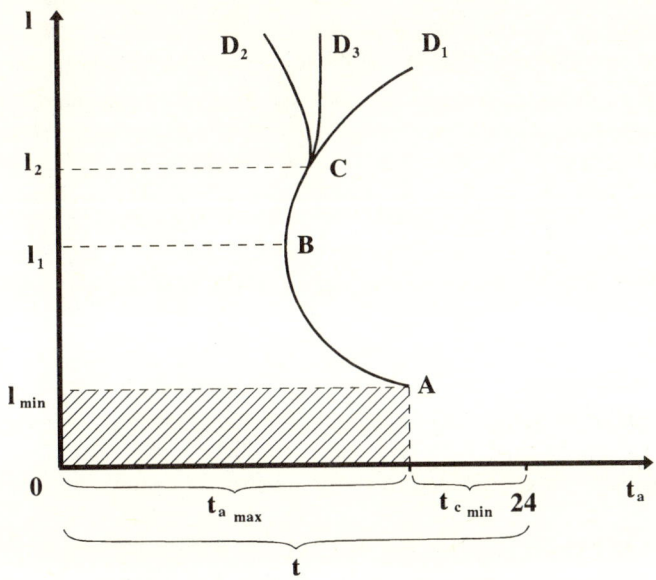

Schaubild 3.4: Die Arbeitsangebotsfunktion

Die Arbeitsangebotsfunktion muß im (t_a/l)-Koordinatensystem des Schaubildes 3.4 bei positivem Ordinatenwert beginnen, was man sich durch eine einfache Überlegung klarmachen kann: Geht man davon aus, daß der betrachtete Haushalt weder über Kapital- noch über Transfereinkommen verfügt, d.h. daß er ausschließlich durch Arbeitsangebot Einkommen erwerben kann, dann wird offensichtlich der Haushalt ein Arbeitsangebot nur dann erbringen können, wenn ein bestimmter Mindestlohn (l_{min}) gesichert ist: Ist der Stundenlohnsatz l sehr niedrig, dann wird der Arbeitsanbieter täglich viele Arbeitsstunden aufwenden müssen, um ein Arbeitseinkommen zu erzielen, welches zumindest sein Überleben sichert (Existenzminimum). Berücksichtigt man, daß der Arbeitsanbieter täglich eine Mindesterholungszeit $t_{c\,min}$ benötigt (z.B. 6 Stunden), die ohne Beeinträchtigung der Lebensfähigkeit nicht unterschritten werden kann, dann erhält man nach Subtraktion dieser Zeitspanne von der Gesamtzeit t (= 24 Stunden in Schaubild 3.4) die maximale Arbeitszeit $t_{a\,max}$ (z.B. 18 Stunden). Im Beispiel des Schaubildes 3.4 ist angenommen worden, daß l_{min} der Mindestlohn ist, der bei Ausschöpfung der maximalen Arbeitszeit $t_{a\,max}$ gerade das existenzminimale Einkommen sichert. Dieses ergibt sich als Produkt der Koordinaten des Punktes A, welches in Schaubild 3.4 durch die schraffierte Fläche dargestellt worden ist.

Würde der Lohnsatz l_{min} unterschritten, dann könnte der Arbeitsanbieter auch bei maximaler Arbeitszeit $t_{a\,max}$ nur ein unter dem Existenzminimum liegendes Arbeitseinkommen erwerben. Ein Überleben des Anbieters wäre dann nicht möglich, so daß es ein Arbeitsangebot bei einem Unterschreiten des Minimallohnes nicht gibt. Die Arbeitsangebotsfunktion beginnt also bei einem positiven Ordinatenwert (vgl. Punkt A in Schaubild 3.4).

Steigt der Lohnsatz über l_{min}, dann wird der Arbeitsanbieter zunächst seine in der Ausgangssituation maximale Arbeitszeit einschränken. Die Angebotsfunktion ist dann negativ geneigt (vgl. Bereich AB in Schaubild 3.4), d.h. sie verläuft anormal. Steigt der Lohnsatz weiter (im Beispiel des Schaubildes über l_1), dann wird der Arbeitsanbieter seine Arbeitszeit ausdehnen, um auch hochwertige Güter kaufen zu können. Die Arbeitsangebotsfunktion weist dann eine positive Steigung auf (vgl. Bereich BC in Schaubild 3.4), d.h. sie verläuft normal.

In der ökonomischen Realität ist beobachtet worden, daß es eine Lohnhöhe gibt (l_2 in Schaubild 3.4), von der ab bei weiteren Lohnsteigerungen über den Verlauf der Arbeitsangebotsfunktion keine eindeutigen Aussagen gemacht werden können. Drei Möglichkeiten sind denkbar: Hat der betrachtete Haushalt eine hohe Präferenz für weitere Einkommenssteigerungen, dann wird er sein Arbeitsangebot ausdehnen, wie es der Ast CD_1 der Arbeitsangebotsfunktion zeigt. Der Ast CD_2 der Arbeitsangebotsfunktion ist für Arbeitsanbieter charakteristisch, die im Vergleich zum zunächst betrachteten Arbeitsanbieter die Konsumzeit stärker präferieren und deshalb ihr Arbeitsangebot einschränken. Schließlich ist es möglich, daß der betrachtete Haushalt sein Arbeitsangebot unverändert läßt, was durch den Ast CD_3 der Arbeitsangebotsfunktion veranschaulicht wird.

3.3. Das Marktverhalten der Unternehmung

Das Marktverhalten der Unternehmung läßt sich analog ableiten wie das Marktverhalten des Haushalts. Während in der Theorie des Haushalts aufgrund der Nutzenmaximierungshypothese die individuellen Güternachfrage- und Faktorangebotsfunktionen des Haushalts abgeleitet werden, gewinnt man in der Theorie der Unternehmung aufgrund der Gewinnmaximierungshypothese die individuellen Güterangebots- und Faktornachfragefunktionen der Unternehmung.

3.3.1. Das Angebotsverhalten auf den Gütermärkten

Solange man von der Faktornachfrage der Unternehmung abstrahiert und nur ihr Güterangebot betrachtet, ist es üblich, die Unternehmung als Produzenten zu bezeichnen. Analog wird jenes Teilgebiet der Theorie der Unternehmung, in welchem das Güterangebot der Unternehmung untersucht wird, Produktionstheorie genannt.

Ausgangspunkt der Produktionstheorie ist die Frage: Wie verhält sich ein Produzent, der versucht, sein Gewinnmaximum zu erreichen? Zur genaueren Erläuterung des individuellen Güterangebots der Unternehmung ist es erforderlich, in mehreren Schritten vorzugehen. Zunächst soll im folgenden Unterabschnitt (1) die Bedingung abgeleitet werden, unter der das Güterangebot gewinnmaximierend ist. Anschließend muß man auf die Gewinndeterminanten genauer eingehen, wobei im Unterabschnitt (2) die Erlössituation der Unternehmung erläutert wird. Zur Darstellung der Kostensituation ist es erforderlich, im Unterabschnitt (3) zunächst einige produktionstheoretische Zusammenhänge zu erörtern, auf deren Grundlage man im anschließenden Unterabschnitt (4) die interessierenden kostentheoretischen Informationen gewinnen kann. Im abschließenden Unterabschnitt (5) kann man dann das gewinnmaximierende Güterangebot der Unternehmung ableiten.

(1) Bei der Formulierung der Bedingung gewinnmaximalen Güterangebots geht man von einer einfachen Überlegung aus: Offensichtlich ist für die betrachtete Unternehmung eine Produktionsausdehnung vorteilhaft, solange der Erlöszuwachs bei Verkauf einer zusätzlichen Gütereinheit (= Grenzerlös GE) größer ist als der Kostenzuwachs, der durch die Erzeugung dieser zusätzlichen Gütereinheit entsteht (= Grenzkosten GK): Die Unternehmung erzielt dann durch Produktionsausdehnung einen zusätzlichen Gewinn. Umgekehrt ist eine Verminderung der erzeugten Gütermenge vorteilhaft, wenn der Grenzerlös hinter den Grenzkosten zurückbleibt: In diesem Falle kann die Unternehmung durch Produktionseinschränkung einen Gewinnzuwachs erzielen. Schließlich wird die Unternehmung ihre Produktion weder ausdehnen noch einschränken, wenn der Grenzerlös gleich den Grenzkosten ist.

Diese Gewinnmaximierungsbedingung läßt sich durch die Gleichung

$$GE = GK \qquad (1)$$

formalisieren. Unter der in Gleichung (1) beschriebenen Voraussetzung kann die Unternehmung durch Änderung der produzierten Gütermenge ihren Gewinn nicht mehr steigern, d. h. sie hat ihr Gewinnmaximum realisiert. Sie wird dann ihr Angebotsverhalten nicht mehr revidieren. Man kann deshalb diese gewinnmaximale Situation als individuelles Gleichgewicht (Dispositionsgleichgewicht) betrachten. In älteren Veröffentlichungen ist die Bedingung individuellen Angebotsgleichgewichts der Unternehmung als „Gesetz des erwerbswirtschaftlichen Angebots" bezeichnet worden.

Zum besseren Verständnis des unternehmerischen Angebotsverhaltens ist es erforderlich, genauer auf die Bestimmungsgründe der in der Gewinnmaximierungsbedingung (1) enthaltenen Größen einzugehen. Dabei soll zunächst die Erlössituation der Unternehmung analysiert werden.

(2) Zur Erläuterung der Erlössituation des Unternehmers ist es erforderlich, die Ausführungen des obigen Abschnitts 3.1.2. (1) (a) aufzugreifen und fortzuführen. Dabei sollen aus der Gesamtheit der Marktformen nur die beiden extremen Möglichkeiten herausgegriffen werden: die vollständige Konkurrenz einerseits und das Monopol andererseits.[37]

(a) Zuerst soll angenommen werden, daß sich der betrachtete Anbieter in der Marktform der vollständigen Konkurrenz befindet, so daß seine Marktmacht null ist.[38] Dann ist der Güterpreis p für den betrachteten Unternehmer ein Datum, d. h. er kann ihn nicht beeinflussen, was man sich durch die folgende Überlegung klarmachen kann: Da der Anbieter in der Marktform der vollständigen Konkurrenz nur einer unter vielen Anbietern eines homogenen Gutes ist, würde er im Falle einer Preiserhöhung feststellen, daß alle Kunden zu seinen Konkurrenten abwandern. Umgekehrt würde er durch eine Preissenkung die gesamte Nachfrage der Volkswirtschaft auf sich ziehen, die er jedoch wegen zu geringer Kapazitäten nicht befriedigen kann. Er wird deshalb den am Markt vorgefundenen Preis als gegeben betrachten und sein Gewinnmaximum durch Variation seiner Angebotsmenge zu erreichen versuchen. Man sagt deshalb, daß der Anbieter in vollständiger Konkurrenz sich als Mengenanpasser verhält, d. h. die Menge ist sein (einziger) Aktionsparameter. Dies wird durch das Zahlenbeispiel des Schaubildes 3.5 veranschaulicht, in dem für steigende Absatzmenge und konstanten Güterpreis die jeweiligen Erlöse und Grenzerlöse der Unternehmung aufgeschrieben worden sind.

Menge	Preis	E	GE
1	20	20	20
2	20	40	20
3	20	60	20
4	20	80	20
5	20	100	20

Schaubild 3.5: Erlös und Grenzerlös bei steigender Absatzmenge und konstantem Güterpreis

---

[37] Zur Berücksichtigung anderer Marktformen vgl. die in der Literatur zum 4. Teil aufgeführten preistheoretischen Arbeiten.

[38] Vgl. dazu die Ausführungen im obigen Abschnitt 2.2.1. (1).

Dieses Zahlenbeispiel ist im nachfolgenden Schaubild 3.6 auch grafisch dargestellt worden. Es zeigt:

- Der Güterpreis ist unabhängig von der abgesetzten Gütermenge, d.h. die Beziehung zwischen abgesetzter Gütermenge und Güterpreis (sog. Preis-Absatz-Funktion) wird durch eine Parallele zur Abszisse dargestellt. Sie schneidet die Ordinate bei 20 (=p).
- Der Erlös (Gesamterlös E) steigt bei Ausdehnung der abgesetzten Gütermenge mit konstanten Zuwachsraten, d.h. der Grenzerlös GE ist konstant.
- Der Grenzerlös ist gleich dem Preis.

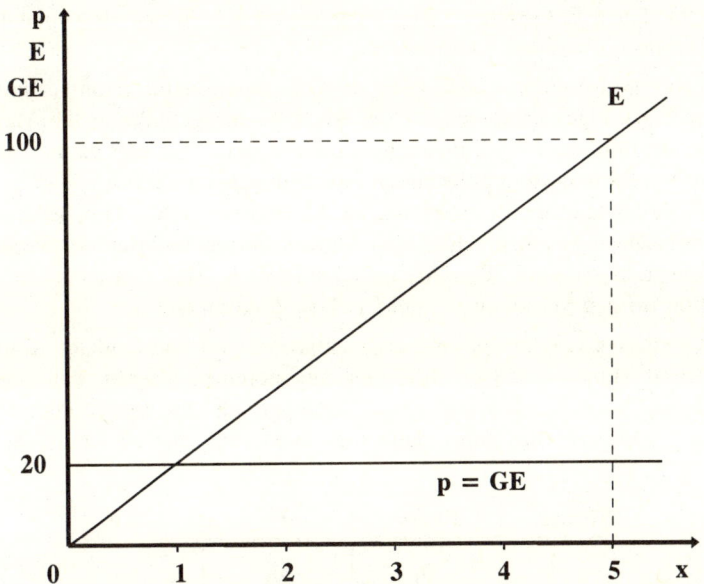

Schaubild 3.6: Die grafische Darstellung von Erlös- und Grenzerlösfunktion eines Anbieters in vollständiger Konkurrenz

Wie sich den tabellarisch (vgl. Schaubild 3.5) und grafisch (vgl. Schaubild 3.6) veranschaulichten Zusammenhängen entnehmen läßt, stimmen bei vollständiger Konkurrenz Grenzerlös und Preis miteinander überein, so daß die Beziehung

$$GE = p \qquad (2)$$

gilt. Man kann sie offensichtlich zur Präzisierung der Gleichgewichtsbedingung (1) benutzen: Substituiert man GE in Gleichung (1) durch den in (2) aufgeführten Ausdruck, dann erhält man die Gleichgewichtsbedingung in der speziellen Form

$$p = GK. \qquad (3)$$

Sie gilt nur, solange die Annahme beibehalten wird, daß die Unternehmung ein Anbieter in vollständiger Konkurrenz ist.

(b) Nunmehr soll unterstellt werden, daß der betrachtete Anbieter ein Monopolist ist, so daß seine Marktmacht maximal ist. Im Unterschied zum Konkurrenzanbieter, der keine andere Wahl hat, als sich als Mengenanpasser zu verhalten, hat der Monopolist die Möglichkeit, sich alternativ als Preis- oder als Mengenfixierer zu verhalten (*Schumann* 1992, S. 283 ff.).

Dies kann man sich am besten klarmachen, wenn man von der Überlegung ausgeht, daß der Monopolist Alleinanbieter des betrachteten Gutes ist, der allen Nachfragern dieses Gutes gegenübersteht. Deren negativ geneigte Marktnachfragefunktion gibt jeweils die Menge an, die der Monopolist bei verschiedenen Preisen am Markt verkaufen kann. Sie ist also für ihn die Preis-Absatz-Funktion. Daraus folgt:

– Wählt der Monolpolist den Preis als Aktionsparameter, dann bestimmen die Nachfrager entsprechend der Marktnachfragefunktion die Menge, die sie zu diesem Preis abzunehmen bereit sind. Man sagt dann, daß die Menge für den Monopolisten der Erwartungsparameter ist.

– Wählt der Monopolist die Menge als Aktionsparameter, dann bestimmen die Nachfrager entsprechend der Marktnachfragefunktion den Preis, zu dem sie bereit sind, diese Menge abzunehmen. Man sagt dann, daß der Preis für den Monopolisten der Erwartungsparameter ist.

Aus Gründen der leichteren Vergleichbarkeit von vollständiger Konkurrenz und Monopol soll im folgenden angenommen werden, daß der betrachtete Monopolist seine Angebotsmenge als Aktionsparameter benutzt.[39] Offensichtlich führt dann jede Änderung der vom betrachteten

Menge	Preis	E	GE
1	20	20	20
2	18	36	16
3	16	48	12
4	14	56	8
5	12	60	4

Schaubild 3.7: Erlös und Grenzerlös bei steigender Absatzmenge und sinkendem Güterpreis

---

[39] Die folgenden Ausführungen gelten analog, wenn der Monopolist den Preis als Aktionsparameter wählt, denn in jedem Falle richtet er sein Verhalten an der Marktnachfragefunktion aus. Vgl. *Helmstädter* 1991, S. 178 f., 182.

Unternehmen angebotenen Gütermenge zu einer Preisänderung. So kann der Monopolist z. B. steigende Gütermengen nur zu sinkenden Güterpreisen absetzen. Dies wird durch das Zahlenbeispiel des Schaubildes 3.7 veranschaulicht, in dem für steigende Absatzmenge und (mithin) sinkenden Güterpreis die jeweiligen Erlöse und Grenzerlöse aufgeschrieben worden sind.

Dieses Zahlenbeispiel, dem eine als linear angenommene Nachfragefunktion zugrunde liegt, ist im nachfolgenden Schaubild 3.8 auch grafisch dargestellt worden. Es zeigt:

– Der Güterpreis ist nicht unabhängig von der abgesetzten Gütermenge; die Preisabsatzfunktion ist negativ geneigt. Ihr Abszissenschnittpunkt A markiert die Sättigungsmenge; das ist diejenige Nachfragemenge, die auch bei einem Güterpreis von null nicht überschritten wird. Ihr Ordinatenschnittpunkt B bezeichnet den Prohibitivpreis; das ist derjenige Preis, bei dem die Nachfrage null ist (vgl. *Schumann* 1992, S. 285).

– Der Erlös E steigt bei Ausdehnung der abgesetzten Gütermenge zunächst mit sinkenden Zuwachsraten, erreicht bei der halben Sättigungsmenge $\frac{OA}{2}$ sein Maximum M und sinkt dann, bis er bei der Sättigungs-

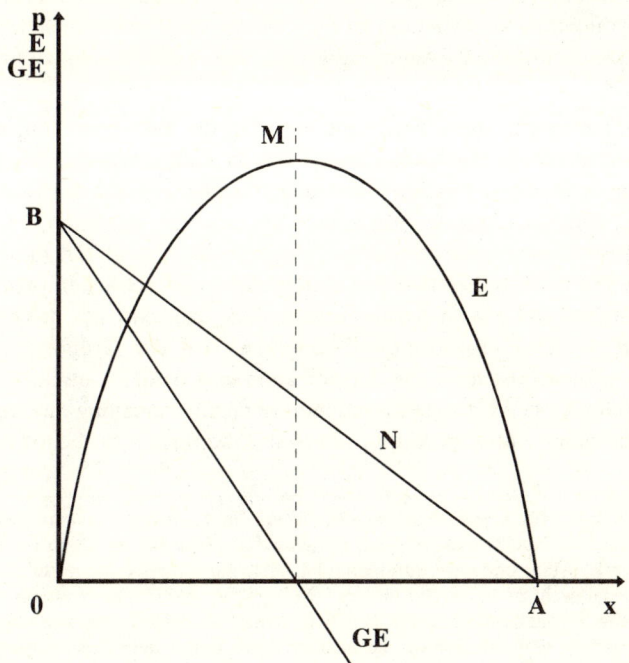

Schaubild 3.8: Die grafische Darstellung von Erlös- und Grenzerlösfunktion des Monopolisten

menge OA den Wert null erreicht hat.[40] Dies bedeutet, daß der Grenzerlös GE sinkt (ausgehend vom Prohibitivpreis B) und bei der halben Sättigungsmenge $\frac{OA}{2}$ negativ wird.

– Der Grenzerlös ist kleiner als der Preis.

Wie sich den tabellarisch und grafisch veranschaulichten Zusammenhängen
entnehmen läßt, ist im Monopol der Grenzerlös kleiner als der Preis.[41]
Anders als bei vollständiger Konkurrenz, für die sich die Gleichgewichtsbedingung (1) unter Zuhilfenahme des Ausdrucks (2) zu (3) spezifizieren ließ,
gilt für das Monopol die Bedingung gewinnmaximierenden Angebots ausschließlich in der ursprünglichen Form (1).[42]

(3) Nachdem mit der Erlössituation der Unternehmung die erste der in der
Gewinnmaximierungsbedingung (1) enthaltenen Größe analysiert worden
ist, muß man nunmehr auf die zweite Größe, d.h. auf die Kostensituation,
genauer eingehen. Zu diesem Zweck ist es erforderlich, nunmehr die Ausführungen des obigen Abschnitts 3.1.2. (1) (b) aufzugreifen und fortzuführen. Dabei muß man berücksichtigen, daß es sich bei den in Gleichung (4)
des Abschnitts 3.1.2. definierten Kosten um die sog. monetären Kosten
handelt, welche man erhält, wenn man die eingesetzten Faktormengen
(= sog. reale Kosten oder Mengengerüst der Kosten) mit den Preisen dieser
Produktionsfaktoren multipliziert. Um genaueren Aufschluß über die Ko-
stendeterminanten zu gewinnen, ist es – solange die Faktorpreise konstant
sind – ausreichend, die Bestimmungsgründe der realen Kosten zu untersuchen.

Dabei geht man von der Überlegung aus, daß die Faktormengen, welche
von der betrachteten Unternehmung in den Produktionsprozeß eingesetzt
werden, in erster Linie von den Gütermengen abhängen, die der Unternehmer hofft, den Nachfragern verkaufen zu können. Die Beziehung zwischen
Produktausstoß und erforderlichem Faktoreinsatz wird durch die jeweils
relevante Produktionsfunktion der Unternehmung beschrieben. Mithin ist
es zur Analyse der realen Kosten erforderlich, zunächst auf die Produktionsfunktion des Unternehmers einzugehen. Auf der Grundlage dieser
produktionstheoretischen Erörterungen kann man dann im anschließenden
Unterabschnitt (4) die Kostenfunktionen der Unternehmung ableiten, die
zur Bestimmung ihres gewinnmaximalen Güterangebots benötigt werden.

---

[40] Natürlich führt nicht jede Nachfragekurve zu einer solchen Gesamterlöskurve.
Wenn z.B. die Nachfragekurve eine gleichseitige Hyperbel ist, dann ist der Gesamterlös konstant und wird durch eine Parallele zur Abszisse dargestellt.

[41] Dies ist dadurch zu erklären, daß der Monopolist immer dann, wenn er eine
zusätzliche Mengeneinheit verkaufen will, den Preis für die gesamte abgesetzte
Menge senken muß, so daß der zusätzliche Erlös hinter dem Preis zurückbleibt.
Vgl. *Schumann* 1992, S. 284.

[42] Dies gilt auch für alle anderen Marktformen – ausgenommen die Marktform der
vollständigen Konkurrenz.

Die produktionstheoretischen Grundlagen der Kostentheorie sollen im folgenden am Beispiel einer sehr einfachen Produktionsfunktion erläutert werden.[43] Es wird angenommen, daß das Gut x von der betrachteten Unternehmung durch den Einsatz zweier Produktionsfaktoren (v_1 und v_2) erstellt wird. Die Produktionsfunktion lautet dann

$$x = f(v_1, v_2).^{44} \tag{4}$$

In frühen produktionstheoretischen Untersuchungen, die auf *Thünen* und *Turgot* zurückgehen, wurde unterstellt, daß die eingesetzte Menge des einen Produktionsfaktors variiert werden kann, während die Menge des anderen Faktors konstant ist (sog. klassische Produktionsfunktion).[45] Die Produktionsfunktion (4) vereinfacht sich dann zu der Produktionsfunktion

$$x = f(v_1, \bar{v}_2), \tag{5}$$

in welcher v_1 den variablen Faktor (z. B. Arbeit) und $\bar{v}_2$ den konstanten Faktor (z. B. Boden) repräsentiert. Während die eingesetzte Menge des variablen Produktionsfaktors jederzeit geändert werden kann, ist dies im Falle konstanter Faktoren zumindest kurzfristig nicht möglich.[46]

Den folgenden Überlegungen wird die Produktionsfunktion (5) zugrunde gelegt, d. h. die folgende Analyse ist kurzfristig. Dabei werden zur genaueren Beschreibung der Beziehung zwischen Faktoreinsatz und Produktausstoß drei Begriffe verwendet: das Gesamtprodukt, das Grenzprodukt (Grenzproduktivität) und das Durchschnittsprodukt. Sie müssen im folgenden genauer erläutert werden.

(a) Das Gesamtprodukt ist die Gütermenge, die bei gegebenem Einsatz des fixen Faktors mit einer bestimmten Menge des variablen Faktors erzeugt werden kann. Bei gegebener Menge des fixen Faktors läßt sich die in der Realität bestehende Beziehung zwischen der Vermehrung des variablen Faktors und dem daraus resultierenden output nur empirisch feststellen. Eine entsprechende Untersuchung ist z. B. in der Vergangenheit von *Thünen* und *Turgot* für die landwirtschaftliche Produktion durchgeführt worden. Die empirischen Ermittlungen dieser Autoren ergaben, daß bei fortgesetzter Vermehrung des variablen Faktors das Gesamtprodukt wie im Beispiel des Schaubildes 3.9 zunächst überproportional und dann unterproportional steigt (sog. Ertragsgesetz): Die Gesamtproduktfunktion beginnt (so-

---

[43] Zur Berücksichtigung alternativer Produktionsfunktionen vgl. die Ausführungen im folgenden Band II der vorliegenden Reihe.

[44] Sie entspricht formal der Nutzenfunktion (4) im obigen Abschnitt 3.2.1. (2).

[45] Produktionsmodelle, in denen außer (mindestens) einem konstanten Faktor mehrere variable Faktoren (mindestens zwei) in die Betrachtung einbezogen werden, arbeiten mit sog. Neoklassischen Produktionsfunktionen. Sie werden im folgenden Band II dieser Reihe behandelt.

[46] Langfristig ist im Regelfalle die eingesetzte Menge aller Produktionsfaktoren variabel.

fern eine Produktion ohne Mitwirkung des variablen Faktors nicht möglich ist) im Nullpunkt. Von hier bis zum Wendepunkt W werden die Produktionszuwächse zunächst größer, zwischen W und dem Maximum M werden sie kleiner und rechts von M sogar negativ. Dieser Verlauf der Gesamtproduktfunktion wird als ertragsgesetzlicher Verlauf bezeichnet. Deshalb wird anstelle des Begriffes Gesamtprodukt oft auch der Ausdruck Gesamtertrag verwendet.

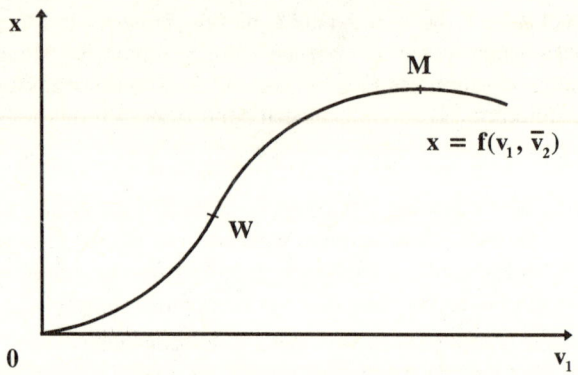

Schaubild 3.9: Die Gesamtproduktfunktion (Gesamtertragsfunktion)

Diesen Verlauf der Gesamtproduktkurve kann man sich durch die Überlegung erklären, daß der fixe Faktor bei nur geringem Einsatz des variablen Faktors nicht vollständig ausgenutzt ist. Solange der fixe Faktor unterausgelastet ist, steigt bei vermehrtem Einsatz des variablen Faktors das Gesamtprodukt bis zur sog. Schwelle des Ertragsgesetzes W mit steigenden Zuwächsen. Von der Schwelle W des Ertragsgesetzes ab steigt das Gesamtprodukt mit sinkenden Zuwächsen. Schließlich sinkt von M ab das Gesamtprodukt, d.h. der konstante Faktor wird überstrapaziert. Eine Steigerung des Gesamtertrages wäre nunmehr nur noch möglich, wenn auch der andere Faktor – d.h. der fixe Faktor – vermehrt werden könnte.

(b) Ausgehend von der Gesamtproduktfunktion (Gesamtertragsfunktion) läßt sich die Grenzproduktfunktion (Grenzertragsfunktion) leicht ableiten. Das Grenzprodukt GP des variablen Faktors ist der Zuwachs des Gesamtproduktes, den man durch einen unendlich kleinen (= marginalen) Mehreinsatz des variablen Faktors erzielt und wird durch das Steigungsmaß der Gesamtproduktkurve dargestellt. Im nachfolgenden Schaubild 3.10 ist der Ertragszuwachs für eine endliche Vergrößerung Δv_1 des betrachteten Faktors veranschaulicht worden. Er wird durch den Differenzenquotienten

$$tg\alpha = \frac{\Delta x}{\Delta v_1}$$

dargestellt.

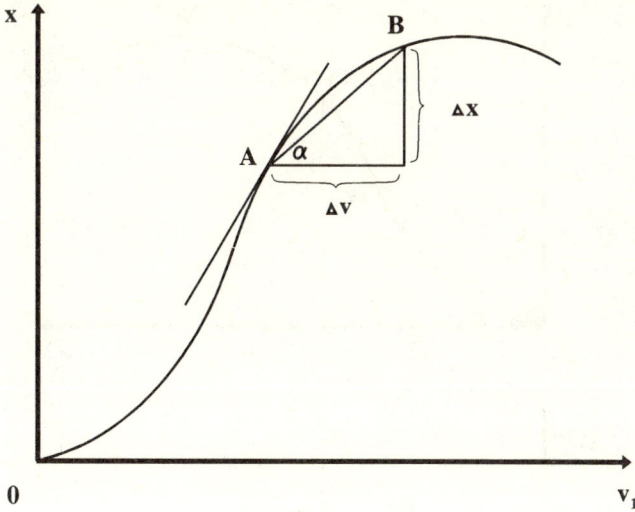

Schaubild 3.10: Die Ermittlung des Grenzprodukts (Grenzertrags)

Den Produktzuwachs für einen marginalen Mehreinsatz dv_1 des betrachteten Produktionsfaktors erhält man, wenn man den Nenner des Differenzenquotienten (und mithin die Sekante AB in Schaubild 3.10) unendlich klein werden läßt, so daß B praktisch mit A zusammenfällt. Der Differentialquotient $\frac{dx}{dv_1}$ beschreibt dann das Steigungsmaß der Gesamtproduktfunktion im Punkte A (= Steigungsmaß der Tangente an die Gesamtproduktfunktion im Punkte A). Ökonomisch ist dieses Steigungsmaß das gesuchte Grenzprodukt. Mithin ergibt sich aus diesen Überlegungen die folgende Definitionsgleichung für das Grenzprodukt:

$$GP = \frac{dx}{dv_1}. \qquad (6)$$

Analog kann man für jeden Punkt der Gesamtproduktfunktion das Grenzprodukt GP ermitteln. Man erhält dann die im (v_1/GP)-Diagramm des Schaubildes 3.11 dargestellte Grenzproduktfunktion. Das Grenzprodukt nimmt bei Mehreinsatz des variablen Faktors zu, solange die Gesamtproduktfunktion progressiv steigt – also ihren Wendepunkt W noch nicht erreicht hat. Das Grenzprodukt sinkt, sobald die Gesamtproduktfunktion ihren Wendepunkt W überschritten hat und degressiv steigt. Schließlich wird das Grenzprodukt negativ, wenn das Gesamtprodukt sein Maximum M überschritten hat und sinkt.

(c) Neben der Grenzproduktfunktion läßt sich aus der Gesamtproduktfunktion auch die Durchschnittsproduktfunktion (Durchschnitsertragsfunktion)

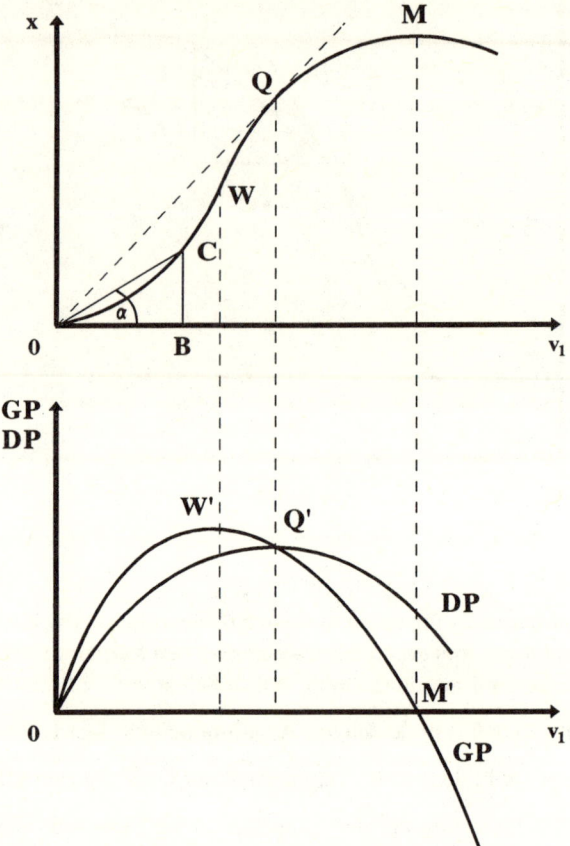

*Schaubild 3.11: Die Ableitung der Grenz- und Durchschnittsproduktfunktion
(Durchschnittsertragsfunktion) aus der Gesamtproduktfunktion*

ableiten. Das Durchschnittsprodukt DP des variablen Faktors ist der Quotient aus Gesamtprodukt und eingesetzter Menge dieses Faktors, also

$$DP = \frac{x}{v_1}. \tag{7}$$

Geometrisch läßt sich das Durchschnittsprodukt bei gegebener Erzeugungsmenge (z. B. BC in Schaubild 3.11) durch den Tangens des Winkels α darstellen, den der Fahrstrahl OC mit der positiven Abszissenrichtung bildet.

Aufgrund dieser Überlegungen kann man für jeden Punkt der in Schaubild 3.11 dargestellten Gesamtproduktfunktion das Durchschnittsprodukt ermitteln. Wie das obige Schaubild zeigt, nimmt das Durchschnittsprodukt zu, solange für den jeweils betrachteten Punkt der Gesamtproduktfunktion das Steigungsmaß des Fahrstrahls kleiner ist als das der Tangente. Dies gilt offensichtlich für alle links von Q liegenden Punkte der Gesamtprodukt-funktion, für die deshalb auch die Durchschnittsproduktfunktion unterhalb der Grenzertragsfunktion verlaufen muß. Das Durchschnittsprodukt sinkt, sobald für den jeweils betrachteten Punkt der Gesamtproduktfunktion das Steigungsmaß des Fahrstrahls größer ist als das der Tangente, wie es für alle rechts von Q liegenden Punkte der Gesamtproduktfunktion gilt. Für diesen Bereich der Gesamtproduktfunktion verläuft deshalb die Durchschnittspro-duktfunktion oberhalb der Grenzproduktfunktion. – Offensichtlich ent-spricht dem Punkt Q der Gesamtproduktfunktion das Maximum Q' der Durchschnittsproduktfunktion. Da im Punkt Q der Gesamtproduktfunk-tion das Steigungsmaß des Fahrstrahls mit dem der Tangente überein-stimmt,[47] also das Durchschnittsprodukt gleich dem Grenzertrag ist, wird die Durchschnittsprodukt in ihrem Maximum von der Grenzproduktkurve geschnitten.

(4) Nachdem die Grundzüge der (klassischen) Produktionstheorie erläutert worden sind, kann man darauf aufbauend die kostentheoretischen Überle-gungen des obigen Abschnitts 3.1.2. (1) (b) soweit vertiefen, wie es zur anschließenden Erläuterung der ökonomischen Angebotsaktivitäten erfor-derlich ist. Dabei geht man von der Überlegung aus, daß Produktionstheo-rie und Kostentheorie den gleichen Zusammenhang aus verschiedenem Blickwinkel betrachten. So gibt z.B. die Gesamtproduktfunktion des Schaubildes 3.11 an, wie sich die produzierte Gütermenge (abhängig Varia-ble) ändert, wenn der Einsatz des variablen Faktors (unabhängig Variable) variiert wird. In der Kostentheorie wird hingegen die produzierte Güter-menge als unabhängig Variable und der Faktoreinsatz als abhängig Varia-ble betrachtet. Sie gibt also an, wie sich der mit dem Faktorpreis multipli-zierte Faktoreinsatz (Kosten) ändert, wenn die produzierte Gütermenge variiert wird.

Ausgangspunkt der folgenden Überlegungen ist die Kostengleichung (4) im obigen Abschnitt 3.1.2.:

$$K = v_1 \cdot q_1 + v_2 \cdot q_2$$

Sie gibt an, daß sich die Kosten der Unternehmung aus zwei Komponenten zusammensetzen. Ist v_1 der variable und v_2 der konstante Faktor, dann beschreibt $v_1 \cdot q_1$ die variablen Kosten und $v_2 \cdot q_2$ stellt die fixen Kosten dar. Die Summe dieser beiden Komponenten soll im folgenden durch den Be-griff „totale Kosten" bezeichnet werden.

Solange es neben dem fixen Faktor nur einen variablen Produktionsfaktor gibt,[48] kann man von den in Schaubild 3.11 und den obigen Unterabschnit-

---

[47] Die Gerade OQ ist sowohl Fahrstrahl als auch Tangente an die Gesamtprodukt-funktion in Q.

[48] Zur Berücksichtigung von Produktionsfunktionen mit mindestens zwei variablen Produktionsfaktoren vgl. z.B. *Schumann* 1992, S. 13ff. und den folgenden Bd. II der vorliegenden Reihe.

ten (3) (a)–(c) dargestellten drei Ertragsfunktionen unmittelbar auf die entsprechenden Kostenfunktionen schließen (vgl. *Schumann* 1992, S. 166), was im folgenden genauer erläutert werden soll.[49] Dabei wird zunächst auf die (totalen) Gesamtkosten eingegangen. Anschließend werden nacheinander die Grenzkosten und die Durchschnittskosten behandelt.

(a) Bei der Erläuterung der (totalen) Gesamtkosten sollen die fixen Kosten zunächst vernachlässigt werden, d. h. anstelle der totalen Gesamtkosten werden im ersten Schritt der Untersuchung nur die variablen Gesamtkosten betrachtet. Anschließend werden dann auch die fixen Kosten in die Betrachtung einbezogen.

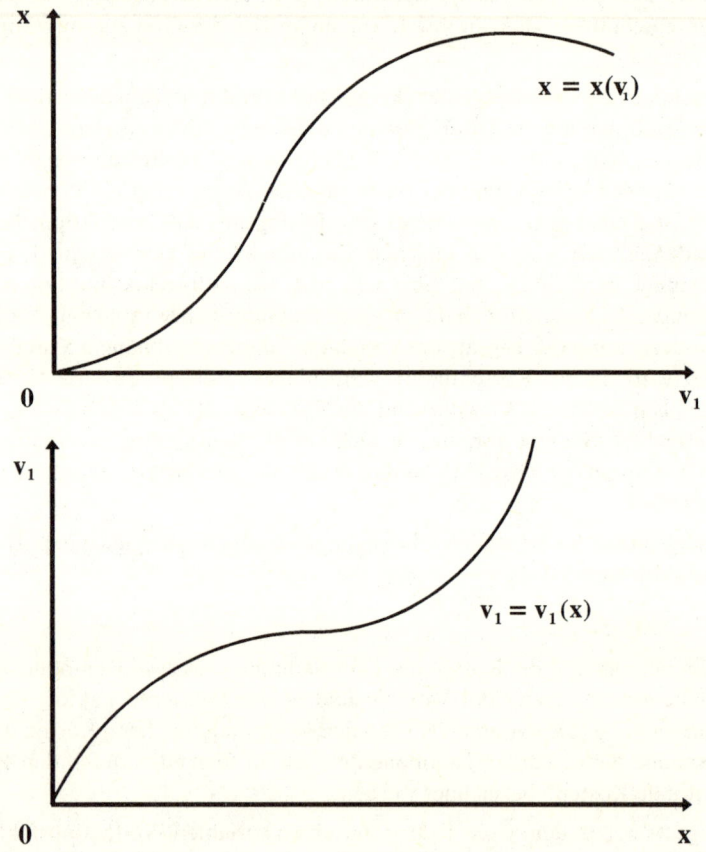

Schaubild 3.12: Die Beziehung zwischen Gesamtprodukt- und Faktorbedarfsfunktion

---

[49] In kompakter Form sind die folgenden Ausführungen zu finden bei *Neumann* 1991, S. 25f.

Ausgangspunkt für die Ableitung der variablen Gesamtkosten ist die Gesamtertragsfunktion (5), deren Schreibweise in der oberen Hälfte des nachfolgenden Schaubildes 3.12 zu

$$x = x(v_1) \tag{8}$$

vereinfacht worden ist. Die Funktion, in der im Unterschied zur Gesamtertragsfunktion x die unabhängig und v_1 die abhängig Variable ist, lautet:

$$v_1 = v_1(x). \tag{9}$$

Sie gibt die realen Kosten (sog. Mengengerüst der Kosten) für alternative Produktionsmengen an und soll deshalb als Faktorbedarfsfunktion bezeichnet werden. Ausgehend von der grafischen Darstellung der Gesamtproduktfunktion (vgl. obere Hälfte von Schaubild 3.12) erhält man die grafische Darstellung der Faktorbedarfsfunktion (vgl. untere Hälfte von Schaubild 3.12) durch Vertauschung der Achsen des Koordinatensystems.

Aus den in Schaubild 3.12 durch die Faktorbedarfsfunktion veranschaulichten realen Kosten erhält man die monetären Kosten, indem man jeweils die eingesetzte Faktormenge mit dem Faktorpreis multipliziert. Da v_1 ein variabler Faktor ist, ergibt das Produkt die variablen Gesamtkosten in Abhängigkeit von der Gesamtproduktion. Diese Funktion

$$K_v = K_v(x) = v_1(x) \cdot q_1 \tag{10}$$

ist im nachfolgenden Schaubild 3.13 dargestellt worden.

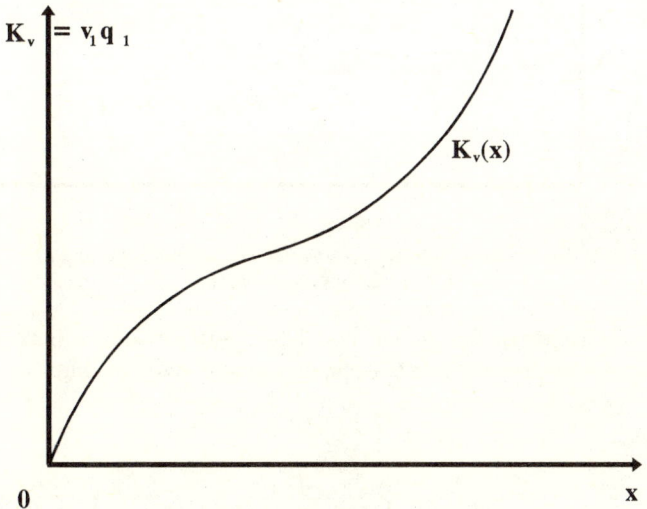

Schaubild 3.13: Die variablen Gesamtkosten

Neben diesen variablen Gesamtkosten gehören zu den totalen Gesamtkosten auch die fixen Kosten, die nun in die Betrachtung einbezogen werden sollen. Man erhält die fixen Kosten K_f, indem man die Menge $\bar{v}_2$ des fixen Faktors mit dem (konstanten) Preis q_2 dieses Faktors multipliziert, so daß man die Beziehung

$$K_f = \bar{v}_2 \cdot q_2 \tag{11}$$

erhält. Die fixen Kosten sind im Beispiel des nachfolgenden Schaubildes 3.14 durch die Parallele zur Abszisse im Abstand OA dargestellt worden. – Schließlich erhält man die totalen Gesamtkosten $K(x)$ durch Addition der variablen und der fixen Kosten. Sie betragen also

$$K(x) = K_v(x) + K_f = v_1 \cdot q_1 + \bar{v}_2 \cdot q_2 \tag{12}$$

und sind durch die Kurve $K(x)$ in Schaubild 3.14 dargestellt worden. Offensichtlich ist die Kurve der totalen Gesamtkosten gleich der um den Fixkostenbetrag OA nach oben verschobenen Kurve der variablen Gesamtkosten.

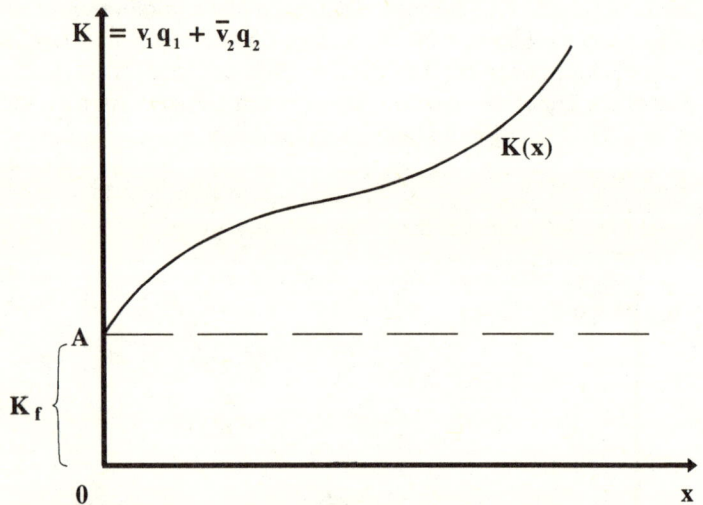

Schaubild 3.14: *Die Zusammenfassung von variablen Gesamtkosten und fixen Kosten zu den totalen Gesamtkosten*

(b) Die Grenzkosten GK geben den Kostenzuwachs bei infinitesimaler Ausdehnung der produzierten Gütermenge an. Sie sind also durch die Gleichung

$$GK = \frac{dK}{dx} \tag{13}$$

definiert. Für jeden Punkt der Gesamtkostenfunktion[50] (z.B. C in Schaubild 3.15) lassen sich die Grenzkosten grafisch durch das Steigungsmaß der

---

[50] Wenn im folgenden der Begriff Gesamtkosten ohne Zusatz benutzt wird, dann sind immer die totalen Gesamtkosten gemeint.

Gesamtkostenfunktion darstellen. Es wird durch den Tangens des Winkels gemessen, den die nicht eingezeichnete Tangente an die Gesamtkostenkurve in C mit der positiven Abszissenrichtung bildet.

Aufgrund dieses Zusammenhanges kann man unter Zuhilfenahme des nachfolgenden Schaubildes den Verlauf der Grenzkostenfunktion GK leicht ableiten. Man erhält dann die im (x/GK)-Diagramm des Schaubildes 3.15 dargestellte Grenzkostenfunktion. Die Grenzkosten sinken, solange die Gesamtkostenfunktion degressiv steigt – also ihren Wendepunkt W noch nicht erreicht hat. Die Grenzkosten steigen, sobald die Gesamtkostenfunktion ihren Wendepunkt W überschritten hat und progressiv steigt. Offensichtlich entspricht dem Wendepunkt W der Gesamtkostenfunktion das Minimum W′ der Grenzkostenfunktion. – Insgesamt ist die Grenzkostenfunktion das kostentheoretische Pendant der in Schaubild 3.11 dargestellten Grenzproduktfunktion (Grenzertragsfunktion) GP.

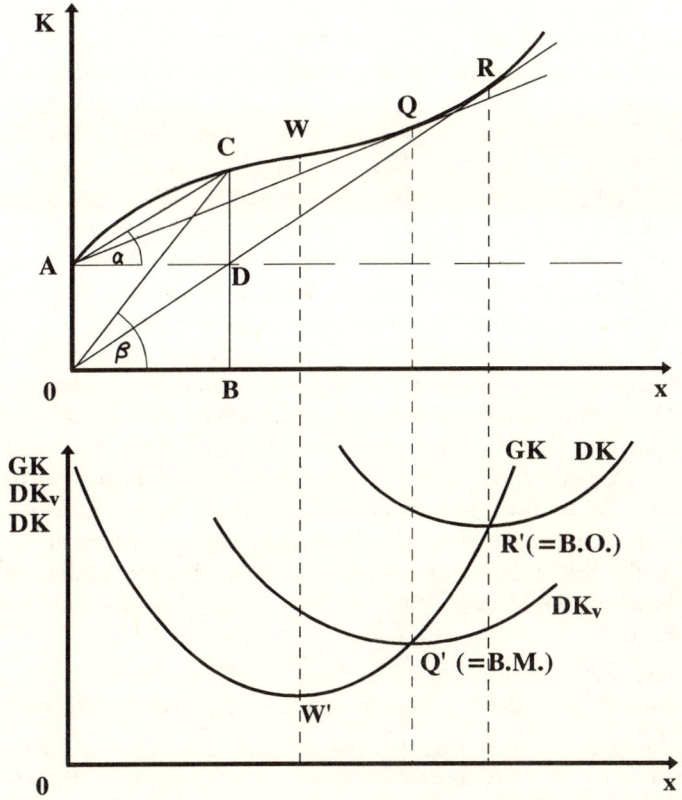

Schaubild 3.15: Die Ableitung der Grenzkosten sowie der variablen und totalen Durchschnittskosten aus den totalen Gesamtkosten

(c) Neben der Grenzkostenfunktion kann man unter Zuhilfenahme von Schaubild 3.15 auch Durchschnittskostenfunktionen gewinnen. Dabei muß man zwischen den variablen Durchschnittskosten einerseits und den totalen Durchschnittskosten andererseits unterscheiden.

Man erhält die variablen Durchschnittskosten DK_v, indem man die variablen Gesamtkosten K_v durch die erzeugte Gütermenge x dividiert, so daß man die Definitionsgleichung

$$DK_v = \frac{K_v}{x} \tag{14}$$

erhält. Geometrisch lassen sich die variablen Durchschnittskosten bei gegebener Erzeugungsmenge (z. B. OB = AD in Schaubild 3.15) durch den Tangens des Winkels α darstellen, den der vom Ordinatenschnittpunkt A der Gesamtkostenfunktion ausgehende Fahrstrahl AC mit der durch A verlaufenden Parallelen zur positiven Abszissenrichtung bildet.

Aufgrund dieser Überlegungen kann man für jeden Punkt der in Schaubild 3.15 dargestellten Gesamtkostenfunktion die variablen Durchschnittskosten ermitteln. Wie das obige Schaubild zeigt, nehmen die variablen Durchschnittskosten ab, solange für den jeweils betrachteten Punkt der Gesamtkostenfunktion das Steigungsmaß des von A ausgehenden Fahrstrahls größer ist als das der Tangente. Dies gilt offensichtlich für alle links von Q liegenden Punkte der Gesamtkostenfunktion, für die deshalb auch die Kurve der variablen Durchschnittskosten oberhalb der Grenzkostenkurve verlaufen muß. Die variablen Durchschnittskosten steigen, sobald für den jeweils betrachteten Punkt der Gesamtkostenfunktion das Steigungsmaß des von A ausgehenden Fahrstrahls kleiner ist als das der Tangente, wie es für alle rechts von Q liegenden Punkte der Gesamtkostenfunktion gilt. Für diesen Bereich der Gesamtkostenfunktion verläuft deshalb die Kurve der variablen Durchschnittskosten unterhalb der Grenzkostenkurve. – Offensichtlich entspricht dem Punkt Q der Gesamtkostenkurve das Minimum Q′ der variablen Durchschnittskosten.[51] Da im Punkt Q der Gesamtkostenfunktion das Steigungsmaß des von A ausgehenden Fahrstrahls mit dem der Tangente übereinstimmt,[52] also die variablen Durchschnittskosten gleich den Grenzkosten sind, wird die Kurve der variablen Durchschnittskosten in ihrem Minimum von der Grenzkostenkurve geschnitten. – Insgesamt ist die Kurve der variablen Durchschnittskosten das kostentheoretische Pendant der in Schaubild 3.11 dargestellten Durchschnittsproduktfunktion DP.

Nachdem die variablen Durchschnittskosten erläutert worden sind, kann man nun auf die totalen Durchschnittskosten DK eingehen. Man erhält die

---

[51] Aus Gründen, die erst im folgenden Unterabschnitt (5) (b) erläutert werden können, wird das Minimum der variablen Durchschnittskosten auch als Betriebsminimum (B.M.) bezeichnet.

[52] Die Gerade AQ ist sowohl Fahrstrahl als auch Tangente an die Gesamtkostenfunktion in Q.

totalen Durchschnittskosten DK, in dem man die Gesamtkosten K durch die erzeugte Gützermenge x dividiert, so daß man die Definitionsgleichung

$$DK = \frac{K}{x} \qquad (15)$$

erhält. Geometrisch lassen sich die totalen Durchschnittskosten bei gegebener Erzeugungsmenge (z. B. OB in Schaubild 3.15) durch den Tangens des Winkels ß darstellen, den der Fahrstrahl OC mit der positiven Abszissenrichtung bildet. Zur Vereinfachung der Ausdrucksweise ist es üblich, die totalen Durchschnittskosten als „Durchschnittskosten" zu bezeichnen. Wenn im folgenden der Begriff Durchschnittskosten ohne Zusatz benutzt wird, dann sind immer die totalen Durchschnittskosten gemeint.

Ausgehend von der obigen Definitionsgleichung (15) kann man für jeden Punkt der in Schaubild 3.15 dargestellten Gesamtkostenfunktion die Durchschnittskosten ermitteln, wobei analog vorgegangen wird wie bei der Ableitung der variablen Durchschnittskosten. Wie man sich anhand des obigen Schaubildes klarmachen kann, nehmen die Durchschnittskosten ab, solange für den jeweils betrachteten Punkt der Gesamtkostenfunktion das Steigungsmaß des Fahrstrahls größer ist als das der Tangente. Dieses gilt offensichtlich für alle links von R liegenden Punkte der Gesamtkostenfunktion, für die deshalb auch die Kurve der Durchschnittskosten oberhalb der Grenzkostenkurve verlaufen muß. Die Durchschnittskosten steigen, sobald für den jeweils betrachteten Punkt der Gesamtkostenfunktion das Steigungsmaß des Fahrstrahls kleiner ist als die Tangente, wie es für alle rechts von R liegenden Punkte der Gesamtkostenfunktion zutrifft. Für diesen Bereich der Gesamtkostenfunktion verläuft deshalb die Kurve der Durchschnittskosten unterhalb der Grenzkostenkurve. – Offensichtlich entspricht dem Punkt R der Gesamtkostenfunktion das Minimum R' der Durchschnittskostenfunktion welches als Betriebsoptimum (B.O.) bezeichnet wird. Da im Punkt R der Gesamtkostenfunktion das Steigungsmaß des Fahrstrahls mit dem der Tangente übereinstimmt,[53] also die Durchschnittskosten gleich den Grenzkosten sind, wird die Durchschnittskostenkurve in ihrem Minimum von der Grenzkostenkurve geschnitten.

Während die Funktion der variablen Durchschnittskosten das kostentheoretische Pendant der Durchschnittsproduktfunktion ist, gibt es für die totalen Durchschnittskosten in der Ertragstheorie keine Entsprechung. Dies leuchtet unmittelbar ein, wenn man sich klarmacht, daß sich die totalen Durchschnittskosten von den variablen Durchschnittskosten durch die Berücksichtigung der fixen Kosten unterscheiden. Mithin müßte sich das ertragstheoretische Pendant der totalen Durchschnittskosten durch die Berücksichtigung „fixer Erträge" von der in Schaubild 3.11 dargestellten

---

[53] Die Gerade OR ist sowohl Fahrstrahl als auch Tangente an die Gesamtkostenfunktion in R.

schnittsertragsfunktion DP unterscheiden. Offensichtlich ist aber das Konzept „fixer Erträge", die unabhängig vom Faktoreinsatz anfallen, nicht sinnvoll. Folglich gibt es keine den totalen Durchschnittskosten entsprechende Ertragsfunktion.

(5) Nachdem außer der Erlössituation auch die Kostensituation der Unternehmung dargestellt worden ist, kann man nun auf die im obigen Unterabschnitt (1) abgeleitete Bedingung (1)

GE = GK

für das gewinnmaximale Güterangebot zurückgreifen und angeben, welche Gütermenge die betrachtete Unternehmung in einer gegebenen Erlös- und Kostensituation anbietet. Dabei ist es zweckmäßig, von der Marktform der vollständigen Konkurrenz auszugehen, für die das Angebotsverhalten in den folgenden Unterabschnitten (a)–(c) dargestellt wird. Das Angebot des Monopolisten ist der Gegenstand des anschließenden Unterabschnittes (d). Im abschließenden Unterabschnitt (e) wird das Angebotsverhalten des Anbieters in vollständiger Konkurrenz mit dem des Monopolisten verglichen. Zugleich werden wirtschaftspolitische Folgerungen diskutiert.

(a) Befindet sich der betrachtete Anbieter in der Marktform der vollständigen Konkurrenz, dann gilt für ihn die Bedingung (1) für das gewinnmaximale Güterangebot in der speziellen Formulierung (3):

p = GK

Auf der Grundlage dieser Bedingung läßt sich das gewinnmaximale Güterangebot anhand des nachfolgenden Schaubildes 3.16 ableiten, in das die Grenz- und die Durchschnittskostenfunktion der Unternehmung eingezeichnet worden ist. Unterstellt man, daß p_1 der Marktpreis des von der Unternehmung erzeugten Gutes ist und daß die im Abstand Op_1 gezogene Parallele zur Abszisse die Grenzkostenkurve in B schneidet, dann ist offensichtlich in diesem Schnittpunkt die Gleichgewichtsbedingung (3) erfüllt, nach der die Unternehmung ihr Gewinnmaximum realisiert, wenn sie jene Gütermenge anbietet, bei deren Erzeugung ihre Grenzkosten gleich dem Güterpreis sind. Im Beispiel des Schaubildes wird mithin die Unternehmung bei gewinnmaximierendem Angebotsverhalten jene Gütermenge anbieten, die dem Abszissenwert des Punktes B entspricht (=Ox_1).

Für diese Angebotsmenge kann man unmittelbar den von der Unternehmung erzielten Gewinn ermitteln. Dabei geht man vom Stückgewinn aus, den man erhält, wenn man vom Stückpreis (= Op_1 = x_1B) die Stückkosten (= DK = x_1A) subtrahiert. Im Beispiel des Schaubildes beträgt also der Stückgewinn AB. Durch Multiplikation des Stückgewinns AB mit der angebotenen Gütermenge Ox_1 = CA erhält man den Gesamtgewinn, der im Schaubild 3.16 durch das schraffierte Rechteck $CABp_1$ dargestellt worden ist.

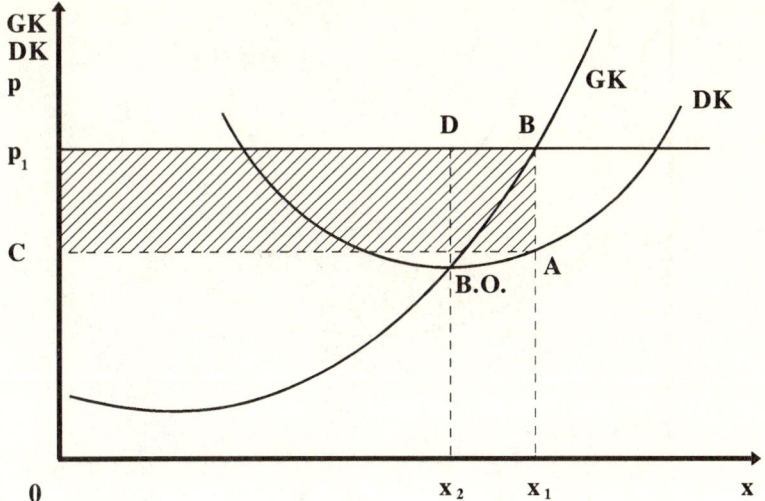

Schaubild 3.16: Die Ableitung des gewinnmaximalen Güterangebots bei konstantem Güterpreis

Wie sich dem Schaubild 3.16 unmittelbar entnehmen läßt, geht die Maximierung des Gesamtgewinns keineswegs einher mit einer Maximierung des Stückgewinns. Würde z. B. die Unternehmung ihre Produktion von Ox_1 auf Ox_2 einschränken und im Betriebsoptimum (Minimum der Durchschnittskostenkurve) produzieren, dann würde ihr Stückgewinn von AB auf B.O.D steigen. Nach Multiplikation dieses vergrößerten Stückgewinns mit der kleiner gewordenen Angebotsmenge ergäbe sich jedoch ein gegenüber der Ausgangssituation verkleinerter Gesamtgewinn der Unternehmung. Zugleich ist der Preis größer als die Grenzkosten, so daß die Unternehmung durch Ausdehnung ihres Angebots ihren Gesamtgewinn steigern kann, wenngleich dabei der Stückgewinn sinkt.

(b) Wie sich leicht zeigen läßt, kann man unter Zuhilfenahme der Grenzkostenkurve in der für p_1 erläuterten Weise auch für jeden von p_1 verschiedenen Güterpreis das Angebot der Unternehmung ableiten. Dabei zeigt sich, daß die Unternehmung bei gesunkenem (gestiegenem) Preis auch ihr Güterangebot vermindert (steigert). Dieses Angebotsverhalten führt allerdings nicht immer zum Gewinnmaximum, sondern kann auch die Realisierung eines Verlustminimums bedeuten, was anhand des nachfolgenden Schaubildes 3.17 erläutert werden soll.

Positive Stück- und Gesamtgewinne erzielt die Unternehmung immer dann, wenn der Preis des Gutes höher liegt als das Minimum der Durchschnittskostenkurve, wie es z. B. für p_1 zutrifft. Man sagt dann, daß die Unternehmung ein intramarginaler Anbieter ist (*Schumann* 1992, S. 236).

Entspricht jedoch der Preis – wie z. B. p_2 in Schaubild 3.17 – dem Minimum der Durchschnittskosten (B.O.), dann würde die Unternehmung bei einem

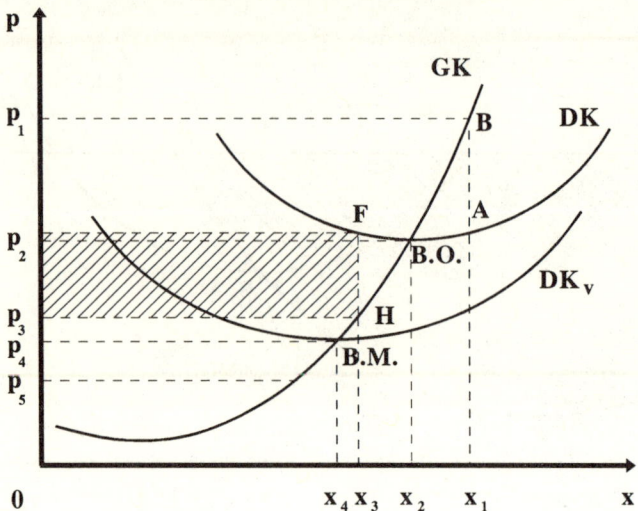

*Schaubild 3.17: Die Ableitung des gewinnmaximalen Güterangebots bei variierendem
Güterpreis*

der Gewinnmaximierungsregel (3) entsprechenden Angebotsverhalten die Gütermenge x_2 anbieten und mithin eine Situation realisieren, in welcher nicht nur die Grenzkosten, sondern auch die Durchschnittskosten mit dem Preis übereinstimmen. Der Stück- und mithin der Gesamtgewinn der Unternehmung ist dann null. Eine weder mit Gewinn noch mit Verlust arbeitende Unternehmung bezeichnet man als marginalen Anbieter oder als Grenzanbieter.

Negative Stück- und Gesamtgewinne erzielt die Unternehmung immer dann, wenn der Preis des Gutes niedriger liegt als das Minimum der Durchschnittskostenkurve. Man bezeichnet die Unternehmung dann als submarginalen Anbieter, wobei es allerdings zunächst fraglich erscheint, ob sie – angesichts der Verluste – überhaupt anbietet. Zur Beantwortung dieser Frage muß man sich klarmachen, daß die Unternehmung auf lange Sicht nur als Anbieter am Markt bleiben kann, wenn der Preis das Minimum ihrer Durchschnittskosten nicht unterschreitet, also nicht geringer als p_2 ist. Temporär kann es jedoch für die betrachtete Unternehmung zweckmäßig sein, als Anbieter so lange am Markt präsent zu bleiben, wie der Preis das Minimum ihrer variablen Durchschnittskosten nicht unterschreitet, also nicht geringer ist als p_4. Dies soll im folgenden genauer erläutert werden.

Zu diesem Zweck wird unterstellt, daß sich die submarginale Unternehmung einem Marktpreis gegenübersieht, der zwar niedriger als das Minimum ihrer Durchschnittskosten (B.O.) ist, jedoch das Minimum ihrer variablen Durchschnittskosten (B.M.) überschreitet (vgl. p_3 in Schaubild 3.17). Der Güterpreis deckt dann die variablen Kosten und einen Teil der fixen Kosten. Bei dem der Gewinnmaximierungsregel (3) entsprechenden Güterangebot x_3 liegen die Durchschnittskosten also über dem Preis, so daß die Unternehmung in Höhe dieser Differenz (HF in Schaubild 3.17) einen negativen Stückgewinn (= Stückverlust) verzeichnet, durch dessen Multiplikation mit der erzeugten Gütermenge x_3 man den Gesamtverlust erhält, der im Beispiel des obigen Schaubildes durch das schraffierte Rechteck mit den Seitenlängen p_3H und HF veranschaulicht worden ist.

Die Unternehmung wird trotz dieses Verlustes das abgeleitete Güterangebot erbringen, sofern sie den Preis p_3 für temporär hält und überzeugt ist, daß in allernächster Zukunft der Preis auf ein über p_2 liegendes Niveau steigt; denn die zwischenzeitliche Beibehaltung der Produktion wäre aus zwei Gründen vorteilhaft: Zum einen würden im Falle einer temporären Betriebsstillegung zwar die variablen, nicht aber die fixen Kosten vermieden. Es ist also vorteilhaft, weiterzuproduzieren, solange die Fixkosten durch den gegebenen Preis zumindest teilweise erstattet werden; denn in dieser Situation sind die Verluste im Falle einer Beibehaltung der Produktion geringer als bei einer Betriebsstillegung. Zum anderen würde die Unternehmung den Kontakt zu ihren Nachfragern behalten.

Dieser letztgenannte Aspekt läßt die Beibehaltung der Produktion sogar dann als die vorteilhaftere Alternative erscheinen, wenn der Preis dem Minimum der variablen Durchschnittskosten entspricht (vgl. p_4 in Schaubild 3.17). Bietet die Unternehmung in dieser Situation der Gewinnmaximierungsregel (3) entsprechend die Gütermenge x_4 an, dann werden ihr durch den Güterpreis zwar nur noch die variablen Kosten erstattet. Berücksichtigt man jedoch, daß die fixen Kosten unabhängig davon anfallen, ob die Unternehmung weiterhin anbietet oder temporär ihr Angebot einstellt, dann wird deutlich, daß die Produktion immer dann temporär beibehalten werden sollte, wenn der Preis das Minimum der variablen Durchschnittskosten (B.M.) nicht unterschreitet.

Sinkt jedoch der Preis unter das Minimum der variablen Durchschnittskosten (vgl. z.B. p_5 in Schaubild 3.17), dann würden der Unternehmung im Falle einer Beibehaltung des Angebots neben den fixen Kosten auch ein Teil der variablen Kosten nicht mehr durch den Preis erstattet. In dieser Situation sind die Verluste im Falle einer Betriebsstillegung kleiner als bei Aufrechterhaltung der Produktion. Die Unternehmung muß also ihr Angebot einstellen, sobald der Preis das Minimum ihrer variablen Durchschnittskosten unterschreitet, welches deshalb als Betriebsminimum (B.M.) bezeichnet worden ist.

(c) Mit diesen Erörterungen über die Gütermengen, die von der Unternehmung bei alternativen Preisen angeboten werden, ist die Güterangebotsfunktion

$$x = f(p) \qquad (16)$$

7*

beschrieben worden.[54] Die grafische Darstellung dieser Funktion ist implizit in Schaubild 3.17 enthalten, was man sich durch eine einfache Überlegung klarmachen kann:

Im Regelfalle kann die Unternehmung nur anbieten, wenn sie keine Verluste erleidet. Mithin ist der ansteigende Ast der Grenzkostenfunktion vom Betriebsoptimum beginnend als Angebotsfunktion der Unternehmung anzusehen. Temporär kann die Unternehmung jedoch auch als submarginaler Anbieter am Markt agieren, so daß dann der ansteigende Ast der Grenzkostenfunktion vom Betriebsminimum beginnend als Angebotsfunktion der Unternehmung anzusehen ist. – Die sich aus der Grenzkostenkurve ergebende individuelle Angebotskurve a der Unternehmung ist im nachfolgenden Schaubild 3.18 explizit dargestellt worden.

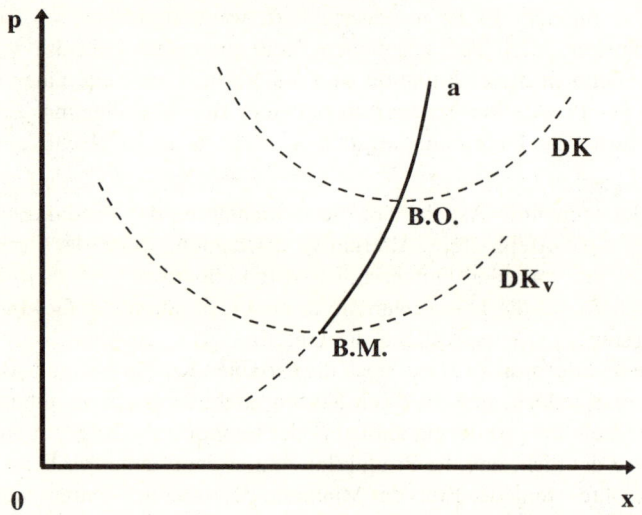

Schaubild 3.18: Die individuelle Angebotsfunktion der Unternehmung

(d) Nachdem bisher davon ausgegangen wurde, daß sich der betrachtete Anbieter in der Marktform der vollständigen Konkurrenz befindet, soll nunmehr unterstellt werden, daß er Monopolist ist. Da für den Monopolisten im Unterschied zum Konkurrenzanbieter die Gleichheit von Grenzerlös und Preis nicht gegeben ist,[55] gilt für ihn die Bedingung gewinnmaximalen Güterangebots ausschließlich in der allgemeinen Form (1)

$$GE = GK.$$

---

[54] Formal stimmt diese Funktion mit der Güternachfragefunktion (3) im obigen Abschnitt 3.2.1. überein. Sofern beide Funktionen im gleichen Modell vorkommen, kann es deshalb erforderlich sein, kenntlich zu machen, ob es sich bei der Größe x um eine nachgefragte oder um eine angebotene Gütermenge handelt.

[55] Vgl. dazu die Ausführungen im obigen Unterabschnitt (2).

Auf der Grundlage dieser Bedingung läßt sich das gewinnmaximale Güterangebot des Monopolisten anhand des nachfolgenden Schaubildes 3.19 ableiten, in das außer der Grenzkostenkurve auch die Preisabsatzfunktion N und die Grenzerlösfunktion GE eingezeichnet wurden, die bereits aus dem obigen Schaubild 3.8 bekannt sind (vgl. z.B. *Samuelson/Nordhaus* 1987, S. 134ff.; *Schumann* 1992, S. 285ff.). Der Gewinnmaximierungsbedingung (1) entsprechend wird der Monopolist offensichtlich den Schnittpunkt S zwischen Grenzerlös- und Grenzkostenkurve realisieren, in dem diese Gleichgewichtsbedingung erfüllt ist. Mithin wird der Monopolist die Gütermenge Ox_1 anbieten, für die sich unter Zuhilfenahme der Preisabsatzfunktion zeigen läßt, daß sie zum Preis Op_1 auf dem Gütermarkt abgesetzt werden kann.

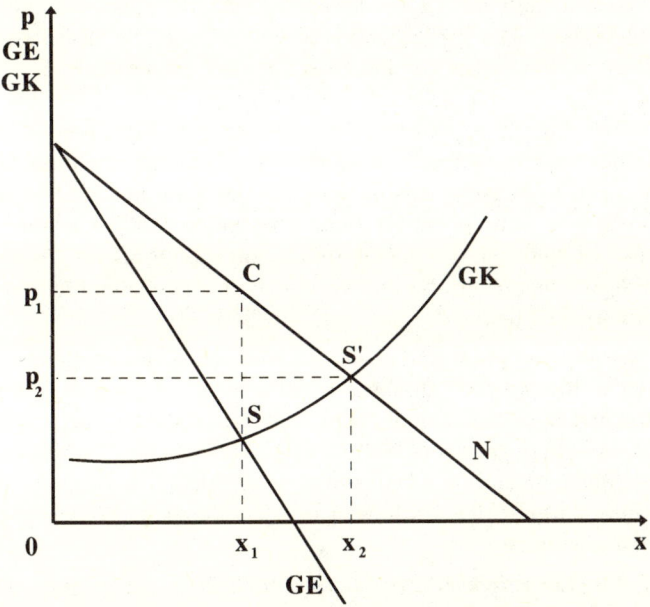

Schaubild 3.19: Das Angebotsverhalten des Monopolisten

Die Erklärung des Angebotsverhaltens eines Monopolisten geht auf *Cournot* zurück. Deshalb ist es üblich, den Punkt C auf der Preis-Absatz-Funktion, dessen Koordinaten die Angebotsmenge und den Angebotspreis des Monopolisten angeben, als *Cournot*schen Punkt oder als *Cournot*sches Marktgleichgewicht zu bezeichnen (vgl. z.B. *Siebke* 1990, S. 86ff. und *Linde* 1992, S. 163). Entsprechend wird für den Abszissenwert (Ordinatenwert) dieses Punktes nicht selten der Begriff *Cournot*sche Menge (*Cournot*scher Preis) benutzt.

(e) Nachdem das Angebotsverhalten sowohl für den Anbieter in vollständiger Konkurrenz als auch für den Monopolisten beschrieben worden ist, sollen nunmehr abschließend diese beiden Marktformen kurz miteinander verglichen werden. Dabei ist es zweckmäßig, auf das obige Schaubild 3.19 zurückzugreifen und zu fragen, welches Güterangebot zustande käme, wenn sich der Monopolist wie ein Anbieter in vollständiger Konkurrenz verhielte.

Ausgangspunkt ist die Überlegung, daß der Anbieter in vollständiger Konkurrenz der Gleichgewichtsbedingung (3) entsprechend jene Gütermenge anbietet, deren Grenzkosten gleich dem Güterpreis sind. Diese Situation ist im obigen Schaubild offensichtlich im Schnittpunkt S' zwischen Grenzkosten- und Preisabsatzfunktion realisiert. Wie sich den Koordinaten dieses Punktes entnehmen läßt, beträgt das Konkurrenzangebot Ox_2, und der Konkurrenzpreis beläuft sich auf Op_2.

Der Produzent bietet jedoch bei monopolistischem Verhalten der Gleichgewichtsbedingung (1) entsprechend jene Gütermenge an, deren Grenzkosten gleich dem Grenzerlös sind, was für den Schnittpunkt S zwischen Grenzkosten- und Grenzerlösfunktion zutrifft. Im Unterschied zum Angebot bei vollständiger Konkurrenz, für welches in S' Preis und Grenzerlös miteinander übereinstimmen,[56] liegt im Monopolfalle der Preis um SC über dem Grenzerlös. Wie man einem Vergleich der Koordinaten des *Cournot*schen Punktes C mit denen des Konkurrenzpunktes S' entnehmen kann, bietet der Monopolist eine kleinere Gütermenge an als der Anbieter in vollständiger Konkurrenz, für die er überdies einen höheren Preis erzielt als der Konkurrenzanbieter.

Diese Argumentation zeigt, daß aus der Sicht der Konsumenten (und mithin unter wohlstandstheoretischem Aspekt) die Marktform der vollständigen Konkurrenz dem Monopol vorzuziehen ist. Daraus ist oft geschlossen worden, daß durch geeignete wirtschaftspolitische (insbes. wettbewerbspolitische) Maßnahmen alle Monopole zerschlagen werden sollten, um auf allen Gütermärkten der Marktform der vollständigen Konkurrenz möglichst nahezukommen.

Diese Folgerung ist jedoch voreilig. Zwar ist sie immer dann gerechtfertigt, wenn die Kostensituation des jeweils betrachteten Anbieters in vollständiger Konkurrenz mit der des Monopolisten übereinstimmt, wovon in den bisherigen Überlegungen implizit ausgegangen wurde. In der ökonomischen Realität läßt sich jedoch in nicht wenigen Erzeugungsrichtungen beobachten, daß die Kostensituation eines (großen) Alleinanbieters günstiger ist als die eines (kleinen) Konkurrenzanbieters. Es ist dann möglich, daß die Politik der Monopolzerschlagung den Konsumenten schadet. Stattdessen sind sensible und differenzierte Maßnahmen der Wettbewerbspolitik angezeigt, auf die jedoch im Rahmen eines einführenden Lehrbuches nicht eingegangen werden kann.[57]

---

[56] Vgl. dazu auch die Ausführungen im obigen Unterabschnitt (2) (a).
[57] Vgl. dazu z. B. *Herdzina* 1991.

3.3.2. Das Nachfrageverhalten auf den Faktormärkten

Wenn man vom Güterangebot der Unternehmung abstrahiert und nur ihre Faktornachfrage betrachtet, kann man die Unternehmung als Faktornachfrager bezeichnen. Analog wird jenes Teilgebiet der Theorie der Unternehmung, durch welches die Faktornachfrage der Unternehmung erklärt wird, als Faktornachfragetheorie bezeichnet.

Im folgenden sollen die Grundzüge der Faktornachfragetheorie auf der Basis der im obigen Abschnitt 3.3.1. (3) erläuterten produktionstheoretischen Zusammenhänge dargestellt werden. Dabei wird die Theorie der Faktornachfrage dadurch vereinfacht, daß sich die Determinanten der Faktornachfrage für die verschiedenen Produktionsfaktoren in grundsätzlicher Hinsicht nicht voneinander unterscheiden. Deshalb soll in diesem Abschnitt die Theorie der Nachfrage nach einem Faktor v_1 entwickelt werden, wobei offenbleiben kann, ob es sich bei diesem Produktionsfaktor um Arbeit oder um Kapital handelt.

Bei der Erklärung der Faktornachfrage ist es zweckmäßig, ähnlich vorzugehen, wie bei der Beschreibung des Güterangebots der Unternehmung. Zunächst wird im folgenden Unterabschnitt (1) die Bedingung abgeleitet, unter der die Faktornachfrage gewinnmaximierend ist. Auf der Grundlage dieser Ausführungen ist es anschließend möglich, die gewinnmaximale Nachfragemenge abzuleiten. Dabei wird im Unterabschnitt (2) davon ausgegangen, daß sich die Unternehmung auf den für sie relevanten Märkten in vollständiger Konkurrenz befindet. Im abschließenden Unterabschnitt (3) wird die Marktform des Monopols in die Betrachtung einbezogen.[58]

(1) Bei der Formulierung der Bedingung gewinnmaximaler Faktornachfrage geht man von der Überlegung aus, daß die Nachfrage nach den produktiven Leistungen eines Faktors v_1, die der Unternehmer tätigt, keine originäre, sondern eine derivative (abgeleitete) Nachfrage ist. Sie leitet sich nämlich aus der Nachfrage her, welche die Haushalte nach den Erzeugnissen der Unternehmung entfalten, die diese mit den zu erwerbenden Produktionsfaktoren herstellen will. Der Unternehmer wird also nur dann und in dem Maße den Faktor v_1 nachfragen, wie er durch den Verkauf der damit erzeugten zusätzlichen Produkte eine Mehrung seines Gewinnes erzielen kann, d. h. er wird zusätzliche Faktormengen nur nachfragen, wenn der dadurch bedingte Ausgabenzuwachs zurückbleibt hinter dem Erlöszuwachs, den er nach Verwendung des Produktionsfaktors im Produktionsprozeß und Verkauf des dadurch zusätzlich erzielten Produktionsertrages zu erzielen hofft. Dies soll nun genauer erläutert werden.

(a) Der Ausgabenzuwachs, der dem Unternehmer durch Erwerb einer zusätzlichen Faktoreinheit entsteht, wird als Grenzausgabe bezeichnet. Sie ist

---

[58] Vgl. zum folgenden *Zarnowitz* 1951, S. 102 ff. und darauf aufbauend insbes. *Rose*, 1965, S. 13 ff. Daneben vgl. z. B. auch *Blümle* 1975, S. 109 ff.; *Schmitt-Rink* 1971, S. 17 ff.

definiert als derjenige Kostenzuwachs, der durch den Mehreinsatz einer zusätzlichen Faktoreinheit bedingt ist. Mithin sind die Grenzausgaben leicht von den Grenzkosten zu unterscheiden, die als derjenige Kostenzuwachs definiert worden sind, der durch die Produktion einer zusätzlichen Gütereinheit entsteht. Im Falle der Grenzausgaben ist also die Faktoreinheit die Bezugsbasis, während im Falle der Grenzkosten die Produkteinheit als Bezugsbasis angesehen wurde.

Entsprechend wird der Zuwachs des Gesamterlöses, den der Unternehmer nach Verwendung des Produktionsfaktors im Produktionsprozeß und Verkauf des dadurch zusätzlich erzielten Produktionsertrages erzielt, als Grenzerlösprodukt bezeichnet. Dabei geht man von der Überlegung aus, daß der Erlöszuwachs von mehreren Determinanten abhängt.

Zum einen setzt die Realisierung des Erlöszuwachses voraus, daß die zusätzliche Faktoreinheit in den Produktionsprozeß eingesetzt wird und dort zu einer Vermehrung des Gesamtproduktes führt. Diese durch Mehreinsatz einer Faktoreinheit möglichen Gesamtproduktzuwächse sind im obigen Schaubild 3.11 durch die Grenzproduktkurve GP dargestellt worden.

Zum anderen setzt die Realisierung des Erlöszuwachses voraus, daß der Unternehmer das (naturale) Grenzprodukt der zusätzlichen Faktoreinheit auf dem Gütermarkt verkauft, so daß ihm ein (monetärer) Erlöszuwachs zufließt. Zur Ermittlung dieses Erlöszuwachses ist es erforderlich, das Grenzprodukt des Faktors v_1 mit dem Grenzerlös GE aus dem Verkauf des Gutes x zu multiplizieren. Man erhält dann das Grenzerlösprodukt

$$GEP = GP \cdot GE, \tag{1}$$

welches im nachfolgenden Schaubild 3.20 durch die GEP-Kurve dargestellt worden ist.

Offensichtlich kann man nicht nur das Grenzprodukt, sondern auch das Durchschnittsprodukt in Geldeinheiten ausdrücken. Zu diesem Zweck ist es erforderlich, das Durchschnittsprodukt des Faktors v_1 mit dem Grenzerlös aus dem Verkauf des Gutes x zu multiplizieren. Man erhält dann das Durchschnittserlösprodukt

$$DEP = DP \cdot GE. \tag{2}$$

Wie im Schaubild 3.20 veranschaulicht worden ist, wird die DEP-Kurve in ihrem Maximum von der GEP-Kurve geschnitten.

Nachdem der Begriff Grenzerlösprodukt genauer erläutert worden ist, wird deutlich, daß er sich leicht vom Begriff Grenzerlös unterscheiden läßt: Das Grenzerlösprodukt ist der Erlöszuwachs, der durch Verkauf des Grenzprodukts einer zusätzlichen Faktoreinheit entsteht. Hingegen ist der Grenzerlös der Erlöszuwachs, der durch Verkauf einer zusätzlichen Gütereinheit entsteht. Während also im Falle des Grenzerlösproduktes die Faktoreinheit die Bezugsbasis ist, war im Falle des Grenzerlöses die Gütereinheit die Bezugsbasis.

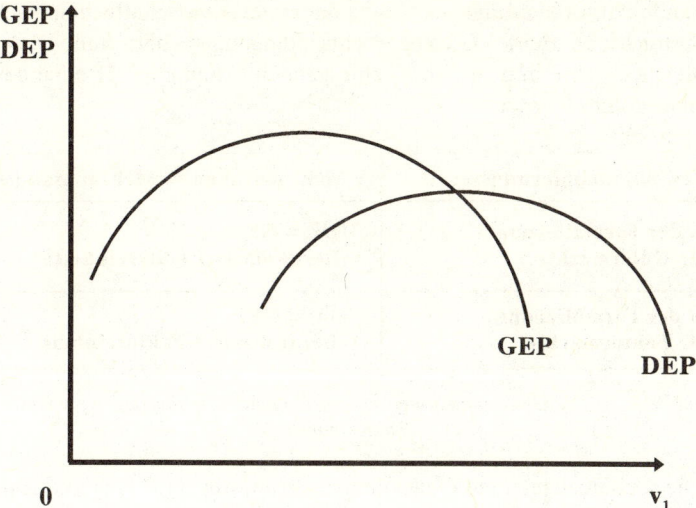

Schaubild 3.20: Die Grenzerlösprodukt- und die Durchschnittserlösproduktkurve

(b) Unter Zuhilfenahme der beiden soeben erläuterten Begriffe Grenzausgabe und Grenzerlösprodukt kann man nun die Gewinnmaximierungsregel, nach der sich die Unternehmung bei den Entscheidungen über ihre Nachfrageaktivitäten auf dem Faktormarkt (Bezugsmarkt) richtet, genauer als bisher formulieren (vgl. *Rose* 1965, S. 17, *Neumann* 1991, S. 80ff.). Bei der Entscheidung der Frage, ob von dem betrachteten Produktionsfaktor die bisherige oder eine veränderte Menge nachgefragt werden soll, muß der Unternehmer das durch Mehreinsatz einer Einheit dieses Faktors zu erzielende Grenzerlösprodukt vergleichen mit der durch den Einsatz der zusätzlichen Faktoreinheit bedingten Grenzausgabe.

Offensichtlich steigt der Gewinn, solange das Grenzerlösprodukt größer ist als die Grenzausgabe. Mithin ist es in dieser Situation sinnvoll, größere Mengen dieses Faktors in den Produktionsprozeß einzusetzen, d.h. die Nachfrage nach diesem Faktor auf dem Faktormarkt auszudehnen. Im umgekehrten Falle, in dem das Grenzerlösprodukt kleiner ist als die Grenzausgabe, ist es für die Unternehmung zweckmäßig, die Nachfrage nach diesem Produktionsfaktor einzuschränken. Daraus ergibt sich unmittelbar, daß die Unternehmung die Faktornachfrage so lange vaiiert, bis das Grenzerlösprodukt gleich der Grenzausgabe ist. Mithin lautet die Gewinnmaximierungsregel für Faktormärkte:

$$GEP \ (= GP \cdot GE) = GA \qquad\qquad (3)$$

Diese Bedingung für gewinnmaximierende Faktornachfrage entspricht der im obigen Abschnitt 3.3.1. abgeleiteten Bedingung (1) für gewinnmaximierendes Güterangebot, die als Gesetz des erwerbswirtschaftlichen Angebots bezeichnet worden ist. Analog kann man die Bedingung für gewinnmaximierende Faktornachfrage als Gesetz der erwerbswirtschaftlichen Nachfrage betrachten. Beide Gleichgewichtsbedingungen betreffen Dispositionsgleichgewichte und sind im nachfolgenden Schaubild 3.21 einander gegenübergestellt worden.

Gewinnmaximierungsregel	Mehrausgaben = Mehreinnahmen
in der Formulierung für Gütermärkte	GK = GE (Bezugsbasis 1 Gütereinheit)
in der Formulierung für Faktormärkte	GA = GEP (Bezugsbasis 1 Faktoreinheit)

Schaubild 3.21: Die Gewinnmaximierungsregel in den Formulierungen für Güter- und Faktormärkte

(c) Die soeben abgeleitete Gewinnmaximierungsregel (3) für Faktormärkte gilt unabhängig von der Marktform, in der sich die Unternehmung auf ihrem Absatzmarkt einerseits und auf ihrem Bezugsmarkt andererseits befindet. Allerdings läßt sie sich sowohl für den Fall vollständiger Konkurrenz auf dem Absatzmarkt als auch für den Fall vollständiger Konkurrenz auf dem Bezugsmarkt spezifizieren. Dabei sind drei Fälle denkbar (*Rose* 1965, S. 18 ff.; *Neumann* 1991, S. 83).

Erstens ist es möglich, daß nur auf dem Absatzmarkt vollständige Konkurrenz herrscht, während die Unternehmung auf dem Bezugsmarkt als Monopsonist agiert. Dann ist der Grenzerlös gleich dem Preis, was im obigen Abschnitt 3.3.1. durch die Beziehung (2)

$$GE = p$$

ausgedrückt worden ist. In der obigen Gleichung (3) des vorliegenden Abschnitts ist dann der Grenzerlös durch den Güterpreis zu ersetzen, dessen Multiplikation mit dem Grenzprodukt eine Größe ergibt, die als Grenzwertprodukt GWP bezeichnet wird.[59] Die obige Gleichgewichtsbedingung (3) wird dann zu

$$GWP = (GP \cdot p) = GA. \tag{4}$$

Zweitens soll von der umgekehrten Marktformkombination ausgegangen werden, so daß die betrachtete Unternehmung auf dem Absatzmarkt als Monopolist und auf dem Bezugsmarkt in vollständiger Konkurrenz agiert. Eine solche Situation liegt z. B. vor, wenn der einzige Anbieter eines Gutes (z. B. Blumen) mit den Anbietern anderer Güter (z. B. Fleischwaren, Back-

---

[59] Diesen Begriff kann man sich leicht merken, wenn man berücksichtigt, daß in der klassischen Nationalökonomie für den Begriff „Preis" der Ausdruck „Wert" verwendet wurde.

waren, Textilien, u. a.) um Arbeitskräfte konkurriert. So wie für den Güteranbieter in vollständiger Konkurrenz der Güterpreis unabhängig vom Güterangebot des einzelnen Anbieters ist, aus analogen Gründen ist für den Faktornachfrager in vollständiger Konkurrenz der Faktorpreis unabhängig von der Nachfrage des einzelnen Unternehmers. Wie auch immer der Faktornachfrager seine Nachfrage ändert, immer wird er eine zusätzliche Faktoreinheit zum gleichen Preis wie die vorhergehenden Einheiten erhalten, d. h. seine Grenzausgabe ist gleich dem Faktorpreis q. Mithin lautet die Gewinnmaximierungsregel für Bezugsmärkte im Falle eines Monopols auf dem Absatzmarkt und vollständiger Konkurrenz auf dem Bezugsmarkt

$$GEP = q. \tag{5}$$

Schließlich soll drittens unterstellt werden, daß sich die betrachtete Unternehmung sowohl auf dem Absatzmarkt als auch auf dem Bezugsmarkt in vollständiger Konkurrenz befindet. Unter dieser Voraussetzung lautet die Gewinnmaximierungsregel für Bezugsmärkte offensichtlich

$$GWP = q. \tag{6}$$

Sie ist zusammen mit den drei vorher erläuterten Gewinnmaximierungsregeln für Bezugsmärkte im nachfolgenden Schaubild 3.22 aufgeführt worden.

Güter- markt Faktor- markt	Monopol	vollständige Konkurrenz
Monopson	GEP = GA	GWP = GA
vollständige Konkurrenz	GEP = q	GWP = q

Quelle: *Neumann* 1991, S. 83 (modifiziert)

Schaubild 3.22: Die Gewinnmaximierungsregel für Faktormärkte bei verschiedenen Marktformenkombinationen

(2) Nachdem die Gewinnmaximierungsregeln für Faktormärkte abgeleitet worden sind, kann man nunmehr für jede Marktformenkombination die Faktornachfrage der Unternehmung bestimmen. Dabei soll zunächst unterstellt werden, daß sich die Unternehmung sowohl auf ihrem Güter- als auch

auf ihrem Faktormarkt in vollständiger Konkurrenz befindet, mithin die Gewinnmaximierungsregel in der Form (6)

GWP = q

gilt.

Bei der Ableitung der Faktornachfrage soll vom nachfolgenden Schaubild 3.23 ausgegangen werden, in welches die Grenz- und die Durchschnittswertproduktkurve eingezeichnet worden sind (vgl. *Rose* 1965, S. 18ff.). Man erhält sie durch Multiplikation der im obigen Schaubild 3.11 dargestellten Grenz- und Durchschnittsproduktkurven mit dem Güterpreis. Im Beispiel des nachfolgenden Schaubildes sei q_1' der Faktorpreis, zu welchem die Unternehmung jede beliebige Menge des Faktors v_1 am Faktormarkt erwerben kann. Offensichtlich wird die Unternehmung gemäß der Gewinnmaximierungsbedingung (6) die Faktormenge v_1' nachfragen: Diese entspricht dem Abszissenwert des Punktes A, in dem die Grenzwertproduktkurve von der im Abstand q_1' gezogenen Parallelen zur Abszisse geschnitten wird, so daß die Bedingung (6) erfüllt ist.

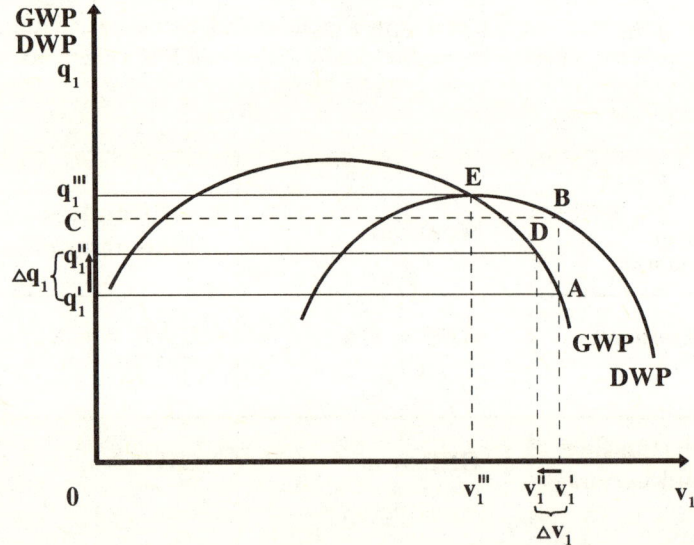

Schaubild 3.23: Die Faktornachfrage bei vollständiger Konkurrenz auf Faktor- und Gütermarkt

Setzt der Unternehmer die Faktormenge v_1' zur Güterproduktion ein, dann erzielt er durch Verkauf seines Erzeugnisses am Markt einen Gesamterlös, der gleich dem Produkt aus dieser Faktormenge und deren Durchschnittswertprodukt $v_1'B$ ist. Im Beispiel des obigen Schaubildes wird dieser Gesamterlös durch das Rechteck $Ov_1'BC$ veranschaulicht. Davon erhält der Anbieter des (variablen) Faktors v_1 einen Anteil, der gleich dem Produkt aus eingesetzter Faktormenge und Faktorpreis ist, also dem Inhalt des Rechtecks $Ov_1'Aq_1'$ entspricht. Mithin verbleibt dem Produzenten der durch das Rechteck $q_1'ABC$ beschriebene Erlösanteil. Daraus muß zunächst die eingesetzte Menge des fixen Produktionsfaktors (v_2) bezahlen. Der dann evtl. noch verbleibende Erlösrest ist der Unternehmensgewinn. Es liegt auf der Hand, daß dieser auch null oder negativ sein kann.

Wie man sich anhand des Schaubildes 3.23 klarmachen kann, variiert die nachgefragte (gewinnmaximale) Faktormenge mit jeder Faktorpreisänderung. Steigt z.B. der Preis des variablen Faktors um Δq_1 auf q_1'', dann läßt sich der Abszisse des Punktes D entnehmen, daß die nachgefragte Menge um Δv_1 auf v_1'' zurückgeht.

Aus diesen Überlegungen ist zu schließen, daß der Grenzwertproduktkurve für die Bestimmung der unternehmerischen Faktornachfrage die gleiche Bedeutung zukommt wie der Grenzkostenkurve für die Bestimmung des unternehmerischen Güterangebots: Offensichtlich ist der im Schnittpunkt E zwischen Grenz- und Durchschnittswertproduktkurve beginnende Teil des fallenden Astes der Grenzwertproduktkurve die Faktornachfragefunktion der Unternehmung, was sich durch einige einfache Überlegungen erläutern läßt.

Beträgt der Preis des betrachteten Produktionsfaktors q_1''', so daß der Abszisse des Punktes E entsprechend v_1''' die nachgefragte Faktormenge ist, dann muß das Rechteck $v_1'''Eq_1'''O$ sowohl den Gesamterlös der Unternehmung repräsentieren als auch jenen Betrag, den der Unternehmer für den variablen Faktor zahlen müßte. Zur Bezahlung des fixen Faktors und für Gewinne blieben keine Erlösanteile übrig. Steigt der Preis des Faktors v_1 über q_1''', dann ist der Gesamterlös des Unternehmers geringer als seine Zahlungen an den variablen Faktor. Der Unternehmer würde dann seine Produktion und mithin seine Faktornachfrage einstellen.

(3) Nachdem die Faktornachfrage für den Fall vollständiger Konkurrenz auf Güter- und Faktormarkt abgeleitet worden ist, soll sie nun für die drei anderen Marktformenkombinationen bestimmt werden, die im obigen Unterabschnitt (1) erläutert worden sind (*Rose* 1965, S. 28ff.).

(a) Zunächst soll davon ausgegangen werden, daß die betrachtete Unternehmung auf dem Gütermarkt als Monopolist agiert, während sie sich auf dem Faktormarkt in vollständiger Konkurrenz befindet. Bei der Ableitung der Faktornachfrage ist dann die Gewinnmaximierungsregel für Faktormärkte in der Form (5)

$$GEP = q$$

anzuwenden. Die relevanten Zusammenhänge kann man sich anhand von Schaubild 3.24 klarmachen, welches neben der Grenzwertproduktkurve GWP die Grenzerlösproduktkurve GEP enthält. Man gewinnt sie durch Multiplikation der im obigen Schaubild 3.11 dargestellten Grenzproduktkurve mit dem Grenzerlös. Da im Monopolfall der Grenzerlös kleiner ist als der Preis, muß die Grenzerlösproduktkurve unterhalb der Grenzwertproduktkurve verlaufen.

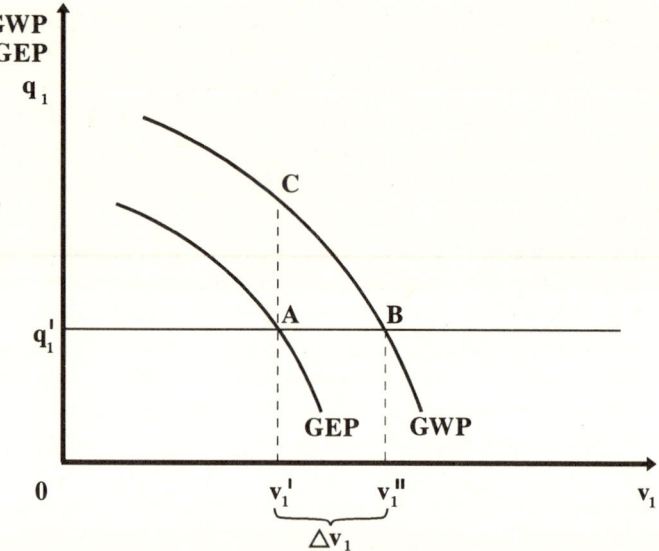

Schaubild 3.24: Die Faktornachfrage bei vollständiger Konkurrenz auf dem Faktormarkt und Monopol auf dem Gütermarkt

Muß die Unternehmung für den Faktor v_1 den Preis q_1' zahlen, dann ist offensichtlich die relevante Gewinnmaximierungsregel (5) im Schnittpunkt A zwischen der Parallelen zur Abszisse im Abstand q_1' und der GEP-Kurve erfüllt. Mithin fragt die Unternehmung die Faktormenge v_1' nach, die dem Abszissenwert dieses Schnittpunktes entspricht.

Vergleicht man dieses Dispositionsgleichgewicht mit jenem, welches sich bei vollständiger Konkurrenz auf Faktor- und Gütermarkt ergeben hätte, dann fällt zweierlei auf: Zum einen würde die Unternehmung der Gewinnmaximierungsregel (6) entsprechend eine Faktormenge nachfragen, die durch den Abszissenwert des Punktes B bestimmt ist, d. h. die Faktornachfrage beträgt dann v_1'' und liegt im Falle eines Monopols auf dem Gütermarkt um Δv_1 unter dieser Größe. Zum anderen werden die Produktionsfaktoren im Monopolfalle – anders als bei vollständiger Konkurrenz – nicht mehr mit ihrem Grenzwertprodukt, sondern mit ihrem um CA niedrigeren Grenzerlösprodukt entlohnt. In der Vergangenheit ist diese Differenz gelegentlich als monopolistische Ausbeutung bezeichnet worden.[60]

---

[60] Vgl. *Zarnowitz* 1951, S. 108 und die dort angegebene Literatur. In der Gegenwart hat sich jedoch die Ansicht durchgesetzt, daß in wissenschaftlichen Erörterungen die Verwendung emotional besetzter Begriffe unzweckmäßig ist.

(b) Die Annahmen des vorhergehenden Unterabschnitts werden nunmehr umgekehrt: Es wird unterstellt, daß der Unternehmer auf dem Faktormarkt einziger Nachfrager (Monopsonist) ist und auf dem Gütermarkt als einer von vielen Anbietern agiert, die sich in vollständiger Konkurrenz befinden. Die Gewinnmaximierungsregel für Faktormärkte ist dann in der Form (4)

$$GWP = GA$$

relevant. Aufgrund dieser Formel kann man die Faktornachfrage anhand des nachfolgenden Schaubildes 3.25 bestimmen, welches neben der GWP-Kurve auch die Faktorpreiskurve q_1 und die Grenzausgabenkurve GA enthält, deren Verläufe kurz erläutert werden müssen. Dabei sind ähnliche Argumentationen anzuführen, wie bei der Erklärung von Preisabsatz- und Grenzerlösfunktion anhand von Schaubild 3.19.

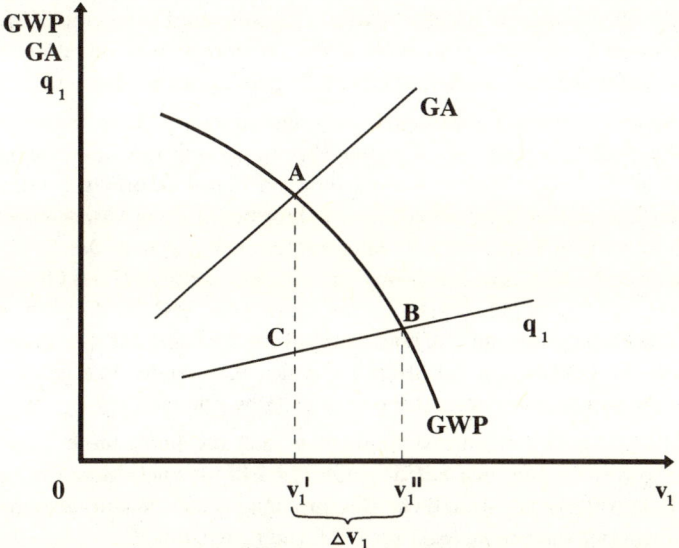

Schaubild 3.25: Die Faktornachfrage bei Monopson auf dem Faktormarkt und vollständiger Konkurrenz auf dem Gütermarkt

Der in Schaubild 3.25 dargestellte Verlauf der q_1-Kurve, die man in Analogie zur Preisabsatzfunktion als Faktorpreisbezugsfunktion bezeichnen kann,[61] folgt unmittelbar aus der Annahme, daß der Unternehmer auf dem Faktormarkt als Monopsonist auftritt. In dieser Situation ist seine Faktor-

---

[61] Aus der Sicht der Faktoranbieter ist dies die Marktangebotsfunktion für den betrachteten Produktionsfaktor. Befände sich die Unternehmung auf diesem Faktormarkt in der Marktform der vollständigen Konkurrenz, dann würde die Faktorpreisbezugsfunktion durch die Parallele zur Abszisse dargestellt, welche die Ordinate beim jeweils relevanten Marktpreis (z. B. q_1' in den Schaubildern 3.23 und 3.24) schneidet.

nachfrage zugleich die volkswirtschaftliche Gesamtnachfrage nach dem betrachteten Produktionsfaktor. Zusätzliche Faktormengen kann er dann nur zu steigenden Faktorpreisen bekommen. Dies wird im obigen Schaubild durch den von links nach rechts ansteigenden Verlauf der Faktorpreisbezugsfunktion dargestellt.

Aufgrund dieser Überlegungen kann man sich auch den Verlauf der Grenzausgabenfunktion klarmachen. Geht man davon aus, daß der Monopsonist bei Ausdehnung der Faktornachfrage Faktorpreissteigerungen hinnehmen muß, dann impliziert dies, daß die Grenzausgabe höher ist als der Faktorpreis. Dies ist darauf zurückzuführen, daß durch die Ausdehnung der monopsonistischen Faktornachfrage nicht nur der Preis der letzten Faktoreinheit steigt, sondern – aufgrund der Homogenität der Produktionsfaktoren – auch der Preis aller anderen Faktoreinheiten. Die Grenzausgabe ist also gleich dem Preis der zusätzlich eingesetzten Faktoreinheit plus der Preiserhöhung aller anderen bereits vorher eingesetzten Faktoreinheiten. Die Grenzausgabe ist also größer als der Faktorpreis, was im Verlauf der Grenzausgabenkurve des Schaubildes 3.25 zum Ausdruck kommt.

Offensichtlich ist die Gewinnmaximierungsbedingung (4) im Punkt A des Schaubildes 3.25 erfüllt, so daß die Unternehmung die Faktormenge v_1 nachfragt. Bei vollständiger Konkurrenz auf dem Faktormarkt würde die von der Unternehmung nachgefragte Faktormenge dem Abszissenwert v_1'' des Punktes B in Schaubild 3.25 entsprechen; d. h. sie wäre um Δv_1 größer als die monopsonistische Nachfrage v_1'. Zugleich wäre in B das Grenzwertprodukt gleich dem Faktorpreis gewesen, während in A das Grenzwertprodukt den Faktorpreis um CA überschreitet. In Analogie zur sog. monopolistischen Ausbeutung ist die Strecke CA des Schaubildes 3.25 gelegentlich als monopsonistische Ausbeutung bezeichnet worden.[62]

(c) Abschließend soll unterstellt werden, daß die betrachtete Unternehmung sowohl Monopolist auf dem Gütermarkt als auch Monopsonist auf dem Faktormarkt ist, so daß zur Beschreibung seines Nachfrageverhaltens die Gewinnmaximierungsregel für Faktormärkte in der Form (3)

GEP = GA

heranzuziehen ist. Offensichtlich ist diese Bedingung im Punkt A des nachfolgenden Schaubildes 3.26 erfüllt, so daß die Unternehmung die Faktormenge v_1' nachfragt. Dabei ist das Grenzwertprodukt um BC größer als der Faktorpreis q_1. Der Teil AB dieser Differenz repräsentiert die sog. monopolistische Ausbeutung, während der Teil AC die monopsonistische Ausbeutung darstellt.

---

[62] Vgl. dazu den obigen Unterabschnitt (a) sowie *Zarnowitz* 1951, S. 120 ff.

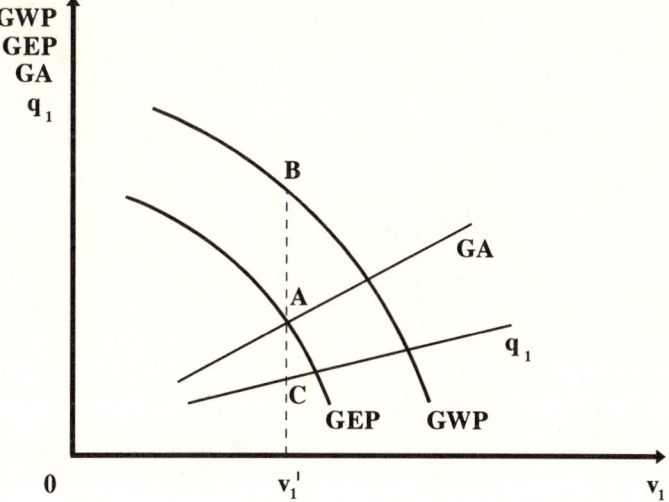

Schaubild 3.26: Die Faktornachfrage bei Monopson auf dem Faktormarkt und Monopol auf dem Gütermarkt

Literatur zum 3. Teil

Über die einzelwirtschaftliche Betrachtung des ökonomischen Geschehens informieren die verschiedenen Lehrbücher zur Mikroökonomie. Gut verständlich ist vor allem *Schumann* 1992, sodann aber auch *Hoyer/Rettig* 1984, *Linde* 1992, *Helmstädter* 1991, *Herdzina* 1993, *Neumann* 1991, *Stobbe* 1991, *Weise/Brandes/Eger/Kraft* 1991 und *Demmler* 1992.

Daneben gibt es haushalts- und unternehmenstheoretische Spezialliteratur. Im Rahmen der Theorie des Haushalts spezialisierten sich einige Autoren auf die Analyse der Güternachfrageaktivitäten (vgl. z.B. *Streissler* 1974). Andere berücksichtigen neben der Güternachfrage auch das Faktorangebot des Haushalts (vgl. z.B. *Luckenbach* 1975, *Seel* 1991, *Bryant* 1991). – Lesenswert im Rahmen der unternehmenstheoretischen Spezialliteratur sind z.B. die Arbeiten von *Klaus* 1974, *Fandel* 1991.

Soweit sich die Theorie der Mikroökonomie den faktormarktrelevanten Aktivitäten des betrachteten Wirtschaftssubjektes widmet, leistet sie Beiträge zur (mikroökonomischen) Theorie der Einkommensverteilung,[63] die in verteilungstheoretischen Spezialuntersuchungen eingehend erörtert wird. Für Anfänger besonders gut geeignet ist *Rose* 1965. Empfehlenswert sind auch die Untersuchungen von *Blümle* 1975, *Schmitt-Rink* 1971 sowie der Überblick über die Theorien der personellen Einkommensverteilung von *Schmitt-Rink* 1989.

---

[63] Zur makroökonomischen Verteilung vgl. die Ausführungen im Abschnitt 5.2.3. des vorliegenden Buches.

4. Das ökonomische Geschehen auf Marktebene

Die Analyse des ökonomischen Geschehens auf Marktebene und die obige einzelwirtschaftliche Betrachtung des ökonomischen Geschehens[1] sind komplementäre Teilgebiete der Mikroökonomik: Während bei einzelwirtschaftlicher Betrachtung Güter- und Faktorpreise als gegeben (exogen determiniert) betrachtet und die Nachfrage- und Angebotsfunktionen abgeleitet (endogen determiniert) wurden, geht man bei einer Betrachtung des ökonomischen Geschehens auf Marktebene von der umgekehrten Konstellation aus: Güter- und Faktorpreise werden endogen determiniert; dabei ist es erforderlich, zu unterstellen, daß die Nachfrage- und Angebotsfunktionen exogen determiniert sind.

Zur Erläuterung des ökonomischen Geschehens auf Marktebene ist es zweckmäßig, in drei Schritten vorzugehen. Zunächst ist es erforderlich, die individuellen Nachfrage- und Angebotsfunktionen zu Marktnachfrage- und Marktangebotsfunktionen zusammenzufassen (zu aggregieren). Anschließend kann man dann auf das Marktgleichgewicht bei gegebenen Marktnachfrage- und Marktangebotsfunktionen eingehen. Abschließend soll dann berücksichtigt werden, daß sich diese Kurven durch sog. Parameteränderungen verschieben können.

4.1. Die Ableitung von Marktnachfrage und Marktangebotsfunktionen

Wenn das betrachtete Wirtschaftssubjekt auf einem Markt als einziger Nachfrager (Monopsonist) oder als einziger Anbieter (Monopolist) agiert, dann repräsentiert seine Nachfrage (sein Angebot) zugleich die Gesamtnachfrage (das Gesamtangebot) auf dem untersuchten Markt. In diesem Falle ist mit der Ableitung des jeweils relevanten (individuellen) Dispositionsgleichgewichts zugleich auch das Marktgleichgewicht bestimmt worden. Im Falle einer Mehrzahl von Nachfragern und Anbietern lassen sich jedoch Marktgleichgewichte nur unter Zuhilfenahme von Marktnachfrage- und Marktangebotsfunktionen ableiten, wie sie z. B. in Schaubild 2.4 benutzt worden sind.

Diese Funktionen lassen sich durch Aggregation, d. h. durch Zusammenfassung der individuellen Nachfragefunktionen (Angebotsfunktionen) aller Wirtschaftssubjekte gewinnen, die auf dem betrachteten Markt als Nachfra-

---

[1] Vgl. die Ausführungen im obigen Teil 3 dieser Arbeit.

ger (Anbieter) auftreten. Im folgenden sollen zunächst nacheinander Marktnachfrage- und Marktangebotsfunktionen abgeleitet werden. Anschließend kann man dann auf die Bedeutung dieser Funktionen für die Erläuterung der Wohlstandseffekte von Marktgleichgewichten eingehen.

4.1.1. Die Aggregation individueller Nachfragefunktionen

Die Aggregation individueller Nachfragefunktionen soll im folgenden am Beispiel individueller Güternachfragefunktionen erläutert werden. Dabei wird unterstellt, daß für jeden Nachfrager auf dem Markt des Gutes x die individuelle Nachfragefunktion bekannt ist, die z.B. für den Nachfrager I im obigen Schaubild 3.3 dargestellt worden ist. Um eine übersichtliche grafische Darstellung des Aggregationsverfahrens zu ermöglichen, wird im folgenden unterstellt, daß das Gut x von nur drei Haushalten nachgefragt wird, deren individuelle Nachfragefunktionen im nachfolgenden Schaubild 4.1 in den Koordinatensystemen I, II und III dargestellt worden sind.

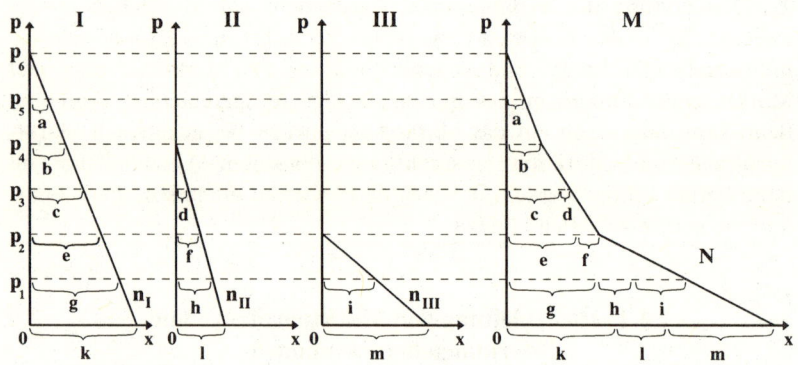

Schaubild 4.1: *Die Aggregation individueller Güternachfragefunktionen*

Wie man sich anhand dieses Schaubildes leicht klarmachen kann, erhält man durch Horizontaladdition der drei individuellen Nachfragefunktionen die Marktnachfragefunktion, die in dem durch M gekennzeichneten Koordinatensystem dargestellt worden ist. Ausgangspunkt der Überlegungen ist der Preis p_6, der für alle Nachfrager eine prohibitive Höhe hat, so daß außer der individuellen Nachfrage dieser drei Wirtschaftssubjekte auch die Marktnachfrage null ist. Sinkt der Preis auf p_5, dann fragt Haushalt I die Gütermenge a nach. Da die Haushalte II und III das Gut x bei diesem Preis ebenso wenig kaufen wollen wie beim Preis p_6, ist a nicht nur die individuelle Nachfrage des Haushalts I, sondern zugleich auch die Marktnachfrage. Entsprechendes gilt für die Menge b, die der Haushalt I nachfragt, wenn der Preis auf p_4 sinkt.

Wenn der Preis weiter sinkt und p_3 beträgt, dann vergrößert nicht nur der Haushalt I seine Nachfrage von b auf c, sondern zugleich entfaltet auch der

Haushalt II Nachfrageaktivitäten im Umfang von d, so daß sich die Marktnachfrage aus den Nachfragemengen c und d dieser beiden Wirtschaftssubjekte zusammensetzt. Erst wenn der Preis unter p_2 fällt, tritt auch der Haushalt III als Nachfrager auf. Im Falle eines Preises von p_1 setzt sich z. B. die Marktnachfrage nach dem Gut x zusammen aus der von I nachgefragten Menge g, der von II nachgefragten Menge h und der von III nachgefragten Menge i. Sinkt schließlich der Preis auf null, dann ergibt sich die Marktnachfrage als Summe der Sättigungsmengen k, l und m der Konsumenten I, II und III.

4.1.2. Die Aggregation individueller Angebotsfunktionen

Bei der Aggregation individueller Angebotsfunktionen geht man analog vor wie bei der Aggregation individueller Nachfragefunktionen. Im folgenden soll die Aggregation individueller Angebotsfunktionen am Beispiel individueller Güterangebotsfunktionen erläutert werden. Dabei wird unterstellt, daß für jeden Anbieter auf dem Markt des Gutes x die individuelle Angebotsfunktion bekannt ist, die z. B. für den Anbieter I im obigen Schaubild 3.18 dargestellt worden ist. Um wiederum eine übersichtliche grafische Darstellung des Aggregationsverfahrens zu ermöglichen, wird im folgenden unterstellt, daß das Gut x von nur drei Unternehmungen angeboten wird, deren individuelle Angebotsfunktionen im nachfolgenden Schaubild 4.2 in den Koordinatensystemen I, II und III dargestellt worden sind.

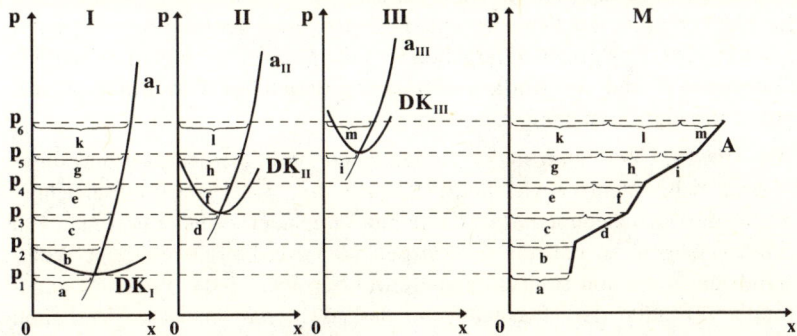

Schaubild 4.2: Die Aggregation individueller Güterangebotsfunktionen

Wie dieses Schaubild zeigt, erhält man durch Horizontaladdition dieser drei individuellen Angebotsfunktionen die Marktangebotsfunktion, die in dem durch M gekennzeichneten Koordinatensystem dargestellt ist. Unterstellt man, daß alle Unternehmungen nur dann das Gut x anbieten, wenn der Preis zumindest die Durchschnittskosten deckt, dann ist offensichtlich für Güterpreise, die unterhalb von p_1 liegen, das Angebot aller Unternehmer und das Marktangebot null. Steigt der Preis auf p_1, dann nimmt die Unternehmung I Angebotsaktivitäten auf. Steigt der Preis weiter und erreicht er

p_3, dann beteiligt sich auch die Unternehmung II an der Erstellung des Marktangebotes. Sobald der Preis mindestens p_5 beträgt, tritt auch die Unternehmung III als Anbieter in Erscheinung.

4.1.3. Zur Wohlstandsrelevanz von Marktnachfrage- und Marktangebots-funktionen

Wie im obigen Abschnitt 4.1.1. gezeigt worden ist, gelangt man durch Aggregation der individuellen Güternachfragefunktionen unmittelbar zu einer Marktnachfragefunktion, die den in Schaubild 4.1 dargestellten Verlauf aufweist. Da sich die individuellen Nachfragefunktionen aus der Annahme nutzenmaximierenden Verhaltens ableiten ließen, gilt dies indirekt auch für die Marktnachfragefunktion.

Analog ließ sich im obigen Abschnitt 4.1.2. durch Aggregation der individuellen Güterangebotsfunktionen unmittelbar eine Marktangebotsfunktion gewinnen, die den in Schaubild 4.2 unterstellten Verlauf aufweist. Da sich die individuellen Angebotsfunktionen aus der Annahme gewinnmaximierenden Verhaltens ableiten ließen, gilt dies indirekt auch für die Marktangebotsfunktion.

Wie die Marktnachfrage- und Marktangebotsfunktionen für Gütermärkte, so kann man auch die Marktnachfrage- und Marktangebotsfunktionen für Faktormärkte durch Aggregation der relevanten individuellen Nachfrage- und Angebotsfunktionen gewinnen. Daraus ergibt sich unmittelbar, daß die Marktnachfragefunktion für Gütermärkte und die Marktangebotsfunktion für Faktormärkte letztlich aufgrund der Nutzenmaximierungshypothese abgeleitet wird. Entsprechend ergeben sich die Marktangebotsfunktionen für Gütermärkte und die Marktnachfragefunktionen für Faktormärkte aufgrund der Gewinnmaximierungshypothese.

Aus diesen Überlegungen ist zu schließen, daß die Realisierung eines Marktgleichgewichts zugleich die Realisierung der Dispositionsgleichgewichte der verschiedenen Marktteilnehmer impliziert. Abstrahiert man von Marktversagen, so daß die Gesamtheit aller Marktergebnisse ein Wohlstandsmaximum konstituiert,[2] dann führt offensichtlich das nutzenmaximierende Verhalten der Haushalte und das gewinnmaximierende Verhalten der Unternehmungen nicht nur zur Maximierung der individuellen Zielfunktionen (Nutzen- bzw. Gewinnfunktionen), sondern uno actu zur Maximierung der volkswirtschaftlichen (= gesellschaftlichen) Zielfunktion (Wohlstandsfunktion).

Dieses Phänomen, daß die Wirtschaftssubjekte durch konsequente Maximierung ihrer individuellen Zielfunktionen quasi unbeabsichtigt auch das Wohlstandsmaximum für die gesamte Volkswirtschaft herbeiführen, ist von den klassischen Nationalökonomen dem Wirken der sog. invisible hand

---

[2] Vgl. dazu die Ausführungen am Anfang des obigen Abschnitts 2.2.3.

zugeschrieben worden. Andere Autoren sprechen in diesem Zusammenhang von der sog. List der Vernunft, die in Marktwirtschaften wirksam sei. – Diese Bilder machen deutlich, daß die positiven Wohlstandswirkungen einer Marktwirtschaft eintreten, nicht obwohl die Wirtschaftssubjekte ihre eigenen Nutzen- bzw. Gewinnfunktionen maximieren, sondern weil sie es tun. Die positiven Wohlstandswirkungen von Marktwirtschaften setzen also nicht Heilige (Altruisten) voraus, sondern werden durch Menschen (Egoisten) herbeigeführt – und zwar ganz unabhängig davon, ob sie dies beabsichtigen oder nicht.

4.2. Das Marktgleichgewicht bei gegebenen Marktnachfrage- und Marktangebotsfunktionen

Die Ableitung des Marktgleichgewichts für gegebene Marktnachfrage- und Marktangebotsfunktionen ist bereits im Zusammenhang mit der Erläuterung des Marktmechanismus beschrieben worden.[3] Dabei war es zweckmäßig, implizit von drei Annahmen auszugehen:
– Es existiert ein Marktgleichgewicht.
– Das Marktgleichgewicht ist eindeutig.
– Das Marktgleichgewicht ist stabil.

Im folgenden ist es erforderlich, auf diese Annahmen explizit einzugehen. Dabei ist es zweckmäßig, nacheinander jede Annahme darzustellen, aufzulösen und ihre wirtschaftspolitischen Implikationen zu diskutieren.[4]

4.2.1. Zur Frage nach der Existenz von Marktgleichgewichten

Die Annahme, daß für das jeweils betrachtete Gut (oder den jeweils betrachteten Produktionsfaktor) ein Marktgleichgewicht existiert, ist keineswegs zwingend. Die Möglichkeiten der Nichtexistenz eines Marktgleichgewichtes lassen sich anhand des nachfolgenden Schaubildes 4.3 veranschaulichen.

In der oberen Hälfte von Schaubild 4.3 ist unterstellt worden, daß die Nachfragefunktion vollständig links von der Angebotsfunktion verläuft. Diese Situation ist für freie Güter charakteristisch: Auch bei einem Preis von null ist die nachgefragte Menge OB kleiner als die hypothetische Angebotsmenge OC, von der ab Angebotsaktivitäten aufgenommen würden, was man sich anhand eines einfachen Beispiels klarmachen kann. Solange

---

[3] Vgl. dazu den obigen Abschnitt 2.2.2., insbes. auch Schaubild 2.4.
[4] Da Probleme der Existenz, Eindeutigkeit und Stabilität nicht nur im Zusammenhang mit Marktgleichgewichten, sondern grundsätzlich auch im Kontext anderer ökonomischer (und nichtökonomischer) Gleichgewichte relevant sind, reicht die Bedeutung der folgenden Erörterungen über den preistheoretischen Zusammenhang hinaus.

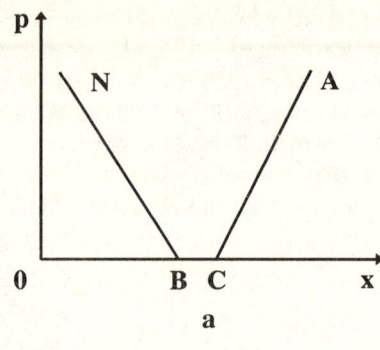

a

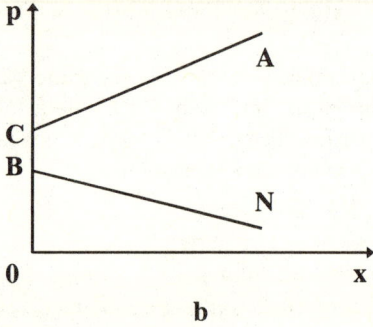

b

Quelle: *Stobbe* 1991, S. 379 (leicht modifiziert)

Schaubild 4.3: Die Nichtexistenz eines Marktgleichgewichts

der innerstädtische ruhende Verkehr so gering ist, daß mehr Parkplätze vorhanden sind als benutzt werden, wird niemand den Bau von Parkhäusern oder Tiefgaragen erwägen. Dies ändert sich jedoch, sobald der ruhende Verkehr so stark zunimmt, daß die vorhandenen Parkmöglichkeiten nicht mehr ausreichen. Dies würde sich in einer Rechtsverschiebung der Nachfragefunktion äußern, durch die dann ein Schnittpunkt zwischen Nachfrage- und Angebotsfunktion zustande kommt.

Die untere Hälfte von Schaubild 4.3 zeigt eine Situation, in der die Nachfragefunktion vollständig unterhalb der Angebotsfunktion verläuft. Dieser Fall kann bei wirtschaftlichen Gütern auftreten und ist dadurch charakterisiert, daß der Preis OB, den die Nachfrager höchstens zu zahlen bereit sind, niedriger ist als der Preis OC, den die Anbieter mindestens fordern müssen, um langfristig dieses Gut (ohne Verluste) anbieten zu können. Grundsätzlich könnte das betrachtete wirtschaftliche Gut durchaus bereitgestellt werden. Dies würde geschehen, sobald die Nachfrager dieses Gut so dringend haben möchten, daß sie bereit wären, für die gewünschte Menge dieses Gutes jenen Preis zu zahlen, der den Grenzkosten entspricht. Im Beispiel des Schaubildes 4.3 würde eine solche Situation eintreten, wenn die Nachfrager durch das Gut x höhere Nutzenzuwächse realisieren könnten, als im Verlauf der Nachfragefunktion N zum Ausdruck kommt. Die aktuelle Nachfragefunktion würde dann rechts von N verlaufen.

Offensichtlich würde das betrachtete Gut angeboten, sobald die Nachfragefunktion so weit rechts verliefe, daß sie die Angebotsfunktion schneidet. Wenn mithin wie im Beispiel des Schaubildes 4.3b ein Schnittpunkt zwischen Nachfrage- und Angebotsfunktion nicht zustande kommt, dann kann man folgern, daß der Wunsch der Nachfrager nach dem betrachteten Gut nicht dringend genug ist (d. h. die durch den Konsum des Gutes erzielbaren Nutzenzuwächse nicht groß genug sind), um ein (privatwirtschaftliches) Angebot dieses Gutes zu ermöglichen. Man sagt dann, daß ein Angebot am Markt unterbleibt, weil die Konsumentenpräferenzen für dieses Gut zu gering sind.

Da in Marktwirtschaften der Konsument darüber entscheidet, welche Güter in welchen Mengen hergestellt werden (Konsumentensouveränität), ist es erwünscht, daß jene Güter, welche die Konsumenten kaum präferieren, am Markt nicht angeboten und mithin auch nicht hergestellt werden. Die dabei nicht verbrauchten Produktionsfaktoren können dann zur Erzeugung jener Güter mitverwendet werden, denen der Haushalt eine große Präferenz entgegenbringt. Es gibt jedoch einige Güter, die – wenn ein einzelner Konsument sie verbraucht – nicht nur diesem Konsumenten Nutzen stiften (interner Effekt), sondern auch allen anderen Individuen (positver externer Effekt). Dies trifft z. B. für die Impfung gegen Pocken oder andere Seuchen zu.[5]

Sind beim Konsum eines Gutes die positiven externen Effekte im Vergleich zu den internen Effekten sehr groß (man spricht dann von einem sog. meritorischen Gut), dann entscheidet der Staat nicht selten, daß der individuelle Konsum dieses Gutes nicht den freien Nachfrageentscheidungen des einzelnen Konsumenten überlassen werden soll. So wird der Staat z. B. zur Seuchenbekämpfung eine Impfpflicht erlassen.

Im Falle meritorischer Güter wird also von den Konsumentenpräferenzen (und mithin von der Konsumentensouveränität) bewußt abgewichen. Im Unterschied zu den öffentlichen Gütern, deren privatwirtschaftliches Angebot wegen der Nichtgeltung des Ausschlußprinzips nicht möglich ist,[6] können meritorische Güter grundsätzlich durch private Wirtschaftssubjekte angeboten werden. Sie sind deshalb den privaten Gütern zuzurechnen.

4.2.2. Der Fall multipler Marktgleichgewichte

Nichteindeutige (d. h. multiple) Marktgleichgewichte können auftreten, wenn die Marktnachfrage- oder die Marktangebotsfunktion nicht mehr den

---

[5] Zu den negativen externen Effekten vgl. z. B. den obigen Abschnitt 2.3.2. (1) (b).
[6] Zur Unterscheidung öffentlicher und privater Güter vgl. den obigen Abschnitt 2.3.2. (1) (c).

in Schaubild 2.4 dargestellten (normalen) Verlauf aufweist. Dies soll anhand des Arbeitsmarktes veranschaulicht werden.

Zu diesem Zweck ist im nachfolgenden Schaubild 4.4 eine normal verlaufende Arbeitsnachfragefunktion und die aus Schaubild 3.4 übernommene Arbeitsangebotsfunktion $ABCD_1$ aufgezeichnet worden. Offensichtlich ist das Arbeitsmarktgleichgewicht im Beispiel dieses Schaubildes mehrdeutig: Die Arbeitsangebotsfunktion schneidet die Arbeitsnachfragefunktion sowohl in S_1 als auch in S_2.

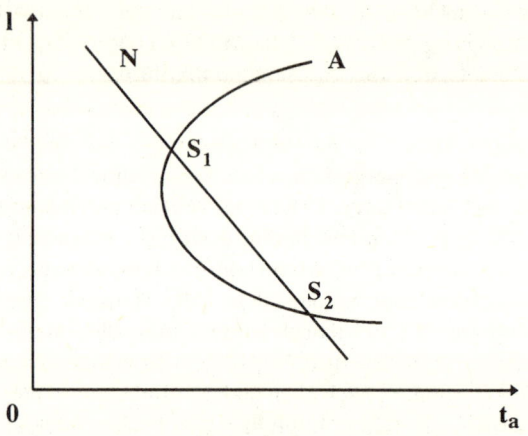

Schaubild 4.4: Multiple Marktgleichgewichte

Im Falle multipler Gleichgewichte kann man die Frage aufwerfen, ob das am Markt jeweils realisierte Gleichgewicht die für die Wirtschaftssubjekte günstigste Situation ist, oder ob diese evt. erst durch wirtschaftspolitische Maßnahmen, die ein anderes der multiplen Gleichgewichte zeitigen, herbeigeführt werden muß. In einer Marktwirtschaft ist es naheliegend, nicht nur bei eindeutigen, sondern auch im Falle multipler Gleichgewichte jenes Gleichgewicht als das für die Wirtschaftssubjekte günstigste zu betrachten, welches sich aufgrund freier Marktentscheidungen der relevanten Wirtschaftssubjekte ergibt. Eine Indikation für wirtschaftspolitische Aktivitäten kann deshalb in multiplen Gleichgewichten nicht gesehen werden.

4.2.3. Die Stabilitätseigenschaften von Marktgleichgewichten

Marktgleichgewichte können (ebenso wie andere ökonomische Gleichgewichte sowie Gleichgewichte in nichtökonomischen – z. B. naturwissenschaftlichen – Bereichen) durch verschiedene Stabilitätseigenschaften charakterisiert sein, die zunächst erläutert werden müssen. Anschließend kann man dann untersuchen, welche Stabilitätseigenschaften bei Marktgleichgewichten auftreten können.

(1) Jedes ökonomische Gleichgewicht weist eine von drei Stabilitätseigenschaften auf, die im nachfolgenden Schaubild 4.5 veranschaulicht worden sind. Sie lassen sich wie folgt definieren:

– Ein Gleichgewicht heißt stabil, wenn nach einer Störung des Gleichgewichts die Abweichung des ökonomischen Systems vom Gleichgewicht im Zeitablauf kleiner wird, mithin also das betrachtete System zum Gleichgewichtszustand zurückfindet.

– Ein Gleichgewicht heißt unstabil (oder labil), wenn nach einer Störung des Gleichgewichts die Abweichung des ökonomischen Systems vom Gleichgewicht im Zeitablauf größer wird, mithin also das betrachtete System nicht zum Gleichgewichtszustand zurückfindet, sondern sich immer weiter davon entfernt.

– Ein Gleichgewicht heißt neutral (oder indifferent), wenn nach einer Störung des Gleichgewichts die Abweichung des ökonomischen Systems vom Gleichgewicht weder kleiner noch größer wird. Das betrachtete System findet dann zwar nicht zum Gleichgewichtszustand zurück, aber es entfernt sich auch nicht weiter vom Gleichgewichtszustand.

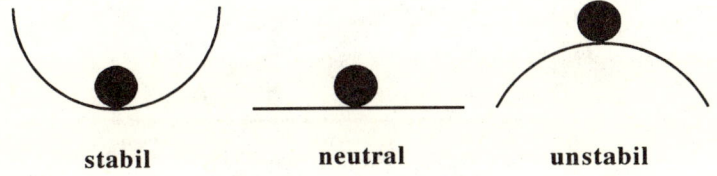

stabil   **neutral**   **unstabil**

Quelle: *Felderer/Homburg* 1991, S. 13, (leicht verändert).

Schaubild 4.5: Die Stabilitätseigenschaften ökonomischer Gleichgewichte

(2) Wenn man die Stabilitätseigenschaften von Marktgleichgewichten untersuchen will, dann ist es erforderlich, zwischen normal und anormal verlaufenden Marktnachfrage- und Marktangebotsfunktionen zu unterscheiden. Dabei soll zunächst unterstellt werden, daß beide Kurven normal verlaufen. Anschließend wird unterstellt, daß entweder die Angebotskurve oder der die Nachfragekurve anormal verläuft. Abschließend wird angenommen, daß sowohl die Nachfrage- als auch die Angebotsfunktion anormal verläuft.

(a) Wenn sowohl die Nachfrage- als auch die Angebotsfunktion normal verläuft, dann ist das Marktgleichgewicht offensichtlich stabil. Dies ist für Gütermärkte implizit bereits anhand des obigen Schaubildes 2.4 erläutert worden: Sobald der aktuelle Preis vom Gleichgewichtspreis abwich, führte der Preismechanismus (Marktmechanismus) zur Realisierung des Marktgleichgewichts S. Dies gilt analog auch für Faktormärkte, was man sich anhand des in Schaubild 4.4 dargestellten Arbeitsmarktgleichgewichts S_1 klarmachen kann, in dessen Umgebung Nachfrage- und Angebotskurven normal verlaufen.

(b) Nunmehr soll angenommen werden, daß entweder die Nachfrage- oder die Angebotskurve anormal verläuft. Wie im folgenden genauer zu zeigen ist, kann dann das Marktgleichgewicht stabil oder unstabil sein. Dies soll zunächst für eine anormal verlaufende Angebotsfunktion und dann für eine anormal verlaufende Nachfragefunktion erläutert werden.

Wenn man die Wirkung des anormalen Verlaufs einer Angebotsfunktion auf die Stabilitätseigenschaften des Marktgleichgewichts erläutern will, dann kann man auf das in Schaubild 4.4 dargestellte Arbeitsmarktgleichgewicht S_2 zurückgreifen, in dessen Umgebung die Arbeitsangebotsfunktion anormal verläuft. Wenn in dieser Situation der aktuelle Lohn vom Gleichgewichtslohn abweicht, kann das Marktgleichgewicht S_2 nicht wieder erreicht werden, was man sich anhand der oberen Hälfte des nachfolgenden Schaubildes 4.6 klarmachen kann.

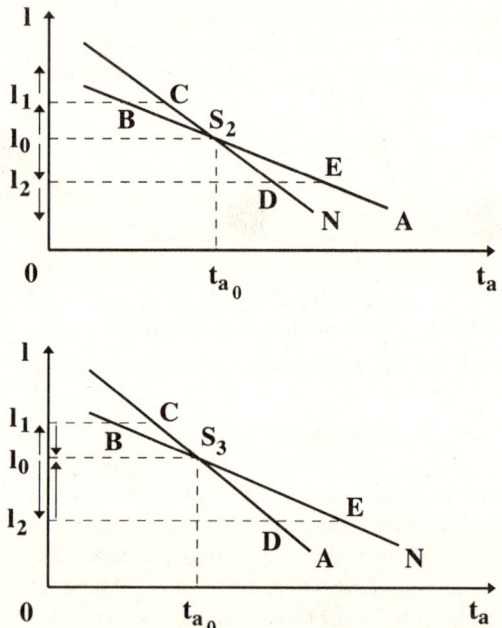

Schaubild 4.6: *Stabilitätseigenschaften von Marktgleichgewichten bei anormal verlaufender Angebotskurve*

Steigt z. B. der Lohn von l_0 auf l_1, dann entsteht auf dem Arbeitsmarkt ein Nachfrageüberhang in Höhe von BC, der weitere Lohnsteigerungen induziert, durch die sich der Nachfrageüberhang vergrößert. Analoge Wirkungen werden ausgelöst, wenn der aktuelle Lohn (z. B. l_2) nach unten vom Gleichgewichtslohn abweicht. In diesem Falle entsteht ein Angebotsüberhang in Höhe von DE, durch den der Lohn weiter sinkt, was den Angebotsüberhang vergrößert. In beiden Fällen entfernt sich also das ökonomische

System immer mehr von der Gleichgewichtssituation S_2, d. h. dieses Gleichgewicht ist unstabil.

Während in der oberen Hälfte des Schaubildes 4.6 die anormal verlaufende Angebotsfunktion flacher verläuft als die Nachfragefunktion, ist sie in der unteren Hälfte dieser Abbildung steiler gezeichnet als die Nachfragefunktion. Dies hat zur Folge, daß im Falle einer Abweichung des aktuellen Preises vom Gleichgewichtspreis nach oben (z. B. l_1) ein Angebotsüberhang in Höhe von BC entsteht, der preissenkend wirkt. Entsprechend zeitigt der unter dem Gleichgewichtspreis l_0 liegende Preis l_2 einen Nachfrageüberhang, der eine Preissteigerung auslöst. In beiden Fällen findet also das ökonomische System zur Gleichgewichtssituation S_3 zurück, d. h. dieses Gleichgewicht ist stabil.

Nachdem die Wirkung einer anormal verlaufenden Angebotsfunktion anhand einer Faktorangebotsfunktion erläutert worden ist, soll die Wirkung einer anormal verlaufenden Nachfragefunktion anhand einer Güternachfragefunktion dargestellt werden. Solche Nachfragekurven sind gelegentlich im Falle hochwertiger Wirtschaftsgüter relevant, wenn die Nachfrager einen sinkenden (steigenden) Preis dieses Gutes als Indikator einer sinkenden (steigenden) Qualität betrachten.

Wie man sich anhand des nachfolgenden Schaubildes 4.7 verdeutlichen kann, ist das Marktgleichgewicht unstabil, wenn die anormal verlaufende

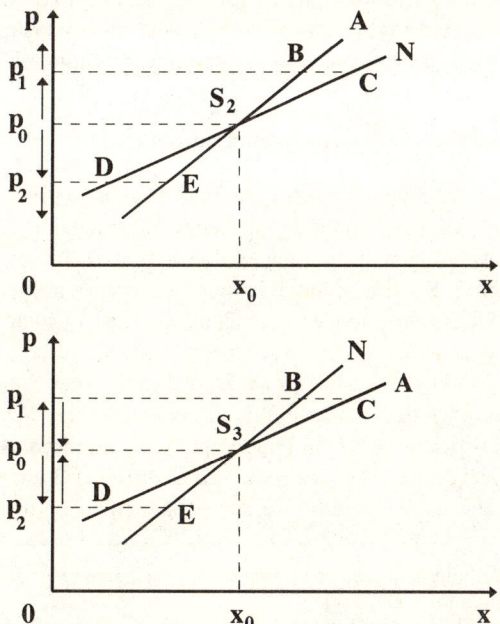

Schaubild 4.7: Stabilitätseigenschaften von Marktgleichgewichten bei anormal verlaufender Nachfragekurve

Nachfragefunktion flacher verläuft als die Angebotsfunktion (vgl. S_2). Ist die Nachfragefunktion jedoch steiler als die Angebotsfunktion, dann ist das Marktgleichgewicht stabil (vgl. S_3).

(c) Solange Marktangebots- und Marktnachfragefunktion alternativ anormal verlaufen, kann das resultierende Marktgleichgewicht unstabil oder stabil sein. Sobald jedoch diese beiden Kurven simultan anormal verlaufen, ist das Marktgleichgewicht in jedem Falle unstabil. Dies kann man sich für Gütermärkte unter Zuhilfenahme von Schaubild 2.4 klarmachen, wenn man zuvor die Symbole A und N vertauscht.

4.3. Die Berücksichtigung von Parameteränderungen

In den obigen preistheoretischen Erörterungen sind Marktgleichgewichte immer für gegebene Nachfrage- und Angebotsfunktionen bestimmt worden. Nunmehr soll berücksichtigt werden, daß sich diese Kurven durch Parameteränderungen verschieben können. Dabei ist es zweckmäßig, in drei Schritten vorzugehen.

Erstens ist es erforderlich, Parameteränderungen zu definieren und zu klassifizieren. Anschließend kann man dann die Reaktion von Marktgleichgewichten auf Parameteränderungen untersuchen, wobei nacheinander komparativ-statische und dynamische Analysen durchgeführt werden.[7]

4.3.1. Die Definition von Parameteränderungen

Solange man von gegebenen Nachfrage- und Angebotskurven ausgeht, sind Nachfrage- und Angebotsänderungen immer preisinduziert, d. h. sie lassen sich durch „Bewegungen auf der jeweils betrachteten Kurve" darstellen. In der ökonomischen Realität können jedoch Nachfrage- und Angebotsänderungen auch durch Variation von Größen ausgelöst werden, die nicht auf der Ordinate von Schaubild 2.4 abgetragen sind. Im Falle von Nachfragekurven (Angebotskurven) kann dies z. B. der Preis eines Substitutes (eines Produktionsfaktors) des betrachteten Gutes sein (vgl. *Schumann* 1992, S. 223 f.).[8] Man spricht in diesen Fällen von sog. parametrischen Änderungen der Nachfrage oder des Angebots. Es ist ihr charakteristisches Merkmal, daß sie durch die Variation einer exogenen (d. h. nicht ins Modell

---

[7] Zur Unterscheidung statischer und dynamischer Analysen vgl. die Ausführungen im obigen Abschnitt 1.1. (3) (c).

[8] In der zweiten Hälfte des obigen Abschnitts 4.2.1. wurde z. B. davon ausgegangen, daß sich die Nachfragefunktion nach rechts verschiebt, wenn die Präferenzen der Haushalte für das betrachtete Gut zunehmen.

einbezogenen) ökonomischen Größe ausgelöst werden. Parametrische Nachfrage- oder Angebotsänderungen müssen deshalb durch „Bewegungen der jeweils betrachteten Kurve" beschrieben werden.

Die Unterscheidung zwischen preisbedingten und parametrischen Änderungen einer abhängig Variablen soll am Beispiel von Nachfrageänderungen genauer erläutert werden. Dabei ist es zweckmäßig vom nachfolgenden Schaubild 4.8 auszugehen.

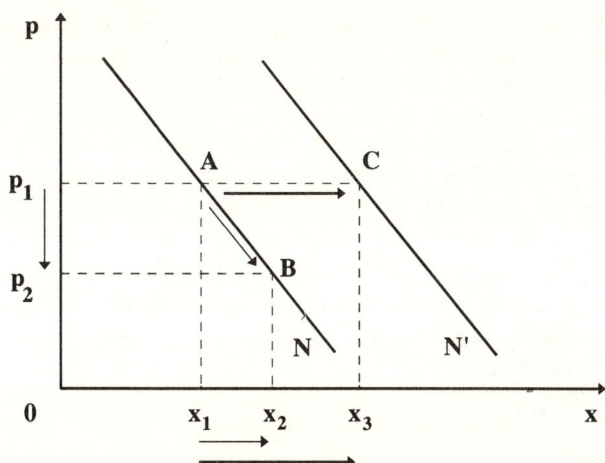

Schaubild 4.8: Die Unterscheidung parametrischer von nichtparametrischen Änderungen der Nachfrage

Offensichtlich ist die Nachfragesteigerung von x_1 auf x_2 durch die Preissenkung von p_1 auf p_2 bedingt. Diese beiden Preis-Mengen-Kombinationen lassen sich durch einen Vergleich der Koordinaten von A und B voneinander unterscheiden. Die Nachfragesteigerung ergibt sich also durch eine „Wanderung auf der Nachfragefunktion". – Hingegen ist die Nachfragesteigerung von x_1 auf x_3 auf eine Parameteränderung (z. B. Zunahme der Konsumentenpräferenzen für Gut x) zurückzuführen. Diese Nachfragesteigerung tritt bei unverändertem Preis des Gutes x auf, wie sich dem Vergleich der Koordinaten von A und C entnehmen läßt. Diese Nachfragesteigerung ergibt sich also durch eine „Wanderung der Nachfragefunktion", die man als parametrische Verschiebung der Nachfragefunktion bezeichnet. Sie drückt aus, daß die Haushalte nach einer Zunahme ihrer Präferenzen für das betrachtete Gut bereit sind, bei jedem Preis des Gutes eine größere Menge nachzufragen als bisher.

4.3.2. Die komparativ-statische Analyse von Parameteränderungen

Die komparativ-statische Analyse von Parameteränderungen ist eine zeitlose Betrachtung, die davon abstrahiert, daß in der ökonomischen Realität

Reaktionen der Nachfrage und des Angebots auf Parameteränderungen Zeit erfordern. Es ist das charakteristische Merkmal „komparativ"-statischer Analysen, daß man in ihnen zu Aussagen gelangt, indem man das sich nach der Parameteränderung einstellende Gleichgewicht mit dem der Ausgangssituation „vergleicht." Dies soll im folgenden anhand parametrischer Änderungen der Nachfrage und des Angebots genauer erläutert werden.

Parametrische Nachfrageänderungen lassen sich anhand des nachfolgenden Schaubildes 4.9 erläutern. Nimmt man an, daß z.B. der Preis eines Substituts des Gutes x steigt, dann wird zumindest ein Teil der Nachfrager des Substituts nunmehr auf das Gut x ausweichen. Die Nachfrage nach diesem Gut steigt also, was durch eine Verschiebung der Nachfragefunktion von N nach N_1 darzustellen ist. Das bisherige Marktgleichgewicht S wird dann durch das neue Marktgleichgewicht S_1 ersetzt, welches sich von der bisherigen Gleichgewichtssituation durch einen gestiegenen Gleichgewichtspreis und durch eine vergrößerte Gleichgewichtsmenge unterscheidet. Aufgrund einer analogen Argumentation ergibt sich für den Fall eines verminderten Preises des Substitutes von Gut x eine Linksverschiebung der Nachfragefunktion von N nach N_2, so daß nunmehr S_2 die aktuelle Gleichgewichtssituation beschreibt, die sich vom ursprünglichen Marktgleichgewicht durch eine Verminderung von Gleichgewichtspreis und -menge unterscheidet.

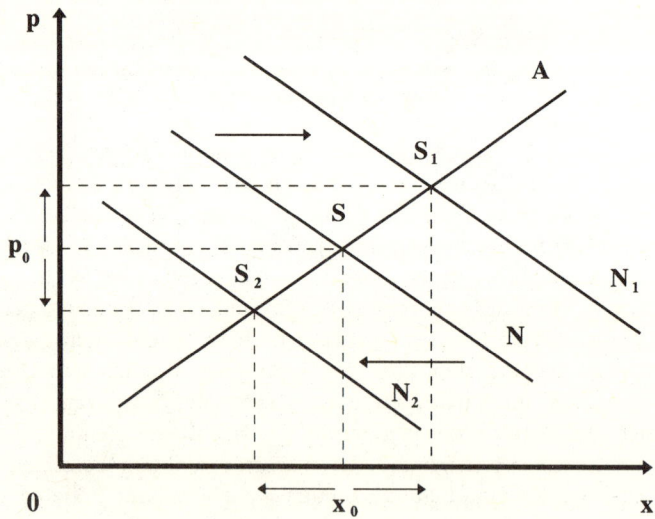

Schaubild 4.9: Parametrische Nachfrageänderungen

Parametrische Angebotsänderungen können anhand von Schaubild 4.10 erläutert werden. Nimmt man an, daß z.B. der Preis eines Produktionsfaktors des Gutes x steigt, dann werden die Anbieter dieses Gutes bei gegebener für den Faktorerwerb verfügbarer Ausgabensumme die Nachfrage nach diesem Produktionsfaktor und mithin ihre Produktion einschränken. Das Angebot dieses Gutes sinkt also, was durch eine Verschiebung der Angebotsfunktion von A nach A_1 dargestellt wird. Wie man durch einen Vergleich des neuen Marktgleichgewichts S_1 mit dem bisherigen Marktgleichgewicht S feststellen kann, führt die Linksverschiebung der Angebotsfunktion zu einer Erhöhung (Verminderung) des Gleichgewichtspreises (der Gleichgewichtsmenge). Aufgrund einer analogen Argumentation ergibt sich, daß im Falle einer Verminderung des betrachteten Faktorpreises eine Rechtsverschiebung der Angebotsfunktion von A nach A_2 auftritt, die zu einer Verminderung (Steigerung) des Gleichgewichtspreises (der Gleichgewichtsmenge) führt.

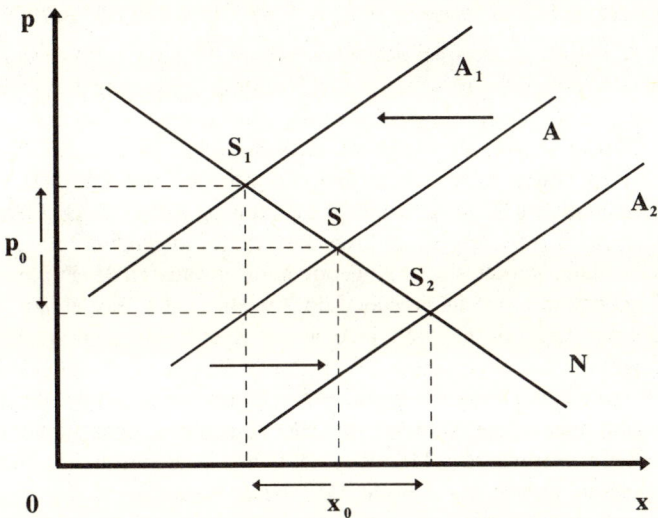

Schaubild 4.10: Parametrische Angebotsänderungen

Geht man schließlich davon aus, daß sich Nachfrage- und Angebotskurve simultan verlagern, dann kann man über die zwischen dem alten und dem neuen Marktgleichgewicht bestehenden Unterschiede keine generellen Aussagen machen. Es ist vielmehr erforderlich, jeden Einzelfall gesondert zu analysieren.

4.3.3. Die dynamische Analyse von Parameteränderungen

Im Unterschied zur komparativ-statischen Analyse von Parameteränderungen berücksichtigt die dynamische Analyse, daß in der ökonomischen Realität die Reaktionen der Wirtschaftssubjekte auf Parameteränderungen Zeit erfordern, von der bisher abstrahiert wurde. So ist z.B. für den in Schaubild 4.9 dargestellten Fall einer parametrischen Nachfragesteigerung unterstellt worden, daß die Unternehmer auf diese Datenänderung augenblicklich mit einer Angebotsvergrößerung reagieren. Diese Annahme wird nun aufgelöst.

Im folgenden wird davon ausgegangen, daß sich die Nachfrager an Daten-änderungen nach wie vor ohne zeitliche Verzögerung anpassen, während die Anbieter auf Änderungen der Marktdaten mit einer zeitlichen Verzöge-rung (time lag) reagieren. Die Berücksichtigung dieser time lags erfordert offensichtlich Modelle, deren Variable sich auf verschiedene Perioden be-ziehen und mithin eine dynamische Analyse der parametrischen Nachfrage-steigerung zulassen. Dabei kann man den drei Stabilitätseigenschaften von Gleichgewichten entsprechend[9] drei Fälle voneinander unterscheiden. Sie werden wegen der Assoziation, die ein Blick auf ihre grafische Darstellung auslöst, unter der Bezeichnung cobweb-Modell (Spinngewebe-Modell) zu-sammengefaßt (vgl. *Schumann* 1992, S. 226ff.; *Woll* 1993, S. 100ff.).

Der erste Fall ist im Beispiel des Schaubildes 4.11 dargestellt worden. Ver-schiebt sich infolge der parametrischen Nachfragesteigerung die Nachfrage-funktion von N nach N', dann können die Unternehmer in der ersten Perio-de (= Marktperiode) ihr Angebot nicht steigern, so daß der Preis des betrachteten Gutes entsprechend den Koordinaten von Punkt B auf der Nachfragefunktion N' in Schaubild 4.11a von p_o auf p_1 steigt. Gehen die Anbieter davon aus, daß dieser Preis auch in der folgenden Periode erhal-ten bleibt, dann werden sie ihr Angebot den Koordinaten des Punktes C auf der Angebotsfunktion entsprechend ihr Angebot auf x_1 ausdehnen. Dieses vergrößerte Angebot nehmen jedoch die Nachfrager dem Verlauf der Nachfragefunktion entsprechend (vgl. Punkt D) nur zu einem niedrigeren Preis ab, so daß der Preis des betrachteten Gutes von p_1 auf p_2 fällt. Diesen Preisverfall müssen die Anbieter zunächst hinnehmen, denn sie können im Betrachtungszeitraum (= Marktperiode) ihre Angebotsmenge nicht än-dern. Sind sie jedoch der Ansicht, daß dieser Preis auch in der folgenden Periode gilt, dann werden sie in dieser dem Verlauf ihrer Angebotsfunktion entsprechend (vgl. Punkt E) ihr Angebot auf x_2 einschränken. Beim Preise p_2 wollen jedoch die Nachfrager eine größere Menge als x_2 nachfragen: Im Beispiel des Schaubildes beträgt der Nachfrageüberhang ED, durch den der Preis dem Punkt F der Nachfragefunktion entsprechend auf p_3 steigt.

Dieser Prozeß setzt sich fort, bis im Schnittpunkt S' zwischen der Nachfra-gefunktion N' und der Angebotsfunktion A das neue Marktgleichgewicht erreicht ist, welches durch den Gleichgewichtspreis p' und die Gleichge-wichtsmenge x' charakterisiert wird. Theoretisch wird dieses neue Markt-gleichgewicht nach Ablauf unendlich vieler Perioden erreicht; in der ökono-mischen Realität sind jedoch die Differenzen zwischen Nachfrage und An-gebot bereits nach wenigen Perioden so klein geworden, daß sie keine Preisänderungen mehr auslösen und mithin die Marktparteien ihr Markt-verhalten nicht mehr ändern; d.h. das Marktgleichgewicht ist realisiert.

---

[9] Vgl. dazu den obigen Abschnitt 4.2.3.

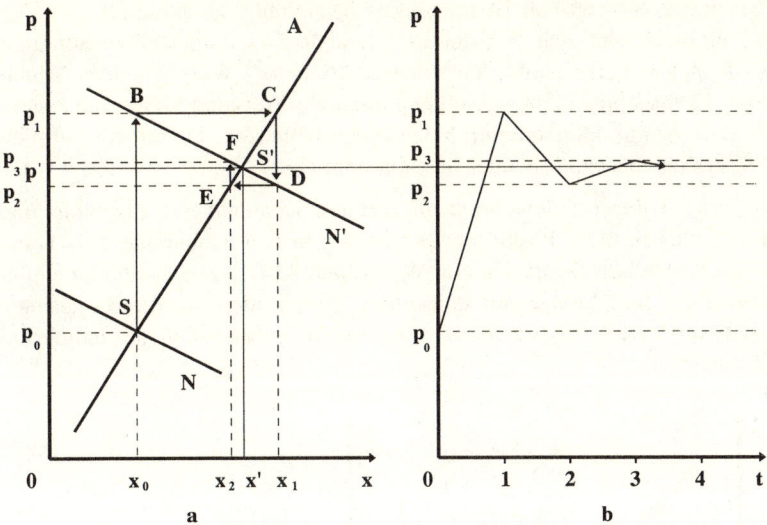

Schaubild 4.11: Der implosive cobweb-Fall

Wie diese Überlegungen zeigen, oszillieren auf dem betrachteten Markt Preis und Menge mit abnehmenden Amplituden um ihren Gleichgewichtswert. Für den Güterpreis ist dies durch Schaubild 4.11 veranschaulicht worden. Entsprechend könnte man auch die zeitliche Entwicklung der nachgefragten und angebotenen Menge abbilden. Den in Schaubild 4.11 dargestellten cobweb-Fall bezeichnet man als implosiv oder stabil.

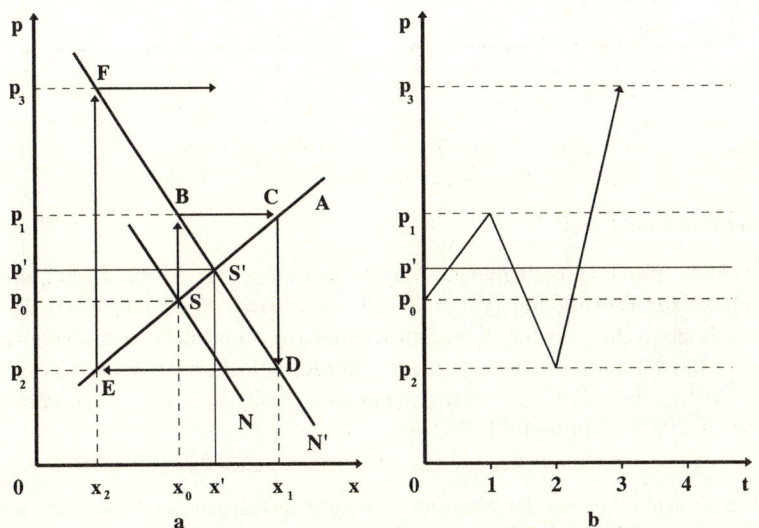

Schaubild 4.12: Der explosive cobweb-Fall

9*

Der zweite cobweb-Fall ist im obigen Schaubild 4.12 dargestellt worden und unterscheidet sich von der in Schaubild 4.11 dargestellten Situation durch steiler verlaufende Nachfragefunktionen.[10] Wie sich dem Schaubild 4.12 entnehmen läßt, schwanken nunmehr Preis und Menge mit zunehmenden Amplituden um ihren Gleichgewichtswert. Dieser cobweb-Fall wird deshalb als explosiv oder unstabil bezeichnet.

Der dritte cobweb-Fall ist im nachfolgenden Schaubild 4.13 abgebildet und nimmt eine mittlere Position zwischen den in den Schaubildern 4.11 und 4.12 dargestellten Beispielen ein. Wie Schaubild 4.13 zeigt, oszillieren nunmehr Preis und Menge mit konstanten Amplituden um ihren Gleichgewichtswert. Deshalb bezeichnet man diesen cobweb-Fall als indifferent oder neutral.

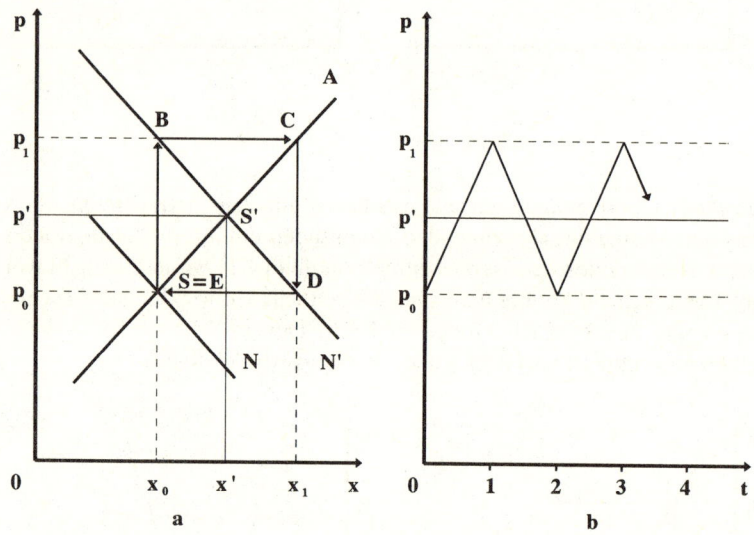

Schaubild 4.13: Der indifferente cobweb-Fall

Literatur zum 4. Teil

Das ökonomische Geschehen auf Marktebene ist der Gegenstand von Lehrbüchern zur Preistheorie (vgl. z.B. *Ott* 1991, *Wied-Nebbeling* 1993). Sodann können die preistheoretischen Kapitel von Lehrbüchern zur Theorie der Mikroökonomik herangezogen werden, insbes. *Herdzina* 1993, S. 116ff.; *Linde* 1992, S. 139ff.; *Schumann* 1992, S. 211ff.; *Helmstädter* 1991, S. 207ff.; *Stobbe* 1991, S. 278ff.

---

[10] Zur genauen Analyse der Bedeutung, die den Steigungen der Nachfrage- und Angebotsfunktionen für die drei verschiedenen cobweb-Fälle zukommt, vgl. insbes. *Schumann* 1992, S. 228ff.

Die Aggregation der individuellen Nachfrage- und Angebotsfunktionen zu Marktnachfrage- und Angebotsfunktionen wird in der Lehrbuchliteratur meistens nur kurz dargestellt, wie z. B. bei *Schumann* 1992, S. 17 f., 22; *Herdzina* 1993, S. 36, 40 und *Linde* 1992, S. 142 ff. Ausführlicher behandelt werden die Fragen nach der Existenz, der Eindeutigkeit und der Stabilität von Marktgleichgewichten. Anschaulich sind vor allem *Stobbe* 1991, S. 379 ff.; *Schumann* 1992, S. 217 ff. und *Linde* 1992, S. 524 ff. Eingehend wird in den verschiedenen Untersuchungen zur Preistheorie die Wirkung von Parameteränderungen dargestellt. Lesenswert sind insbes. *Schumann* 1992, S. 223 ff.; *Hoyer/Rettig* 1984, S. 242 ff., *Demmler* 1992, S. 341 ff., *Stobbe* 1991, S. 382 ff. und *Linde* 1992, S. 150 f., 156 ff.

5. Die gesamtwirtschaftliche Betrachtung des ökonomischen Geschehens

Während die einzelwirtschaftliche Betrachtung des ökonomischen Geschehens und die Analyse des ökonomischen Geschehens auf Marktebene in jedem Falle mikroökonomisch orientiert sind, läßt sich die gesamtwirtschaftliche Betrachtung des ökonomischen Geschehens sowohl auf mikro- als auch auf makroökonomischer Grundlage durchführen (mikro- oder makroökonomische Totalanalyse).[1] Ihrer größeren Übersichtlichkeit wegen soll im folgenden die makroökonomische der mikroökonomischen Totalanalyse vorgezogen werden.

In der Literatur zur makroökonomischen Totalanalyse lassen sich zwei Richtungen unterscheiden: die vergangenheitsbezogene Richtung einerseits (ex post-Betrachtung) und die zukunftsbezogene Richtung andererseits (ex ante-Betrachtung). Es ist das Ziel der ex post-Betrachtung, einen Überblick über das ökonomische Geschehen zu gewinnen, welches in einer abgeschlossenen Periode (z. B. Monat, Quartal, Jahr) in der betrachteten Volkswirtschaft stattgefunden hat. Sie bedient sich dabei der Vorstellung vom sog. Wirtschaftskreislauf, die von *Quesnay* 1758 in die Volkswirtschaftslehre eingeführt worden war.[2] Hingegen wird durch die ex ante-Betrachtung versucht, das gegenwärtige und zukünftige ökonomische Geschehen in der betrachteten Volkswirtschaft zu erklären und zu prognostizieren. Sie greift dabei auf die Theorie der Makroökonomik zurück, die vor allem im Anschluß an die grundlegende Untersuchung von Keynes 1936 einen bis heute anhaltenden Aufschwung nahm.

Im Rahmen des vorliegenden einführenden Lehrbuches kann lediglich auf die ex post-Betrachtung des gesamtwirtschaftlichen Geschehens eingegangen werden.[3] Beschreibt man dabei den Wirtschaftskreislauf so allgemein, daß die Aussagen für jede Volkswirtschaft und jeden Zeitraum zutreffen, dann ist das Ergebnis dieses Vorgehens eine sog. Kreislaufanalyse. Sie gibt Aufschluß über die qualitativen Aspekte des Wirtschaftskreislaufs (vgl. den folgenden Abschnitt 5.1.). Konkretisiert man diese Kreislaufanalyse, in-

---

[1] Vgl. dazu die Ausführungen zum obigen Schaubild 1.2.

[2] *Quesney* beschrieb seinerzeit den Wirtschaftskreislauf in Analogie zum soeben entdeckten Blutkreislauf.

[3] Sie ist unerläßliche Grundlage der ex ante-Betrachtung in der makroökonomischen Theorie (vgl. dazu Bd. II der vorliegenden Reihe), der Stabilitätspolitik (vgl. dazu Bd. III der vorliegenden Reihe) und der monetären Aspekte internationaler Wirtschaftsbeziehungen (vgl. dazu Bd. IV der vorliegenden Reihe). Zur ex post-Betrachtung vgl. z. B. *Frenkel/John* 1991, *Stobbe* 1989, *Haslinger* 1992.

dem man sie mit den Zahlen einer Volkswirtschaft füllt, die man für eine bestimmte Periode ermittelt hat, dann erhält man eine sog. volkswirtschaftliche Gesamtrechnung. Sie vermittelt Informationen über die quantitativen Aspekte des Wirtschaftsablaufs (vgl. den folgenden Abschnitt 5.2.) Der abschließende Abschnitt 5.3 ist den Wohlstandsaspekten der Kreislaufbetrachtung gewidmet.

5.1. Die Darstellung des gesamtwirtschaftlichen Geschehens in der Kreislaufanalyse

Einen Überblick über das Kreislaufgeschehen in einer Volkswirtschaft kann man am leichtesten gewinnen, wenn man bei der Kreislaufanalyse in drei Schritten vorgeht.[4] Im folgenden Abschnitt 5.1.1. wird eine Volkswirtschaft unterstellt, in der nur Haushalte und Unternehmungen ökonomisch aktiv sind, wobei davon ausgegangen wird, daß diese Wirtschaftssubjekte nicht sparen und nicht investieren. Diese speziellen Prämissen werden im anschließenden Abschnitt 5.1.2. durch die Berücksichtigung zusätzlicher ökonomischer Aktivitäten (Sparen, Investieren) und im abschließenden Abschnitt 5.1.3 durch die Berücksichtigung zusätzlicher Wirtschaftssubjekte (Staat) aufgelöst.[5]

5.1.1. Der Wirtschaftskreislauf zwischen Haushalten und Unternehmungen

Der Wirtschaftskreislauf zwischen Haushalten und Unternehmungen ist das einfachste Modell des Wirtschaftskreislaufs. Es ist besonders gut dazu geeignet, die verschiedenen Darstellungsmethoden der Kreislaufanalyse zu erläutern. Deshalb soll der Wirtschaftskreislauf zwischen Haushalten und Unternehmen im folgenden Unterabschnitt (1) zunächst grafisch beschrieben werden. Der anschließende Unterabschnitt (2) ist alternativen Darstellungsmethoden gewidmet, und im abschließenden Unterabschnitt (3) soll kurz auf die Relevanz dieser verschiedenen Methoden eingegangen werden.

(1) Der Wirtschaftskreislauf zwischen Haushalten und Unternehmungen läßt sich besonders leicht anhand des nachfolgenden Schaubildes 5.1. erklären. Dabei zeigt sich, daß man einen realen und einen monetären Kreislauf unterscheiden kann.

---

[4] Vgl. zum folgenden z.B. die kurze und übersichtliche Darstellung bei *Siebert* 1992, S. 209 ff. und die eingehenden Erörterungen bei *Stobbe* 1989, S. 80 ff. und insbes. auch bei *Frenkel/John* 1991, S. 19 ff.
[5] Zum Einbau internationaler Wirtschaftsbeziehungen in den Wirtschaftskreislauf vgl. Bd. IV der vorliegenden Reihe.

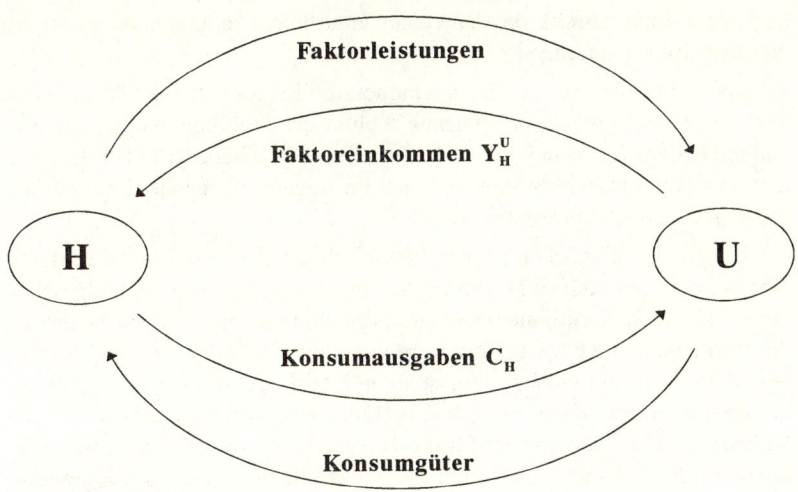

Schaubild 5.1: Die grafische Darstellung des Wirtschaftskreislaufs

(a) Der reale Kreislauf besteht zum einen aus dem Strom der Faktorleistungen, der von den Haushalten (H) ausgehend den Unternehmungen (U) zufließt. Er umfaßt Arbeits- und Kapitalleistungen. Zum anderen gehört zum realen Kreislauf der Strom der Konsumgüter, der von den Unternehmungen ausgehend den Haushalten zufließt. Er umfaßt Sachgüter und Dienstleistungen.

Arbeitsleistungen fließen nicht nur vom Haushaltssektor an den Unternehmenssektor (intersektoraler Strom), sondern auch von einem Haushalt an einen anderen Haushalt (vgl. z. B. die Arbeitsleistungen von Hausangestellten). Solche intrasektoralen Ströme sollen im folgenden vernachlässigt werden. Um dennoch nicht allzu weit von der Realität abzuweichen, kann man die Haushalte in ihrer Eigenschaft als Empfänger von Arbeitsleistungen dem Unternehmenssektor der Volkswirtschaft zurechnen.

(b) Dem realen Kreislauf zwischen Haushalten und Unternehmungen entgegengerichtet verläuft der monetäre Kreislauf. Er besteht zum einen aus dem Strom der Faktoreinkommen, der den Haushalten von den Unternehmungen für geleistete Faktordienste zufließt und durch den Ausdruck Y_H^U symbolisiert werden soll. Er umfaßt Lohn- und Zinseinkommen. Zum anderen gehören zum monetären Kreislauf die Konsumausgaben C_H der Haushalte, die den Unternehmungen für die an die Haushalte verkauften Konsumgüter zugehen. Es ist denkbar, daß diese Verkaufserlöse des Unternehmenssektors der Volkswirtschaft die Summe der Löhne und Zinsen (kontraktbestimmte Einkommen) übersteigen, die dieser den Haushalten zuleiten muß. Dann erzielen die Unternehmungen offensichtlich Gewinne (residuale Einkommen), die denjenigen Haushalten zufließen, die Eigentümer der Unternehmungen sind.[6]

Vergleicht man den realen und den monetären Kreislauf, dann fällt auf, daß der monetäre Kreislauf das getreue Abbild des realökonomischen Kreislaufgeschehens ist. Man kann deshalb aus Vereinfachungsgründen den realen Kreislauf vernachlässigen und sich im folgenden auf die Analyse des monetären Kreislaufs konzentrieren.

(2) Neben der grafischen Darstellungsmethode des Wirtschaftskreislaufs gibt es noch drei andere Methoden zur Beschreibung des Kreislaufgeschehens:[7] die algebraische, die buchhalterische und die tabellarische Methode, die nun nacheinander erläutert werden sollen. Dabei ist es zweckmäßig, von dem in Schaubild 5.1 dargestellten Kreislaufgeschehen auszugehen, dessen monetärem Kreislauf sich entnehmen läßt, daß für jeden Sektor der Volkswirtschaft, d. h. sowohl für die Haushalte als auch für die Unternehmungen, die Summe der Einnahmen (Geldzuflüsse) gleich ist der Summe der Ausgaben (Geldabflüsse). Diese Gleichheit ist das Kennzeichen sog. geschlossener Wirtschaftskreisläufe, die im Mittelpunkt der folgenden Erörterungen stehen sollen.

(a) Die Gleichheit der Einnahmen und Ausgaben eines Sektors wird bei algebraischer Darstellung des Wirtschaftskreislaufs durch eine Gleichung wiedergegeben. Da das in Schaubild 5.1 dargestellte Kreislaufmodell zwei Sektoren enthält, benötigt man zu seiner algebraischen Darstellung zwei Gleichungen. Die Gleichung für den Haushaltssektor lautet

$$Y_H^U = C_H \qquad\qquad\qquad (1)$$

und besagt, daß die Haushalte das ihnen von den Unternehmungen zugeflossene Einkommen konsumtiv verausgabt haben. Hingegen lautet die Gleichung für den Unternehmenssektor

$$C_H = Y_H^U \qquad\qquad\qquad (2)$$

und gibt an, daß die Unternehmungen die ihnen von den Haushalten zugeflossenen Konsumausgaben als Faktoreinkommen an die Haushalte weitergeleitet haben.

(b) Es ist das Kennzeichen der buchhalterischen Darstellungsmethode, daß der Wirtschaftskreislauf unter Zuhilfenahme von Konten beschrieben wird. Wie sich dem nachfolgenden Schaubild 5.2 entnehmen läßt, wird für jeden Sektor der Volkswirtschaft ein Konto eingerichtet, auf dessen Habenseite die Einnahmen und auf dessen Sollseite die Ausgaben des betrachteten Sektors aufgezeichnet werden.

---

[6] Die Möglichkeit, Gewinne nicht auszuschütten, wird erst im folgenden Abschnitt 5.1.2. (2) (b) in die Betrachtung einbezogen. Von negativen Gewinnen (Verlusten) wird jedoch hier wie dort abstrahiert.

[7] Vgl. zum folgenden *Fenkel/John* 1991, S. 24ff. sowie die anschauliche Beschreibung der buchalterischen und der tabellarischen Methode bei *Cassel* 1973, S. 18ff.

Soll	H	Haben	Soll	U	Haben
Ausgaben:		Einnahmen:	Ausgaben:		Einnahmen:
C_H		Y_H^U	Y_H^U		C_H

Schaubild 5.2: Die buchhalterische Darstellung des Wirtschaftskreislaufs

Vergleicht man die Konten des Schaubildes 5.2 mit dem monetären Kreislauf des Schaubildes 5.1., dann wird deutlich, daß bei der buchhalterischen Darstellungsweise des Wirtschaftskreislaufs jeder Geldstrom der Methode der doppelten Buchführung entsprechend zweimal erfaßt wird: als Einnahme des einen Sektors und als Ausgabe des anderen Sektors.

(c) Die tabellarische Darstellungsmethode des Wirtschaftskreislaufs bedient sich einer Matrix, in der jeder Sektor der Volkswirtschaft sowohl in der Kopfspalte als auch in der Kopfzeile aufgeführt wird. Während der jeweils betrachtete Sektor in der Kopfzeile als einnehmender Sektor angesehen wird, ist er in der Kopfspalte in seiner Eigenschaft als ausgebender Sektor aufgeführt.

Einnehmender Sektor / Ausgebender Sektor	H	U
H	–	C_H
U	Y_H^U	–

Schaubild 5.3: Die tabellarische Darstellung des Wirtschaftskreislaufs

Wie sich dem obigen Schaubild 5.3 entnehmen läßt, ist die tabellarische Darstellungsmethode der buchhalterischen in zweifacher Hinsicht überlegen: Zum einen erübrigt sich die doppelte Verbuchung der Geldströme; trotz einfacher Verbuchung in der Matrix läßt sich erkennen, von welchem Sektor zu welchem Sektor der jeweils betrachtete Geldstrom fließt. Zum anderen ermöglicht die tabellarische Darstellungsmethode neben der Beschreibung intersektoraler Geldströme (z. B. der Strom der Faktoreinkommen von den Unternehmungen an die Haushalte) auch die Darstellung intrasektoraler Geldströme (z. B. intrasektorale Zahlungen innerhalb des Unternehmenssektors),[8] die jedoch im voraufgegangenen Schaubild 5.3 vernachlässigt worden sind.

---

[8] Solche Zahlungen können z. B. auftreten, wenn die Produzenten der Endprodukte von anderen Unternehmungen Vorprodukte erwerben.

(3) Will man sich die Bedeutung der verschiedenen Darstellungsformen des Wirtschaftskreislaufs klarmachen, dann ist es zweckmäßig, die in den Unterabschnitten (1) und (2) erläuterten Darstellungsmethoden miteinander zu vergleichen. Dabei fällt auf, daß die Beschreibung des Kreislaufgeschehens unter Zuhilfenahme grafischer und algebraischer Methoden anschaulicher ist als die buchhalterische und die tabellarische Darstellungsform. Andererseits sind jedoch die buchhalterische und die tabellarische Methode den beiden anderen Darstellungsformen überlegen, sobald man die betrachteten Sektoren der Volkswirtschaft weiter aufspaltet (Disaggregation) oder eine Quantifizierung des Kreislaufgeschehens beabsichtigt.

Im folgenden wird sowohl auf die Disaggregation als auch auf die Quantifizierung des Kreislaufgeschehens verzichtet. Deshalb ist es zweckmäßig, bei der Beschreibung der erweiterten Kreislaufmodelle in den Abschnitten 5.1.2 und 5.1.3 nur grafische und algebraische Darstellungsmethoden zu benutzen.

5.1.2. Die Berücksichtigung von Sparen und Investieren im Wirtschaftskreislauf

Das in Schaubild 5.1 auf Seite 137 dargestellte einfachste Modell des Wirtschaftskreislaufs zwischen Haushalten und Unternehmungen soll nun durch die Berücksichtigung von Sparen und Investieren erweitert werden. Dabei ist es zweckmäßig, von der Darstellung des monetären Kreislaufs in Schaubild 5.1 auszugehen und diese Darstellung anschließend zu erweitern.

(1) Während in Schaubild 5.1 unterstellt wurde, daß die Haushalte alle Einnahmen, die ihnen vom Unternehmenssektor zufließen, durch Konsumgüterkäufe den Unternehmungen wieder zuleiten, wird nunmehr angenommen, daß die Haushalte einen Teil ihrer Einnahmen nicht für Konsumgüterkäufe verausgaben. Man sagt dann, daß die Haushalte sparen. Das Sparen ist also der nicht konsumtiv verausgabte Teil des Einkommens. Wenn Haushalte nicht konsumtiv verausgabte Einkommensteile zu Hause aufbewahren (z. B. unter der Matratze), dann spricht man von Hortung. Im Regelfall werden jedoch die Haushalte ihre nichtkonsumierten Einkommensteile einer Bank oder Sparkasse übergeben.

Wenn die Haushalte einen Teil ihres Einkommens sparen, dann bleiben offensichtlich die Einnahmen der Unternehmungen (= Verkaufserlöse der Unternehmungen = Konsumgüternachfrage der Haushalte) um den Betrag der Ersparnis des Haushaltssektors hinter den Ausgaben der Unternehmungen (= Faktorentgelte = Sozialprodukt, d. h. Güterangebot der Unternehmungen) zurück. Die Unternehmungen können also einen Teil ihrer Produktion nicht als Konsumgüter an die Haushalte verkaufen. Den nichtverkauften Teil der Produktion bezeichnet man als Investition der Unternehmungen. Sie umfaßt zum einen jene Güter, die als produzierte Produktionsmittel (Kapitalgüter) in den Produktionsprozeß eingesetzt werden.[9] Zum anderen zählen zur Investition auch die dem Aufbau oder der Vergrößerung von Lägern dienenden Güter.

Wie die bisherigen Überlegungen zeigen, entspricht dem nicht konsumtiv verausgabten Teil des Einkommens (Sparen) ein nicht an die Haushalte verkaufter Teil der Produktion (Investition). Diese Gleichheit zwischen Sparen und Investieren ist in der ex post-Betrachtung immer gegeben.[10] In der ex ante-Betrachtung stimmen Sparen und Investieren nur dann überein, wenn die geplante Ersparnis der Haushalte gleich ist der von den Unternehmungen geplanten Investition.[11]

(2) Sobald Spar- und Investitionsaktivitäten in die Kreislaufanalyse eingeführt werden, ist die Summe der Einnahmen sowohl für den Haushalts- als auch für den Unternehmenssektor nicht mehr gleich der Summe der Ausgaben, d. h. der Wirtschaftskreislauf ist nicht mehr geschlossen. Um den nunmehr offenen Kreislauf schließen zu können, muß man sich klarmachen, daß Differenzen zwischen Einnahmen und Ausgaben durch Bestandsänderungen ausgeglichen werden, was sowohl für den Haushalts- als auch für den Unternehmenssektor einer genaueren Erläuterung bedarf.

(a) Wenn Haushalte einen Teil ihrer Einnahmen sparen, dann entsteht in ihrem Bereich ein Geldbestand (Geldvermögen) oder ein bereits bestehender Geldbestand vergrößert sich. Der Differenz zwischen den für den Haushalt relevanten Stromgrößen (Einnahmenausgaben) entspricht also eine Bestandsänderung (Geldbestandsänderung). Im Unterschied zu den zeitraumbezogenen Stromgrößen, die als „DM pro Zeiteinheit" ermittelt werden, sind Bestandsgrößen zeitpunktbezogen und werden als „DM pro Zeitpunkt" errechnet.[12] Dabei geht man nach der Formel

Anfangsbestand + Zugänge – Abgänge = Endbestand

vor. Diese Formel drückt für den Fall von Geldbeständen aus, daß diese durch Sparen (= Zugänge) vergrößert und durch die Auflösung von Ersparnissen (= Entsparen = Abgänge) verkleinert werden.

Zur Veranschaulichung von Vermögensänderungen ist es üblich, einen (fiktiven) dritten Sektor in die grafische Darstellung des Wirtschaftskreislaufs einzuführen, der die Bestandsänderungen (z. B. Sparen) aufnimmt. Im Un-

---

[9] Zur Unterscheidung von Konsum- und Kapitalgütern vgl. die Ausführungen im obigen Abschnitt 1.2.2. (2) (a) und (b).

[10] Man spricht in diesem Zusammenhang auch von der sog. ex post-Identität von Sparen und Investieren.

[11] Man spricht in diesem Zusammenhang von einem Gleichgewicht (makroökonomisches Gütermarktgleichgewicht). Zur genaueren Erläuterung dieser Zusammenhänge vgl. die Darstellung der makroökonomischen Theorie in Band II der vorliegenden Reihe.

[12] Zur Unterscheidung von Strom- und Bestandsgrößen vgl. z. B. *Frenkel/John* 1991, S. 9f.

terschied zu den personellen Sektoren (Haushalte H und Unternehmungen U) ist der zusätzliche Sektor ein funktioneller Sektor, den man bei buchhalterischer Darstellung des Kreislaufgeschehens als „Vermögensänderungskonto" bezeichnen würde. Er ist deshalb auch im nachfolgenden Schaubild 5.4 als Vermögensänderungskonto VÄ bezeichnet worden. Das Sparen der Haushalte läßt sich dann als Strom von den Haushalten zum Vermögensänderungskonto darstellen.

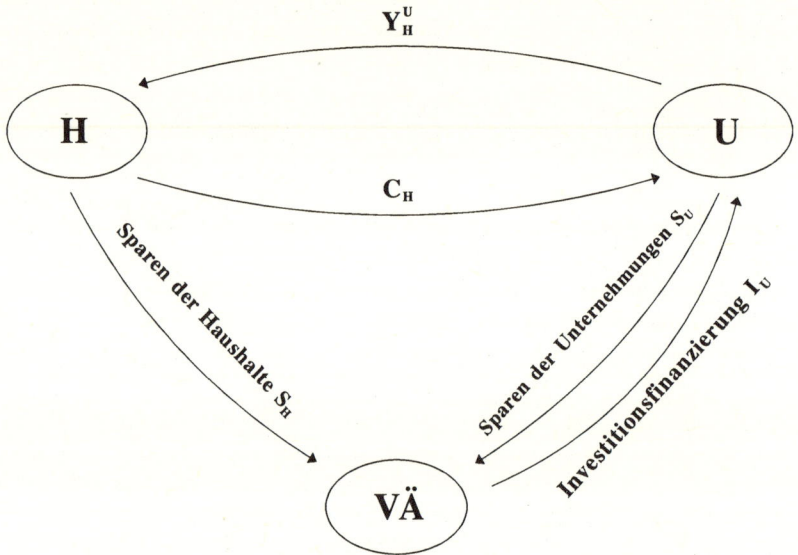

Schaubild 5.4: Die Berücksichtigung von Sparen und Investieren im Wirtschaftskreislauf

(b) Dem Sparen der Haushalte entspricht ein Finanzierungsbedarf der Unternehmungen, was sich leicht erklären läßt: Dem Sparen der Haushalte entspricht im Unternehmenssektor ein nicht an die Haushalte verkaufter Teil der Produktion (Investition) und mithin eine gleichhohe Differenz zwischen gezahlten Faktorentgelten und erzielten Verkaufserlösen. Diese Differenz ist der Finanzierungsbedarf der Unternehmen. Unter den gegebenen Voraussetzungen ist der Finanzierungsbedarf der Unternehmungen gleich der Ersparnis der Haushalte. Die Quelle der Investitionsfinanzierung ist also die Ersparnis der Haushalte. Dies kann man sich unter Zuhilfenahme von Schaubild 5.4 klarmachen, wenn man außer dem Strom der Ersparnisse von den Haushalten zum Vermögensänderungskonto auch den Strom der Investitionsfinanzierung vom Vermögensänderungskonto zu den Unternehmungen betrachtet.

In der ökonomischen Realität ist es möglich, daß nicht nur die Haushalte, sondern auch die Unternehmungen sparen. Vom Sparen der Unternehmungen spricht man immer dann, wenn sie ihre Gewinne zumindest teilweise einbehalten (unverteilte Gewinne), also nicht den Haushalten zuleiten, die Eigentümer der Unternehmungen sind. Das Sparen der Unternehmungen läßt sich in Schaubild 5.4 durch einen Pfeil von den Unternehmungen zum Vermögensänderungskonto darstellen. Sofern die jeweils betrachtete Unternehmung einen Geldvermögenszuwachs nicht wünscht, wird sie ihre Ersparnisse verwenden, um von anderen Unternehmungen Kapitalgüter zu kaufen (sog. Selbstfinanzierung). Die Investitionsfinanzierung der Unternehmungen resultiert dann aus zwei Quellen, aus der Ersparnis der Haushalte (Außenfinanzierung) und aus der Ersparnis der Unternehmungen (Selbstfinanzierung). Im folgenden soll jedoch von der Ersparnis der Unternehmung abgesehen werden.

Abstrahiert man von Lagerinvestitionen, dann werden sich durch die Investitionen der Unternehmungen die Produktionsmöglichkeiten der Volkswirtschaft im Regelfalle vergrößern. Dies ist immer dann der Fall, wenn sich die Unternehmungen nicht damit begnügen, Ersatz für unbrauchbar gewordene Maschinen anzuschaffen (Ersatzinvestition), sondern wenn sie darüber hinaus auch Neuinvestitionen vornehmen. Im Unterschied zu Ersatzinvestitionen implizieren Neuinvestitionen eine Vergrößerung der Produktionskapazität, so daß die Beschäftigung (auch des Faktors Arbeit) und mithin Produktion und Volkseinkommen zunehmen. Während Schaubild 5.1 das Kreislaufgeschehen in einer stationären Volkswirtschaft darstellt, kann Schaubild 5.4 als grafische Darstellung des Wirtschaftskreislaufs einer evolutorischen Volkswirtschaft angesehen werden.

(3) Da das in Schaubild 5.4 dargestellte Kreislaufmodell außer dem Haushalts- und dem Unternehmenssektor auch ein Vermögensänderungskonto enthält, also drei Pole aufweist, sind zu seiner algebraischen Erfassung offensichtlich drei Gleichungen erforderlich. Die Gleichung für den Haushaltssektor lautet

$$Y_H^U = C_H + S_H \qquad (1)$$

und besagt, daß die Haushalte das ihnen von den Unternehmungen zugeflossene Einkommen teils konsumtiv verausgaben und teils sparen. Hingegen lautet die Gleichung für den Unternehmenssektor nunmehr

$$C_H + I_U = Y_H^U + S_U \qquad (2)$$

und gibt an, daß den Unternehmungen durch die Konsumausgaben der Haushalte und durch die Investitionsausgaben der Unternehmungen Einnahmen zufließen, die sie teils als Faktoreinkommen an die Haushalte weiterleiten und teils sparen.

Das Vermögensänderungskonto wird durch die Gleichung

$$S_H + S_U = I_U \qquad (3)$$

beschrieben. Man kann ihr entnehmen, daß die Summe der Ersparnisse des Haushalts- und des Unternehmenssektors gleich der Investition (der Unternehmungen) ist. Wenn jedoch die Unternehmungen ihre Gewinne vollständig ausschütten, so daß die Ersparnis der Unternehmungen null ist, dann stimmen die Ersparnisse der Haushalte und die Investitionen der Unternehmungen überein.

Symbolisiert man die Gesamtersparnis beider Sektoren durch S, dann erhält man aus (3) die Beziehung

$$S = I, \tag{4}$$

nach der Sparen und Investieren ex post einander gleich sind.

5.1.3. Der Einbau des Staates in den Wirtschaftskreislauf

Während in den bisherigen kreislaufanalytischen Überlegungen unterstellt wurde, daß nur private Wirtschaftssubjekte ökonomisch aktiv sind, ist es nunmehr erforderlich, auch die ökonomischen Aktivitäten des Staates in das Kreislaufgeschehen einzubeziehen. Zu diesem Zweck muß man die grafische Darstellung des Kreislaufmodells um einen weiteren Pol und die algebraische Beschreibung des Wirtschaftskreislaufs um eine zusätzliche Gleichung erweitern, was im folgenden genauer erläutert werden soll.

(1) Der öffentliche Sektor der Volkswirtschaft ist im nachfolgenden Schaubild 5.5 als St (Staat) symbolisiert worden.[13] Wie ein Blick auf das Schaubild zeigt, ist dieser zusätzliche Pol sowohl mit den beiden privaten Sektoren der Volkswirtschaft (Haushalte, Unternehmungen) als auch mit dem Vermögensänderungskonto durch Geldströme verbunden.

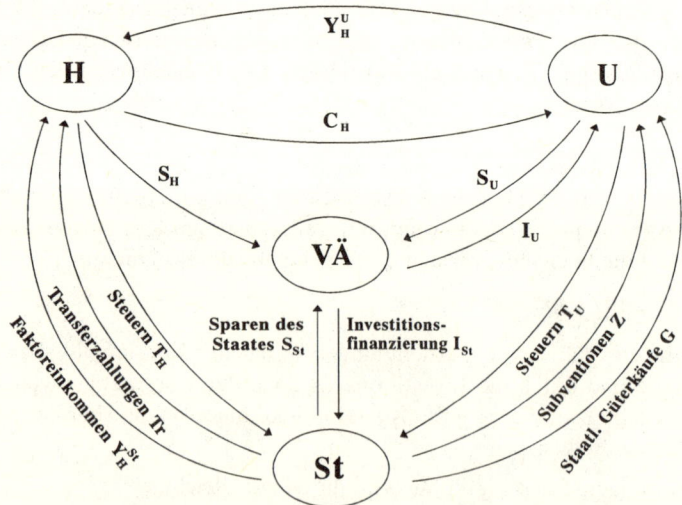

Schaubild 5.5: Der Einbau des Staates in die Kreislaufanalyse

---

[13] Soweit der Staat unternehmerische Aktivitäten entfaltet, also öffentliche Unternehmungen betreibt, wird er dem Unternehmenssektor U zugerechnet.

(a) Mit den privaten Haushalten ist der Staat durch drei Geldströme verbunden. Erstens fließt den Haushalten vom Staat ein Strom von Faktoreinkommen Y_H^{St} zu, die sie für Faktorleistungen erhalten, welche sie in ihrer Eigenschaft als Arbeitnehmer des öffentlichen Dienstes erbringen. Zweitens leitet der Staat den Haushalten Transferzahlungen zu, die im obigen Schaubild als Tr bezeichnet worden sind. Drittens erhebt der Staat von den Haushalten Steuern (z. B. Lohn- oder Einkommensteuer), so daß ein Strom von Steuerzahlungen der Haushalte T_H dem Staat zufließt.

Den Faktoreinkommen Y_H^{St}, welche die Haushalte vom Staat beziehen, entspricht wie den Faktoreinkommen Y_H^U, die den Haushalten von den Unternehmungen zufließen, ein realer Gegenstrom. Diese beiden Einkommensströme symbolisieren also zweiseitige Transaktionen. Den Transferzahlungen des Staates an die Haushalte und den Steuerzahlungen der Haushalte an den Staat entsprechen jedoch keine realen Gegenströme. Man spricht deshalb in diesen Fällen von sog. einseitigen Transaktionen.

(b) Auch die Untenehmungen sind mit dem Staat durch drei Geldströme verbunden, von denen wiederum der zuerst erläuterte zweiseitige Transaktionen repräsentiert, während die beiden anschließend aufgeführten jeweils einseitige Transaktionen darstellen. Eine zweiseitige Transaktion repräsentiert der Geldstrom, der vom Staat ausgehend dem Unternehmenssektor für Güterlieferungen G zufließt, die Zwischen- und Endprodukte der Konsum- und der Kapitalgüterindustrie umfassen können. Einseitige Übertragungen sind zum einen die Subventionen Z, die der Staat nicht wenigen Produzenten zahlt und zum anderen die Steuerzahlungen T_U der Unternehmungen an den Staat.

(c) Mit dem Vermögensänderungskonto ist der Staat in ähnlicher Weise verbunden wie die Unternehmungen. Zum einen fließt dem Vermögensänderungskonto die Ersparnis S_{St} des Staates zu. Sie entspricht der Differenz zwischen den Staatseinnahmen und jenen Staatsausgaben, die für nichtinvestive Zwecke getätigt worden sind. Zum anderen muß man berücksichtigen, daß der Staat einen Bedarf an Investitionsfinanzierung haben kann, der immer dann auftritt, wenn die staatlichen Investitionen größer sind als die staatliche Ersparnis. Er führt zu einem Geldstrom vom Vermögensänderungskonto zum Staatssektor, der im obigen Schaubild als Investitionsfinanzierung I_{St} bezeichnet worden ist.

(2) Da das in Schaubild 5.5 dargestellte Kreislaufmodell außer dem Haushalts- und dem Unternehmenssektor sowie dem Vermögensänderungskonto auch den Staatssektor enthält, also vier Pole aufweist, sind zu seiner algebraischen Erfassung offensichtlich vier Gleichungen erforderlich. Die Gleichung für den Haushaltssektor lautet jetzt

$$Y_H^U + Y_H^{St} + Tr = C_H + S_H + T_H \tag{1}$$

und besagt, daß die Haushalte das ihnen von den Unternehmungen und vom Staat zugeflossene Einkommen sowie die vom Staat erhaltenen Transferzahlungen in dreifacher Weise verwenden: für Konsumzwecke, zum Sparen und für Steuerzahlungen. Hingegen lautet die Gleichung für den Unternehmenssektor nunmehr

$$C_H + I_U + G + Z = Y_H^U + S_U + T_U \tag{2}$$

und gibt an, daß den Unternehmungen durch die Konsumausgaben der Haushalte, durch die Investitionsausgaben der Unternehmungen, durch Staatsausgaben für Güterkäufe und durch Subventionen Einnahmen zufließen. Diese werden teils als Faktoreinkommen an die Haushalte weitergeleitet, teils gespart und teils dem Staat als Steuerzahlungen zugeführt.

Die ökonomischen Aktivitäten des staatlichen Sektors werden durch die Gleichung

$$T_H + T_U + I_{St} = Y_H^{St} + Tr + G + Z + S_{St} \tag{3}$$

erfaßt. Ihr läßt sich entnehmen, daß dem Staat durch Steuerzahlungen der Haushalte und Unternehmungen sowie durch die Investitionsfinanzierung Einnahmen zufließen, die er in fünffacher Weise verwenden kann: Als Faktoreinkommen und Transfers an die Haushalte, als Ausgaben für Güterkäufe und Subventionen an die Unternehmungen, und schließlich kann er Teile seiner Einnahmen sparen.

Das Vermögensänderungskonto wird im vorliegenden Kreislaufmodell durch die Gleichung

$$S_H + S_U + S_{St} = I_U + I_{St} \tag{4}$$

beschrieben. Man kann ihr entnehmen, daß die Summe aus privater Ersparnis (der Haushalte und Unternehmungen) und staatlicher Ersparnis gleich ist der Summe aus privater und staatlicher Investition. Wiederum stimmt also die Gesamtersparnis der Volkswirtschaft mit der Gesamtinvestition überein, was im obigen Abschnitt 5.1.2. durch die dortige Gleichung (4) ausgedrückt wurde.[14]

Aufschlußreicher als diese Zusammenfassung ist es jedoch, durch Umformulierung der voraufgegangenen Gleichung nacheinander den gesamtwirtschaftlichen und den staatlichen Finanzierungssaldo zu isolieren. Der gesamtwirtschaftliche Finanzierungssaldo ist die Summe aus dem privaten Finanzierungssaldo ($I_U - S_U$) einerseits und dem staatlichen Finanzierungssaldo ($I_{St} - S_{St}$) andererseits. Wie die nachfolgende Umformung der Gleichung (4) zu

$$(I_U - S_U) + (I_{St} - S_{St}) = S_H \tag{4b}$$

zeigt, stimmt das gesamtwirtschaftliche Finanzierungsdefizit ex post mit der

---

[14] Im Unterschied zum Kreislaufmodell des Abschnittes 5.1.2. besteht jedoch nach Berücksichtigung des Staates im vorliegenden Abschnitt 5.1.3. die volkswirtschaftliche Gesamtersparnis aus drei und die volkswirtschaftliche Gesamtinvestition aus zwei Komponenten.

Ersparnis der Haushalte überein. Schreibt man schließlich die obige Gleichung (4) in der Form

$$(I_{St} - S_{St}) = S_H + S_U - I_U, \tag{4c}$$

dann wird deutlich, daß dem staatlichen Finanzierungsdefizit (Budgetdefizit) ex post ein gleichhoher (Finanzierungs-)Überschuß des privaten Sektors der Volkswirtschaft gegenüberstehen muß.

5.2. Die Quantifizierung des gesamtwirtschaftlichen Geschehens in der volkswirtschaftlichen Gesamtrechnung

Wie die Kreislaufanalyse gezeigt hat, durchläuft der Kreislaufstrom immer wieder die gleichen Stationen. Will man die ökonomische Situation einer Volkswirtschaft beurteilen und z. B. mit der Lage anderer Länder vergleichen, dann ist es erforderlich, für eine bestimmte Periode, (z. B. für ein Jahr) das Ergebnis des Kreislaufgeschehens zu kennen. Deshalb ist es in den meisten Ländern üblich, die ökonomischen Vorgänge während des jeweils relevanten Betrachtungszeitraums zu registrieren und am Ende der Periode zusammenzufassen.

Im folgenden sollen die Grundlagen einer solchen volkswirtschaftlichen Gesamtrechnung erläutert werden.[15] Dabei ist es zweckmäßig, in drei Schritten vorzugehen. Erstens ist es erforderlich, das für die volkswirtschaftliche Gesamtrechnung grundlegende Konzept des Sozialprodukts zu beschreiben (vgl. Abschnitt 5.2.1.). Anschließend kann man dann auf die Methoden der Berechnung von Sozialprodukt und Volkseinkommen eingehen, wobei zunächst auf die sog. Entstehungsrechnung (Abschnitt 5.2.2.) und anschließend auf alternative Berechnungsmethoden (Abschnitt 5.2.3.) eingegangen werden soll.

5.2.1. Das Sozialprodukt als Grundkonzept der volkswirtschaftlichen Gesamtrechnung

Das Ergebnis des Kreislaufgeschehens, welches in der jeweils betrachteten Volkswirtschaft am Ende des Untersuchungszeitraums festgestellt werden kann, besteht aus einem Güterberg,[16] den man als Sozialprodukt bezeichnet. Wie man aus der Kreislaufanalyse des obigen Abschnitts 5.1. folgern kann, ist das Sozialprodukt nach Ablauf des Betrachtungszeitraumes drei verschiedenen Gruppen von Wirtschaftssubjekten zugeflossen: Erstens sind den Haushalten Güter und Dienstleistungen zugegangen (Konsum), zwei-

---

[15] Vgl. dazu z. B. *Siebert* 1992, S. 215 ff., *Wessels* 1966, S. 50 ff.
[16] Dieser Begriff ist i. w. S. zu verstehen: Zu diesem Güterberg gehören sowohl Sachgüter als auch Dienstleistungen.

10*

tens sind Güter im Unternehmensbereich verblieben (Investition) und drittens hat der Staat Güter und Dienstleistungen erhalten (sog. Staatsverbrauch).

Bei dem Versuch, das Sozialprodukt eines Landes für eine bestimmte Periode zu ermitteln, treten konzeptionelle Probleme auf, von denen die beiden wichtigsten kurz besprochen werden sollen.

(1) Das Sozialprodukt besteht aus sehr verschiedenen Gütern und Dienstleistungen. Deshalb gibt es offensichtlich keine Maßeinheit, die sich auf alle Komponenten des Sozialprodukts anwenden läßt. Man kann deshalb diese verschiedenen Komponenten nur dann addieren, wenn man zuvor die verschiedenen Mengengrößen durch Multiplikation mit ihren jeweiligen Marktpreisen in Wertgrößen ausdrückt.

Dieses Vorgehen ist jedoch nicht ganz unproblematisch. Will man z. B. für ein Land das Sozialprodukt mehrerer Perioden (z. B. mehrerer Jahre) vergleichen und hat man das Sozialprodukt jeder Periode zu jeweiligen Preisen bewertet, dann sind diese Sozialproduktvergleiche wenig nützlich, wenn sich zwischenzeitlich die Güterpreise geändert haben: Man kann dann nicht erkennen, ob eine beobachtete Änderung des (nominalen) Sozialprodukts nur durch Preisänderungen oder auch durch Mengenänderungen bedingt ist.

Um dennoch die Entwicklung des realen Sozialprodukts im Zeitablauf verfolgen zu können, ist es erforderlich, die Wirkung der Preisschwankungen auszuschalten. Dies geschieht, indem man das Sozialprodukt jeder Periode mit den Preisen eines sog. Basisjahres bewertet.

(2) Bisher ist (zumindest implizit) unterstellt worden, daß alle Komponenten des Sozialprodukts einen Marktpreis haben, unter dessen Zuhilfenahme sie in Wertgrößen ausgedrückt werden können. Im Falle der vom Staat angebotenen öffentlichen Güter fehlen jedoch solche Marktpreise.[17] Es ist deshalb bei der Berechnung des Sozialprodukts üblich, diese Staatsleistungen mit den Kosten anzusetzen, die sie verursachen.

Diese Kosten sind gleich jenem Teil der Staatsausgaben, der den Arbeitern und Angestellten des Staates sowie seinen Beamten für Faktorleistungen zufließt (Faktoreinkommen Y_H^{St} in Schaubild 5.5). Die Transferzahlungen (Tr in Schaubild 5.5) gehören also nicht zum Sozialprodukt.[18]

---

[17] Dies gilt nicht für jene Leistungen, die der Staat in unternehmerischer Funktion anbietet.

[18] Dies folgt unmittelbar aus der Definition der Transferzahlungen: Wie bereits im obigen Abschnitt 5.1.3. (1) (a) erläutert wurde, sind Transfers einseitige Transaktionen, die ohne (reale) Gegenleistung der Empfänger gezahlt werden.

5.2.2. Die Berechnung von Sozialprodukt und Volkseinkommen nach der Entstehungsrechnung

In der Literatur werden drei Methoden zur Berechnung von Sozialprodukt und Volkseinkommen beschrieben,[19] von denen sich in der ökonomischen Realität die sog. Entstehungsrechnung als besonders genau erwiesen hat (*Felderer/Homburg* 1991, S. 43). Ausgangspunkt für die Berechnung von Sozialprodukt und Volkseinkommen nach der Entstehungsrechnung ist der Prozeß der Leistungserstellung, dessen Ergebnis durch einen Berechnungsgang erfaßt wird, der aus fünf Schritten besteht.

(1) Im weitesten Sinne umfaßt das Sozialprodukt einer Periode alle in diesem Zeitraum erbrachten Leistungen der Wirtschaftssubjekte. Man spricht in diesem Zusammenhang vom sog. Bruttosozialprodukt.

Allerdings muß man beachten, daß einige der im Betrachtungszeitraum erstellten Güter bei der Errechnung des Bruttosozialproduktes nicht mitgezählt werden dürfen, wenn man Doppelzählungen vermeiden will, was sich anhand von zwei einfachen Beispielen erläutern läßt (vgl. *Dornbusch/Fischer* 1992, S. 34): So zählt der Wert der Autoproduktion zum Bruttosozialprodukt; wenn man aber auch z. B. den Wert der Reifen mitzählen wollte, die von den Reifenerzeugern an die Autohersteller geliefert worden sind, dann wäre dies eine Doppelzählung. Entsprechend gehört der Wert der in einer Volkswirtschaft erzeugten Backwaren zum Bruttosozialprodukt; jedoch darf man zur Vermeidung von Doppelzählungen nicht auch noch den Wert des Mehls in Ansatz bringen, welches die Müller an die Bäcker verkaufen und auch nicht den Wert des Getreides, welches die Landwirte den Müllern geliefert haben.

Aus diesen Beispielen wird deutlich, daß man jene Güter, die wie z. B. Autoreifen, Mehl und Getreide bei der Erzeugung anderer Güter untergehen (Zwischenprodukte), bei der Errechnung des Bruttosozialprodukts leicht doppelt zählt. Um dies zu vermeiden, geht jede Erzeugungsstufe nur mit dem Wertzuwachs in die Berechnung des Bruttosozialprodukts ein, den diese Produktionsstufe dem Produkt hinzugefügt hat (sog. Wertschöpfung). Dabei errechnet man die Wertschöpfung einer Produktionsstufe, indem man vom Wert ihrer Erzeugnisse den Wert der verwendeten Zwischenprodukte (sog. Vorleistungen) abzieht.

Hingegen sind dem Bruttosozialprodukt alle Güter zuzurechnen, die jene Güter (Kapitalgüter) ersetzen, die beim Produktionsprozeß der betrachteten Periode verbraucht worden sind. Man spricht in diesem Zusammenhang von den sog. Ersatzinvestitionen, die zum Bruttosozialprodukt der jeweils betrachteten Periode zählen.

---

[19] Vgl. z. B. die Darstellung dieser Methoden bei *Frenkel/John* 1991, S. 81ff., *Brümmerhoff* 1992, S. 36ff. und *Felderer/Homburg* 1991, S. 39ff.

(2) Man muß jedoch sehen, daß die Ersatzinvestitionen nicht zum eigentlichen Produktionsergebnis der Volkswirtschaft zählen: Sie stellen lediglich sicher, daß die Produktionskapazitäten der Volkswirtschaft durch Ausscheiden obsoleter Maschinen nicht kleiner werden. Mithin erhält man die eigentliche Leistung, welche die Volkswirtschaft im Betrachtungszeitraum erbracht hat, erst dann, wenn man vom Bruttosozialprodukt die Abschreibungen abzieht. Da die Ersatzinvestitionen offensichtlich der Wertminderung entsprechen, die der Produktionsapparat der Volkswirtschaft innerhalb des Betrachtungszeitraumes erfahren hat, werden sie mit einem der Betriebswirtschaftslehre entnommenen Terminus als Abschreibungen bezeichnet.[20]

Nach Subtraktion der Abschreibungen vom Bruttosozialprodukt erhält man das Nettosozialprodukt. Dies stellt die eigentliche Leistung dar, die von der Volkswirtschaft im Betrachtungszeitraum erbracht worden ist. Wenn dieses Land im untersuchten Zeitraum außer den Ersatzinvestitionen keine weiteren Investitionen getätigt hat, so daß die Nettoinvestition null und der Produktionsapparat der Volkswirtschaft unverändert geblieben ist, dann besteht das Nettosozialprodukt ausschließlich aus Konsumgütern. In modernen Volkswirtschaften enthält jedoch die Investitionssumme im Regelfalle neben den Ersatzinvestitionen auch Nettoinvestitionen (Erweiterungsinvestitionen). Der Produktionsapparat wächst dann, so daß die Volkswirtschaft ihre Gütererzeugung ausdehnen kann. Wie bereits erläutert worden ist (vgl. Abschnitt 5.1.2. (2) (b)), wird die betrachtete Volkswirtschaft dann als evolutorisch bezeichnet.

Das so berechnete Sozialprodukt einer Periode ist offensichtlich aus den Beiträgen entstanden, welche die Produktionsfaktoren (genauer: die Anbieter der Produktionsfaktoren, also die Haushalte) im gleichen Zeitabschnitt zur Leistungserstellung erbracht haben. Dafür haben die Haushalte Entgelte erhalten, die im Rahmen der Kreislaufanalyse als Faktoreinkommen Y_H^U bezeichnet worden sind (vgl. z.B. Schaubild 5.5) und aus der Sicht der Unternehmungen die Produktionskosten darstellen. Berücksichtigt man, daß die Höhe der Faktorentgelte den Geldwert der von den Produktionsfaktoren geleisteten Beiträge zur Leistungserstellung repräsentiert (z.B. Lohn für den Beitrag des Faktors Arbeit, Zins für den Beitrag des Faktors Kapital), dann wird deutlich, daß allen Beiträgen zum Prozeß der Leistungserstellung Einkommen entsprechen. In Höhe des Nettosozialprodukts entsteht also ein entsprechendes Einkommen.

(3) Bisher ist davon ausgegangen worden, daß das Nettosozialprodukt zu Marktpreisen berechnet wird. Es enthält dann außer den an die Produk-

---

[20] Von den betriebswirtschaftlichen Abschreibungen kann man nur dann auf die volkswirtschaftlichen Abschreibungen schließen, wenn erstere die Wertminderung durch Abnutzung zutreffend wiedergeben.

tionsfaktoren geleisteten Vergütungen auch die indirekten Steuern (z. B. Mehrwertsteuer).[21] Andererseits erhalten die Unternehmungen vom Staat Subventionen, die wie eine negative Steuer (also preissenkend) wirken. Folglich erhält man das Nettosozialprodukt zu Faktorkosten, wenn man das Nettosozialprodukt zu Marktpreisen um die indirekten Steuern vermindert und um die Subventionen vermehrt.

Wie bereits erläutert wurde (vgl. den obigen Unterabschnitt (2)), sind die Faktorkosten der Unternehmer das Einkommen der Produktionsfaktoren. Das Nettosozialprodukt zu Faktorkosten wird deshalb als Volkseinkommen bezeichnet.

(4) Allerdings ist es nicht möglich, vom Volkseinkommen unmittelbar auf die Summe aller persönlichen Einkommen der Wirtschaftsubjekte zu schließen. Dafür gibt es zwei Gründe. Zum einen ist zu berücksichtigen, daß das Volkseinkommen den am Prozeß der Leistungserstellung beteiligten Wirtschaftsubjekten nicht in voller Höhe zufließt. Nicht zur Auszahlung an die Haushalte gelangen jene Teile des Volkseinkommens, die als unverteilte Gewinne im Unternehmenssektor verbleiben, die von den Unternehmungen zu tragenden Steuern (Körperschaftsteuern) und die Arbeitgeberbeiträge zur Sozialversicherung. Zum anderen gibt es Einkommensteile, die von den Haushalten nicht durch geleistete Faktordienste verdient worden sind (Transfereinkommen). Mithin erhält man das persönliche Einkommen, indem man das Volkseinkommen um unverteilte Gewinne, Körperschaftssteuern sowie Arbeitgeberbeiträge zur Sozialversicherung vermindert und um die Transferzahlungen erhöht.

(5) Schließlich ist zu berücksichtigen, daß den verschiedenen Einkommensbeziehern das persönliche Einkommen nicht in voller Höhe zur Verfügung steht. Dies ergibt sich unmittelbar daraus, daß die Lohn- oder Einkommensbezieher persönliche direkte Steuern (z. B. Lohn- oder Einkommensteuer) zahlen müssen und Arbeitnehmerbeiträge zur Sozialversicherung zu entrichten haben. Erst wenn man vom persönlichen Einkommen die direkten Steuern und die Arbeitnehmerbeiträge zur Sozialversicherung abzieht, erhält man das verfügbare (disponible) Einkommen.

Die Berechnung von Sozialprodukt und Volkseinkommen nach der Entstehungsrechnung beginnt also mit dem Bruttosozialprodukt zu Marktpreisen und endet mit dem verfügbaren Einkommen. Dieser Berechnungsweg läßt sich wie folgt zusammenfassen:

---

[21] Dabei ist unterstellt worden, daß die indirekten Steuern von den Unternehmungen durch entsprechende Preiserhöhungen auf ihre Abnehmer weitergewälzt werden. – Zu den direkten Steuern zählen z. B. die Lohn- bzw. die Einkommensteuer.

Bruttosozialprodukt zu Marktpreisen
− Abschreibungen

Nettosozialprodukt zu Marktpreisen
− indirekte Steuern
+ Subventionen

Nettosozialprodukt zu Faktorkosten (Volkseinkommen)
− unverteilte Gewinne
− Körperschaftssteuern
− Arbeitgeberbeiträge zur Sozialversicherung
+ Transferzahlungen

---

persönliches Einkommen
− persönliche direkte Steuern
− Arbeitnehmerbeiträge zur Sozialversicherung

---

verfügbares (disponibles) Einkommen

5.2.3. Grundzüge der Verwendungs- und Verteilungsrechnung

Neben der Entstehungsrechnung stehen zur Ermittlung von Sozialprodukt und Volkseinkommen auch die Verwendungsrechnung und die Verteilungsrechnung zur Verfügung, die kurz charakterisiert werden sollen.

(1) Ausgangspunkt der Verwendungsrechnung ist die Überlegung, daß in einer geschlossenen Volkswirtschaft das Bruttosozialprodukt zu Marktpreisen in dreifacher Weise verwendet werden kann:[22] zum privaten Verbrauch, zur Bruttoinvestition und zum Staatsverbrauch. Die Verwendungsrechnung gibt also Aufschluß darüber, für welche Zwecke die in der Volkswirtschaft erzeugten Güter und Dienstleistungen benutzt worden sind.

(2) Hingegen ist Ausgangspunkt der Verteilungsrechnung die Frage, wie sich das im Zuge der Gütererstellung erzielte Volkseinkommen auf die am Produktionsprozeß beteiligten Wirtschaftssubjekte verteilt. Dabei stehen zwei Fragen im Mittelpunkt des Interesses.

Zum einen wird nach der Verteilung des Volkseinkommens auf Einkommen aus unselbständiger Tätigkeit einerseits sowie auf Einkommen aus Unternehmertätigkeit und Vermögen andererseits gefragt (sog. funktionale Einkommensverteilung). Bezeichnet man diese beiden Einkommenskategorien vereinfachend als L (Lohneinkommen) und B (Besitzeinkommen),

---

[22] In einer offenen Volkswirtschaft ist als vierte Verwendungskategorie der sog. Außenbeitrag zu berücksichtigen. Vgl. dazu Bd. IV der vorliegenden Reihe.

dann läßt sich die funktionale Einkommensverteilung durch die Gleichungen

$$L + B = Y \tag{1}$$

oder

$$\frac{L}{Y} + \frac{B}{Y} = 1 \tag{2}$$

beschreiben. Sie besagen, daß sich Lohn- und Besitzeinkommen zum Volkseinkommen ergänzen bzw. daß die Summe aus Lohnquote und Besitzeinkommensquote gleich 1 ist.[23]

Zum anderen wird die durch den Staat vorgenommene Einkommensumverteilung beziffert, die immer dann zu beobachten ist, wenn es eine Gruppe von Wirtschaftssubjekten gibt, von denen der Staat Steuern erhebt und wenn es eine andere Gruppe von Wirtschaftssubjekten gibt, an die der Staat Transfers und Subventionen zahlt. Während man die sich aus dem Produktionsprozeß ergebende (funktionale) Einkommensverteilung als Primärverteilung bezeichnet, ist für die nach den staatlichen Redistributionsmaßnahmen zu beobachtende Einkommensverteilung der Begriff Sekundärverteilung geprägt worden.

5.3. Die Erfassung der Wohlstandswirkungen des gesamtwirtschaftlichen Geschehens

Der volkswirtschaftlichen Gesamtrechnung eines Landes kann man im Regelfalle vielfältige Informationen über das gesamtwirtschaftliche Geschehen entnehmen. Es ist jedoch fraglich, ob sie in der im obigen Abschnitt 5.2. dargestellten Form auch dazu in der Lage ist, Aufschluß über die Wohlstandssituation der betrachteten Volkswirtschaft zu geben. Dieser Frage soll im folgenden nachgegangen werden. Dabei ist es zweckmäßig, auf drei Punkte einzugehen.

Zunächst sollen die Ausgangspunkte der Wohlstandsdiskussion erläutert werden (Abschnitt 5.3.1.). Anschließend kann man dann untersuchen, ob das in der volkswirtschaftlichen Gesamtrechnung ermittelte Sozialprodukt

---

[23] In der wirtschaftspolitischen Tagesdiskussion werden die funktionalen Einkommenskategorien immer wieder als personale Kategorien mißverstanden, wobei dann einem überholten Klassendenken entsprechend die „armen" Lohneinkommensbezieher den „reichen" Besitzeinkommensbeziehern gegenübergestellt werden. Man muß sich jedoch klarmachen, daß z.B. Vorstandsmitglieder Lohneinkommen beziehen, kleine Einzelhändler Einkommen aus Unternehmertätigkeit erzielen und jeder Besitzer eines Sparbuches mit gesetzlicher Kündigungsfrist Vermögenseinkommen bezieht (*Felderer/Homburg* 1991, S. 43). Sodann muß man berücksichtigen, daß den meisten Personen Einkommen aus mindestens zwei Einkommenskategorien zufließt.

ein zweckmäßiger Wohlstandsindikator ist (Abschnitt 5.3.2.). Im abschließenden Abschnitt 5.3.3. werden dann Vorschläge zur Verbesserung der Wohlstandserfassung besprochen.

5.3.1. Ausgangspunkte der Wohlstandsdiskussion

Die Diskussion über die Relevanz der volkswirtschaftlichen Gesamtrechnung für die Erfassung der Wohlstandssituation einer Volkswirtschaft ist auf die wirtschaftspolitische Nutzbarmachung der volkswirtschaftlichen Gesamtrechnung zurückzuführen. Dies wird deutlich, wenn man sich klarmacht, daß die volkswirtschaftliche Gesamtrechnung in zweifacher Hinsicht wirtschaftspolitisch relevant ist.

Zum einen ist die volkswirtschaftliche Gesamtrechnung unentbehrlich, um die Frage der Indikation wirtschaftspolitischer Maßnahmen zu entscheiden. Dies läßt sich am besten erklären, wenn man davon ausgeht, daß wirtschaftspolitische Maßnahmen im Regelfalle immer dann diskutiert werden, wenn die gegenwärtige Situation (Ist-Situation) der betrachteten Volkswirtschaft von jener Situation abweicht, welche die wirtschaftspolitischen Akteure für wünschenswert halten (Soll-Situation). Die Feststellung einer solchen Abweichung setzt offensichtlich neben der Formulierung eines wirtschaftspolitischen Zielkatalogs auch eine Diagnose der Ist-Situation (Ausgangssituation) voraus, die ohne volkswirtschaftliche Gesamtrechnung kaum möglich ist.

Zum anderen ist die volkswirtschaftliche Gesamtrechnung bei der Erfolgskontrolle wirtschaftspolitischer Maßnahmen erforderlich. Sie kann Aufschluß über die Wirkungen wirtschaftspolitischer Maßnahmen geben, indem sie die Ausgangssituation mit der Endsituation vergleicht, die im Anschluß an die wirtschaftspolitische Maßnahme erreicht worden ist. Sofern die Endsituation mit der anvisierten Soll-Situation übereinstimmt und zweifelsfrei auf die wirtschaftspolitische Maßnahme zurückzuführen ist, war die wirtschaftspolitische Aktion erfolgreich.

Im Zuge solcher Gegenüberstellungen von Ausgangs- und Endsituation werden vor allem auch (intertemporale) Sozialproduktsvergleiche vorgenommen. Dabei geht man von der Annahme aus, daß jede Änderung des Sozialprodukts als Indikator einer entsprechenden Änderung der Wohlstandssituation der betrachteten Volkswirtschaft angesehen werden kann. Diese Vorstellung von der Wohlstandsrelevanz des Sozialprodukts ist jedoch nicht unbestritten und muß deshalb im folgenden diskutiert werden.

5.3.2. Das Sozialprodukt als Wohlstandsindikator

Sowohl bei intertemporalen als auch bei internationalen Sozialproduktvergleichen hat man immer wieder von Sozialproduktsdifferenzen auf entsprechende Wohlstandsdifferenzen geschlossen. In der Literatur zur volkswirtschaftlichen Gesamtrechnung ist jedoch darauf hingewiesen worden, daß der Erkenntniswert des Sozialprodukts als Wohlstandsindikator begrenzt ist.[24] Dafür werden verschiedene Gründe genannt, die sich wie folgt zusammenfassen lassen: Verschiedene Wohlstandsdeterminaten werden bei der Berechnung des Sozialprodukts entweder unvollkommen oder gar nicht berücksichtigt, was im folgenden genauer zu erläutern ist.

(1) Zunächst soll auf die bei der Berechnung des Sozialprodukts nur unvollkommen berücksichtigten Wohlstandsdeterminanten eingegangen werden: Es läßt sich zeigen, daß sowohl die Beiträge der privaten Wirtschaftssubjekte zum Sozialprodukt als auch die Beiträge des Staates nicht korrekt ermittelt werden.

(a) Um dies für den privaten Bereich der Volkswirtschaft zu verdeutlichen, geht man davon aus, daß in der volkswirtschaftlichen Gesamtrechnung nur jene Leistungen dieses Bereichs erfaßt werden, die unter Benutzung von Märkten nachgefragt und angeboten werden. Bekanntlich gibt es jedoch auch in modernen, arbeitsteiligen Volkswirtschaften ökonomische Aktivitäten, die vollständig oder teilweise der Eigenversorgung dienen[25] und deshalb keinen Markt berühren. Gleichwohl sind diese Aktivitäten als „Produktionsaktivitäten" anzusehen, durch die ein (in der volkswirtschaftlichen Gesamtrechnung nicht berücksichtigter) Beitrag zum Sozialprodukt geleistet wird.

Mithin wird der Beitrag der privaten Haushalte zum Sozialprodukt in der volkswirtschaftlichen Gesamtrechnung unterschätzt: Er wird nur berücksichtigt, soweit die „Produktion" der privaten Haushalte von Hausangestellten oder von Handwerkern erbracht wird.[26] Hingegen werden entsprechende Aktivitäten der Hausfrau oder die do it yourself-Aktionen des Hausherrn nicht berücksichtigt. Entsprechendes gilt im Unternehmenssektor der Volkswirtschaft für die Beiträge zur Eigenversorgung im Rahmen landwirtschaftlicher Betriebe.

(b) Während der Beitrag des privaten Sektors zum Sozialprodukt in der volkswirtschaftlichen Gesamtrechnung unterschätzt wird, läßt sich für den öffentlichen Sektor der Volkswirtschaft eine Überschätzung feststellen. Dafür gibt es zwei Gründe.

Der erste Grund wird deutlich, wenn man davon ausgeht, daß öffentliche Güter – wie bereits erläutert – mit ihren Herstellungskosten in die Sozialproduktberechnung eingehen. Mithin erscheint jede Kostensteigerung (z. B. infolge einer Erhöhung der Beamtengehälter) als eine Steigerung des Sozialprodukts. Offensichtlich ist jedoch das reale Sozialprodukt konstant

---

[24] Vgl. dazu z.B. *Frenkel/John* 1991, S. 143 ff., *Haslinger* 1992, S. 221 ff., *Ahrns* 1989, S. 129 ff., *Bartling/Luzius* 1992, S. 150 f.

[25] z.B. der Anbau von Gemüse im Nutzgarten privater Haushalte oder landwirtschaftlicher Betriebe.

[26] z.B. die „Produktion" von Mahlzeiten und sauberer Wäsche oder die Innen- und Außenrenovierung eines Einfamilienhauses.

geblieben, d. h. der Beitrag des Staates zum Sozialprodukt ist zu hoch angesetzt worden.

Der zweite Grund ergibt sich aus der Überlegung, daß die dem Staatsverbrauch zugeführten Güter als Endprodukte betrachtet werden. Berücksichtigt man jedoch, daß ein Teil der vom Staat angebotenen Güter in Form von Vorleistungen in den Unternehmensbereich gelangt und dort den Wert des im privaten Sektor erstellten Sozialprodukts erhöht, dann wird deutlich, daß man zur Vermeidung von Doppelzählungen nur den um diese „Vorleistungen" verminderten Staatsverbrauch als Beitrag des Staates zum Sozialprodukt hätte berücksichtigen dürfen.[27]

(2) Von den bei der Berechnung des Sozialprodukts vernachlässigten Wohlstandsdeterminanten sind vor allem drei hervorzuheben: die Einkommensverteilung, die Freizeit und die externen Effekte der Konsum- und Produktionsaktivitäten in der betrachteten Volkswirtschaft.[28]

Als besonders gravierend ist die Nichtberücksichtigung negativer externer Effekte zu beurteilen, da diese zu Beeinträchtigungen der Umweltsituation führen können, die bestenfalls wohlstandsmindernd wirken und schlimmstenfalls die Lebensgrundlagen gegenwärtiger und zukünftiger Generationen verkleinern oder beseitigen. Dies kann man sich leicht anhand des nachfolgenden Schaubilds 5.6 klarmachen, in dem die Beziehungen zwischen dem gesamtwirtschaftlichen Geschehen einerseits und der Umwelt andererseits dargestellt worden sind.

In Schaubild 5.6 ist vom einfachsten Modell einer Volkswirtschaft ausgegangen worden (vgl. die Darstellung im obigen Abschnitt 5.1.1.), so daß sich das gesamtwirtschaftliche Geschehen durch den monetären Kreislauf aus Schaubild 5.1 darstellen läßt. Diese Volkswirtschaft ist in zweifacher Weise mit der Umwelt verbunden.

Zum einen entnimmt sie der Umwelt Rohstoffe (sog. natürliche Ressourcen). Diese Ressourcen sind z. T. nicht regenerierbar (z. B. Kohle, Erdöl). Aber auch regenerierbare Ressourcen (z. B. Fischbestände, Wälder) können durch Übernutzung endgültig vernichtet werden.

Zum anderen führt das ökonomische System der Umwelt Abfallstoffe in gasförmiger, flüssiger und fester Form zu (sog. Emissionen oder Reststoffe). Nicht selten übersteigt die Quantität dieser Emissionen die Absorbtionsfähigkeit der Umwelt.

---

[27] In der ökonomischen Realität ist nur schwer abzugrenzen, welchen Teilen des Staatsverbrauchs Vorleistungscharakter zukommt. Es ist vorgeschlagen worden, Vorleistungscharakter allen Teilen des Staatsverbrauchs zuzusprechen, die als Voraussetzung eines funktionierenden Staats- und Wirtschaftssystems angesehen werden müssen (sog. „regrettable necessities", z. B. Ausgaben für innere und äußere Sicherheit). Vgl. dazu auch die Darstellung bei *Frenkel/John* 1991, S. 145.
[28] Zur Definition und wirtschaftspolitischen Relevanz externer Effekte vgl. die Ausführungen im obigen Abschnitt 2.3.2. (1) (b).

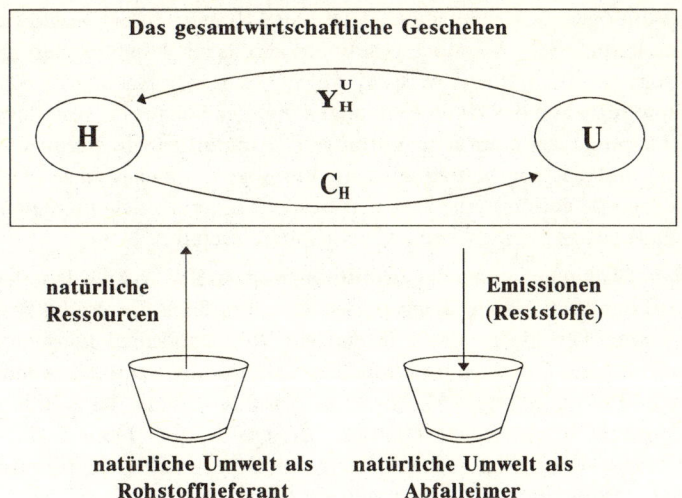

Quelle: *Frey* 1991, S. 16 (modifiziert)

Schaubild 5.6: Die Beziehungen zwischen gesamtwirtschaftlichem Geschehen und Umwelt

5.3.3. Zur Verbesserung der Wohlstandserfassung

Die Mängel, mit denen das Sozialprodukt als Wohlstandsindikator behaftet ist, haben dazu geführt, daß man nach Möglichkeiten zur Verbesserung der Wohlstandserfassung gesucht hat. Dabei hat man verschiedene Wege eingeschlagen, die sich in zwei Gruppen zusammenfassen lassen. Sie sollen in der Reihenfolge zunehmender praktischer Relevanz erläutert werden.[29]

(1) Zunächst hat man versucht, anstelle des Sozialprodukts ein anderes Wohlstandsmaß zu konzipieren, welches als alleiniger Wohlstandsindikator dienen kann. Während *Juster* 1973 ein Wohlstandsmaß entwickelte, welches als „wohlstandsorientiertes Sozialprodukt" (*Frenkel/John* 1991, S. 146) bezeichnet werden kann, ist das von *Nordhaus* und *Tobin* in einem Aufsatz aus dem Jahre 1972 propagierte Wohlstandsmaß als „measure of economic welfare" (MEW) bekannt geworden.[30] Beiden Wohlstandmaßen ist gemeinsam, daß sie vom traditionellen Konzept des Sozialprodukts ausgehen und dieses ausweiten.

Juster gelangt zu seinem wohlstandsorientierten Sozialprodukt, indem er das traditionelle Sozialprodukt durch die Berücksichtigung von Vermögensänderungen korrigiert. Dabei bezieht er fünf Vermögenskategorien in die Berechnung seines Wohlstandsindikators ein: das reproduzierbare mate-

---

[29] Vgl. zum folgenden auch die Darstellungen bei *Frenkel/John* 1991, S. 146 ff. und *Haslinger* 1992, S. 228 ff.

[30] Vgl. den Wiederabdruck *Nordhaus/Tobin* 1982, insbes. S. 363 ff.

rielle Vermögen (z. B. Gebäude, dauerhafte Konsumgüter), das reproduzierbare immaterielle Vermögen (definiert als das nicht an Personen gebundene sog. gesellschaftliche Wissen, welches durch Forschungs- und Entwicklungsausgaben der Unternehmungen und des Staates hergestellt wird), Humankapital, das natürliche Vermögen (= natürliche Ressourcen, z. B. Wälder) und das sog. sozialpolitische Vermögen, welches *Juster* als eine Bestandsgröße definiert, die z. B. den Bestand an persönlicher und nationaler Sicherheit, an Freiheit und an Privatsphäre umfaßt.

Nordhaus/Tobin gehen bei der Ermittlung ihres MEW von der Überlegung aus, daß das traditionelle Konzept des Sozialprodukts die Produktion der betrachteten Periode messe, während ein Wohlstandsmaß konsumorientiert sein müsse. Um vom traditionellen Sozialprodukt zum konsumorientierten MEW zu gelangen, korrigieren *Nordhaus/Tobin* das traditionelle Sozialprodukt in dreifacher Hinsicht. Erstens werden Doppelzählungen durch eine zweckmäßige Neuaufteilung der Güter in Zwischen- und Endprodukte vermieden. Zweitens fügen sie fiktive Werte für Freizeit, Haushaltsproduktion und Nutzung dauerhafter Konsumgüter in die Berechnung ein. Drittens subtrahieren sie fiktive Wertgrößen, durch welche die Nachteile des Lebens in Städten (Luftverschmutzung, Lärm) bei der Ermittlung des MEW berücksichtigt werden sollen.

Bereits die kurze Beschreibung der Vorschläge von *Juster* und *Nordhaus/ Tobin* zeigt, daß ihre Wohlstandsmaße theoretisch dem traditionellen Konzept des Sozialprodukts weit überlegen sind, jedoch praktisch nicht gehandhabt werden können. Ihre Ermittlung ist sehr aufwendig und – infolge der häufigen Verwendung fiktiver (geschätzter) Größen – gleichwohl unexakt. Die Versuche, die Wohlstandssituation einer Volkswirtschaft mit nur einem einzigen Indikator zu beschreiben, sind deshalb in der Folgezeit aufgegeben worden.

(2) Während bisher diskutiert wurde, ob das traditionelle Konzept des Sozialprodukts durch ein anderes eindimensionales Wohlstandsmaß substituiert werden kann, soll nunmehr gefragt werden, welche Möglichkeiten zur Verbesserung der Wohlstandserfassung es gibt, wenn man die Suche nach einem eindimensionalen Wohlstandskriterium einstellt. In der Literatur werden in diesem Zusammenhang zwei Alternativen aufgeführt, wobei zunächst die Benutzung sog. sozialer Indikatoren und später die Entwicklung sog. Satellitensysteme empfohlen wurde.

(a) Die sog. Sozialindikatorenbewegung geht auf die zweite Hälfte der 60er Jahre zurück.[31] Es war das Ziel der Beteiligten, ein Informationssystem zu begründen, welches nicht nur Aufschluß über die Wohlstandssituation der betrachteten Volkswirtschaft geben sollte, sondern vielmehr über die Le-

---

[31] Vgl. zum folgenden *Leipert* 1973, *Krupp/Zapf* 1978 sowie insbes. *Haslinger* 1992, S. 234 ff., *Frenkel/John* 1991, S. 148 ff.

bensqualität im betrachteten Land. Zu diesem Zweck wurde das Konzept des Sozialprodukts aufgegeben und durch eine Vielzahl von sog. sozialen Indikatoren ersetzt, von denen man sich Aufschluß über die Lebensqualität der betrachteten Volkswirtschaft erhoffte.

Offensichtlich hängt es vom Begriff und mithin von den Determinanten der Lebensqualität ab, für welche Lebensbereiche man soziale Indikatoren wünscht, um die Lebensqualität beurteilen zu können. Um neben der intertemporalen auch die internationale Vergleichbarkeit der Lebensqualität nicht auszuschließen, haben internationale Organisationen solche für die Lebensqualität als relevant betrachteten Lebensbereiche zusammengestellt (vgl. dazu *Stache* 1981). Der z.B. von der *OECD*[32] aufgestellte Katalog umfaßt die folgenden acht Lebensbereiche: Gesundheit, Entwicklung der Persönlichkeit durch Bildung, Arbeit und Qualität des Arbeitslebens, Zeiteinteilung und Freizeit, Verfügung über Güter und Dienstleistungen, physische Umwelt, persönliche Sicherheit und Rechtspflege, gesellschaftliche Chancen und Beteiligung. Jeder dieser Teilbereiche des Lebens wird weiter aufgegliedert, so daß zu seiner Beschreibung eine Mehrzahl sozialer Indikatoren erforderlich ist, die – soweit sich die interessierenden Tatbestände durch Ziffern nicht ausdrücken lassen – durch verbale Darstellungen ergänzt werden.

Gegen die Sozialindikatorenbewegung ist vor allem vorgebracht worden, daß sie über die verschiedenen Lebensbereiche eine Fülle von Daten anhäuft, ohne diese strukturieren und miteinander verknüpfen zu können, was auf das für die Sozialindikatorbewegung charakteristische Theoriedefizit zurückgeführt wird. Dies ist zugleich der Hauptgrund dafür, daß die Sozialindikatorbewegung ihr Ziel, intertemporale und internationale Vergleiche der Lebensqualität zu ermöglichen, nicht erreichen konnte. Der Vorschlag der Sozialindikatorbewegung, die volkswirtschaftliche Gesamtrechnung durch ein mit sozialen Indikatoren arbeitendes Informationssystem zu ersetzen, ist deshalb in der ökonomischen Realität nicht aufgegriffen worden.

(b) Inzwischen ist unbestritten, daß bei der Erfassung der Wohlstandswirkungen des gesamtwirtschaftlichen Geschehens das traditionelle Konzept des Sozialprodukts und die seiner Ermittlung dienende volkswirtschaftliche Gesamtrechnung nicht entbehrt werden können. Um gleichwohl den Mängeln Rechnung zu tragen, die das Sozialprodukt als Wohlstandsindikator aufweist, kann man die volkswirtschaftliche Gesamtrechnung durch die Entwicklung von sog. Satellitensystemen erweitern.[33]

Als besonders dringend ist die Entwicklung eines Satellitensystems „Umwelt" angesehen worden, durch welches die volkswirtschaftliche Gesamt-

---

[32] Organisation for Economic Cooperation and Development
[33] Vgl. dazu *Brümmerhoff* 1992, S. 192 ff.

rechnung um eine umweltökonomische Gesamtrechnung erweitert wird.[34] Daneben ist vor allem auch an der Entwicklung eines Satellitensystems „Haushaltsproduktion" gearbeitet worden.[35]

Literatur zum 5. Teil

Die gesamtwirtschaftliche Betrachtung des ökonomischen Geschehens ist der Gegenstand der verschiedenen Lehrbücher zur Theorie der Makroökonomie. Es ist das charakteristische Merkmal dieser Arbeiten, daß die ex post-Betrachtung (Kreislaufanalyse, volkswirtschaftliche Gesamtrechnung) in ihnen nur einen geringen Raum einnimmt oder sogar fehlt, während das Schwergewicht dieser Bücher auf der ex ante-Betrachtung liegt. Empfehlenswerte Lehrbücher, die einleitend auch auf die ex post-Betrachtung eingehen sind z. B. *Felderer/Homburg* 1991, *Schmitt-Rink/Bender* 1992, *Dornbusch/Fischer* 1992.

Ausführliche Informationen zur ex post-Betrachtung des gesamtwirtschaftlichen Geschehens kann man den verschiedenen Lehrbüchern zur volkswirtschaftlichen Gesamtrechnung entnehmen, die im Regelfalle mit einem ausführlichen Kapitel über Kreislaufanalyse beginnen. Empfehlenswert ist vor allem *Frenkel/John* 1993. Lesenswert sind auch *Stobbe* 1989, *Haslinger* 1992, *Brümmerhof* 1992 sowie die kurzen Abhandlungen von *Cassel* 1973 und *Ahrns* 1989.

In einigen Lehrbüchern zur volkswirtschaftlichen Gesamtrechnung sind die verschiedenen Vorschläge zur Verbesserung der Wohlstandserfassung nur lückenhaft enthalten. Es ist deshalb zweckmäßig, hierzu auch Spezialliteratur heranzuziehen: Zu den Versuchen, das traditionelle Konzpet des Sozialprodukts durch ein anderes (eindimensionales) Wohlstandsmaß zu ersetzen vgl. insbes. *Juster* 1973 und *Nordhaus/Tobin* 1982. Auf Theorie und Praxis sozialer Indikatoren geht *Leipert* 1973 und 1978 ausführlich ein. Zu den aktuellen Problemen der volkswirtschaftlichen Gesamtrechnung vgl. insbes. die Literatur über ein Umwelt-Satellitensystem wie z. B. *Stahmer* 1988 und *Klaus* 1992 sowie über ein Satellitensystem „Haushaltsproduktion" wie z. B. *Herzog-Appel/van der Velden* 1990.

---

[34] Vgl. dazu auch die zusammenfassenden Darstellungen von *Stahmer* 1988 sowie *Klaus* 1992.

[35] Zur Problematik einer Erfassung der Haushaltsproduktion vgl. auch *Herzog-Appel/van der Velden* 1990.

Literaturverzeichnis

Abele, H. (1991): Einführung in die Volkswirtschaftstheorie. Wien – New York 1991.

Ahrns, H.-J. (1989): Grundzüge der Volkswirtschaftlichen Gesamtrechnungen. Regensburg 1989.

Albers, W. u. a. (Hrsg.) (1977–1983): Handwörterbuch der Wirtschaftswissenschaften (HdWW). Bd. 1–9 und Registerband. Stuttgart-New York-Tübingen-Göttingen-Zürich 1977–1983.

Albert, H. (1972): Das Werturteilsproblem im Lichte der logischen Analyse. Zeitschrift für die gesamte Staatswissenschaft, Bd. 112/1956. Wiederabgedruckt in: *Gäfgen, G.* (Hrsg.): Grundlagen der Wirtschaftspolitik. 4. Aufl., Köln 1972.

Albert, H.; Topitsch, E. (Hrsg.) (1979): Werturteilsstreit. 2. Aufl., Darmstadt 1979.

Arnold, V. (1992): Theorie der Kollektivgüter. München 1992.

Bader, H.; Fröhlich, S. (1988): Einführung in die Mathematik für Volks- und Betriebswirte. 9. Aufl., München-Wien 1988.

Bartling, H.; Luzius, F. (1992): Grundzüge der Volkswirtschaftslehre. 9. Aufl., München 1992.

Baumol, W. J. (1959): Business Behavior, Value and Growth. New York 1959.

Becker, G. S. (1965): A Theory of the Allocation of Time. Economic Journal, Bd. 75/1965.

Becker, W.; Gretschmann, K.; Mackscheidt, K. (1992): Präferenzen für Staatsausgaben. Zur theoretischen und empirischen Bestimmung der Nachfrage nach öffentlichen Gütern. Baden-Baden 1992.

Bender, D. (1988a): Angebot des Haushalts I: Arbeitsangebot. Art. in: Handwörterbuch der Wirtschaftswissenschaft (HdWW), Studienausgabe Bd. 1, Stuttgart-New York u. a. 1988.

Bender, D. (1988b): Angebot des Haushalts II: Kapitalangebot. Art. in: Handwörterbuch der Wirtschaftswissenschaft (HdWW), Studienausgabe Bd. 1, Stuttgart-New York u. a. 1988.

Bender, D; Berg, D.; Cassel, D.; Claassen, E.-M. u. a. (1992): Vahlens Kompendium der Wirtschaftstheorie und Wirtschaftspolitik. Band 1 und Band 2. 5. Aufl., München 1992.

Blaich, F. (1988): Merkantilismus, Kameralismus, Physiokratie. In: *Issing, O.* (Hrsg.): Geschichte der Nationalökonomie. 2. Aufl., München 1988.

Blaug, M. (1980): The Methodology of Economics or How Economists Explain. Cambridge u. a. 1980.

Blümle, G. (1975): Theorie der Einkommensverteilung. Eine Einführung. Berlin-Heidelberg-New York 1975.

Bohnen, A. (1980): Methodologische Grundprobleme der Wirtschaftstheorie. In: *Glastetter, W.* u. a. (Hrsg.): Handwörterbuch der Volkswirtschaft. 2. Aufl., Wiesbaden 1980.

Borchert, M.; Grossekettler, H. (1985): Preis- und Wettbewerbstheorie. Marktprozesse als analytisches Problem und ordnungspolitische Gestaltungsaufgabe. Stuttgart-Berlin-Köln-Mainz 1985.

Brümmerhoff, D. (1992): Volkswirtschaftliche Gesamtrechnungen. 4. Aufl., München-Wien 1992.

Bryant, W. (1991): The Economic Organization of the Household. Cambridge: Cambridge University Press, 1991.

Cassel, D. (1973): Grundbegriffe der Makroökonomik. Eine Einführung in die Kreislaufanalyse und volkswirtschaftliche Gesamtrechnung für Lehrende. Hannover 1973.

Dahl, D. (1989): Volkswirtschaftslehre. Lehrbuch der Volkswirtschaftstheorie und Volkswirtschaftspolitik. 6. Aufl., Wiesbaden 1989.

Danneberg; L. (1989): Methodologien. Struktur, Aufbau und Evaluation. Berlin 1989.

Demmler, H. (1990): Einführung in die Volkswirtschaftslehre. Elementare Preistheorie. München-Wien 1990.

Demmler, H. (1992): Grundlagen der Mikroökonomie. München 1992.

Deutsche Bundesbank (1992 a): Monatsberichte der Deutschen Bundesbank, August 1992.

Deutsche Bundesbank (1992 b): Geschäftsbericht 1992.

Dichtl, E.; Issing, O. (Hrsg.) (1993): Vahlens großes Wirtschaftslexikon. Bd. 1 und 2. 2. Aufl., München 1993.

Dobias, P. (1977): Theorie und Praxis der Planwirtschaft. Paderborn 1977.

Dobias, P. (1981): Planungsprobleme der zentralen Planwirtschaft. WiST, Wirtschaftswissenschaftliches Studium. Zeitschrift für Ausbildung und Hochschulkontakt. Heft 6/1981.

Dornbusch, R.; Fischer, St. (1992): Makroökonomik. 5. Aufl., München-Wien 1992.

Earl, P. E. (1990): Economics and Psychology: A Survey. Economic Journal, Bd. 100/1990.

Ehrlicher, W.; Esenwein-Rothe, I.; Jürgensen, H.; Rose, K. (Hrsg.) (1975): Kompendium der Volkswirtschaftslehre, Band 1, 5. Aufl., Göttingen 1975 und Band 2, 4. Aufl., Göttingen 1975.

Eucken, W. (1990): Grundsätze der Wirtschaftspolitik. 6. Aufl., Tübingen 1990.

Fandel, G. (1991): Produktion I: Produktions- und Kostentheorie. 3. Aufl., Berlin-Heidelberg-New York 1991.

Felderer; B. (1989): Léon Walras. In *Starbatty, J.* (Hrsg.): Klassiker des ökonomischen Denkens II. München 1989.

Felderer, B.; Homburg, St. (1991): Makroökonomik und neue Makroökonomik. Berlin-Heidelberg-New York 1991.

Frenkel, M.; John, K. D. (1993): Volkswirtschaftliche Gesamtrechnung. 2. Aufl., München 1993.

Frey, B. S. (1981): Theorie demokratischer Wirtschaftspolitik. München 1981.

Frey, R. L. (1991): Der Ansatz der Umweltökonomie. In: *Frey, Staehelin-Witt, Blöchliger* (Hrsg.): Mit Ökonomie zur Ökologie. Analyse und Lösungen des Umweltproblems aus ökonomischer Sicht. Basel und Frankfurt am Main 1991.

Frey, R. L.; Hill, W. (1979): Volkswirtschaftslehre und Betriebswirtschaftslehre: Entwicklungstendenzen und Kooperationsmöglichkeiten. In: *Kyklos,* Bd. 32/1979.

Frey, R. L.; Staehelin-Witt, E.; Blöchliger, H. (Hrsg.) (1991): Mit Ökonomie zur Ökologie. Analyse und Lösungen des Umweltproblems aus ökonomischer Sicht. Basel und Frankfurt am Main 1991.

Gäfgen, G. (1991): Ordnungstheorie: Grundlage einer rationalen Gestaltung der Wirtschaftsordnung? In: *Bohnen, A.; Musgrave, A.:* Wege der Vernunft. Festschrift zum 70. Geburtstag von Hans Albert. Tübingen 1991.

Geigant, F.; Sobotka, D.; Westphal, H. M. (1983): Lexikon der Volkswirtschaft. 5. Aufl., Landsberg/Lech 1983.

Gossen, H. H. (1854): Entwicklung der Gesetze des menschlichen Verkehrs und der daraus fließenden Regeln für menschliches Handeln. Braunschweig 1854.

Gramlich, L. (1988): Bundesbankgesetz, Währungsgesetz, Münzgesetz. Kommentar. Köln-Berlin-Bonn-München 1988.

Grass, R.-D.; Stützel, W. (1988): Volkswirtschaftslehre. Eine Einführung auch für Fachfremde. 2. Aufl., München 1988.

Grosser, D.; Lange, T.; Müller-Armack, A.; Neuss, B. (1990): Soziale Marktwirtschaft. Geschichte – Konzept – Leistung. 2. Aufl., Stuttgart-Berlin-Köln 1990.

Gutmann, G.(1990): Volkswirtschaftslehre. Eine ordnungstheoretische Einführung. 3. Aufl., Stuttgart-Berlin-Köln 1990.

Hansmeyer, K.-H.; Schneider, H. K. (1990): Umweltpolitik: Ihre Fortentwicklung unter marktsteuernden Aspekten. Göttingen 1990.

Hanusch, H. (1972): Theorie des öffentlichen Gutes – Allokative und distributive Aspekte. Göttingen 1972.

Harbusch, P.; Wiek, D. (Hrsg.) (1975): Marktwirtschaft. Eine Einführung in das Konzept der freiheitlichen Wirtschaftsordnung. Stuttgart 1975.

Haslinger, F. (1992): Volkswirtschaftliche Gesamtrechnung. 6. Aufl., München-Wien 1992.

Hedtkamp, G. (1974): Wirtschaftssysteme. Theorie und Vergleich. München 1974.

Heller, P. W. (1989): Das Problem der Umweltbelastung in der ökonomischen Theorie. Frankfurt – New York 1989.

Helmstädter, E. (1991): Wirtschaftstheorie, Band I: Mikroökonomische Theorie. 4. Aufl., München 1991.

Hensel, K. P. (1979): Einführung in die Theorie der Zentralverwaltungswirtschaft. 3. Aufl., Stuttgart 1979

Herdzina, K. (1991): Wettbewerbspolitik. 3. Aufl., Stuttgart 1991.

Herdzina, K. (1993): Einführung in die Mikroökonomik. 3. Aufl., München 1993.

Herzog-Appel, U.; van der Velden, St. (1990): Haushaltsproduktion und volkswirtschaftliche Gesamtrechnung. WiSt, Wirtschaftswissenschaftliches Studium. Zeitschrift für Ausbildung und Hochschulkontakt, Heft 7/1990.

Heusgen, Ch. (1981): Ludwig Erhards Lehre von der Sozialen Marktwirtschaft. Ursprünge, Kerngehalt, Wandlungen. Bern-Stuttgart 1981.

Hoyer, W.; Rettig, R. (1984): Grundlagen der mikroökonomischen Theorie. 2. Aufl., Düsseldorf 1984.

Hübl, L.; Meyer, W.; Ströbele, W. (1989): Grundkurs in Volkswirtschaftslehre. 4. Aufl., Berlin 1989.

Issing, O. (Hrsg.) (1988): Geschichte der Nationalökonomie. 2. Aufl., München 1988.

Issing, O. (1993): Einführung in die Geldpolitik. 5. Aufl., München 1993.

Johann, H. (1977): Theorie der Nachfrage nach öffentlichen Gütern. Frankfurt 1977.

Juster, T. J. (1973): A Framework for the Measurement of Economic and Social Performance. In: *Moss, M.* (Hrsg.): Measurement of Economic and Social Performance. New York 1973. (zit. nach Haslinger 1992, S. 249 f.).

Keynes, J. M. (1936): The General Theory of Employment, Interest and Money. Zitiert nach dem Nachdruck London 1961.

Kirsch, G. (1990): Bedürfnisse als Problem der Wirtschaftswissenschaft. Wisu, Das Wirtschaftsstudium. Zeitschrift für Ausbildung, Examen und Weiterbildung, Heft 5/1990.

Klaus, J. (1974): Produktions- und Kostentheorie. Stuttgart 1974.

Klaus, J. (1992): Erweiterung der Volkswirtschaftlichen Gesamtrechnung aus umweltökonomischer Sicht. In: Wisu, Das Wirtschaftsstudium, Zeitschrift für Ausbildung, Examen und Weiterbildung, Heft 1/1992.

Kleinewefers, H.; Jans, A. (1983): Einführung in die volkswirtschaftliche und wirtschaftspolitische Modellbildung. München 1983.

Kloten, N. (1986): Der Staat in der sozialen Marktwirtschaft. Tübingen 1986.

Kraus, W. (1990): Soziale Marktwirtschaft. Marktwirtschaftliche und soziale Umorientierung in der Deutschen Demokratischen Republik. Bonn 1990.

Krupp, H.-J.; Zapf, W. (1978): Indikatoren II: soziale. Art. in: Handwörterbuch der Wirtschaftswissenschaft (HdWW), vierter Band 1978.

Külp; B. (1983): Freizeitökonomie. München 1983.

Küng, B. (1985): Wirtschaftsordnung und Lebensqualität. In: Wisu. Das Wirtschaftsstudium. Zeitschrift für Ausbildung, Examen und Weiterbildung, Nr. 6/1985.

Laitenberger, V. (1986): Ludwig Erhard. Der Nationalökonom als Politiker. Göttingen-Zürich 1986.

Lampert, H. (1988a): Verteilungspolitik. In: *Issing, O.* (Hrsg.): Allgemeine Wirtschaftspolitik. 2. Aufl., München 1988.

Lampert, H. (1988b): Sozialpolitik. In: *Issing, O.* (Hrsg.): Allgemeine Wirtschaftspolitik. 2. Aufl., München 1988.

Lampert, H. (1992): Die Wirtschafts- und Sozialordnung der Bundesrepublik Deutschland. 11. Aufl., München 1992.

Leipert, Chr. (1973): Soziale Indikatoren. Überblick über den Stand der Diskussion. Konjunkturpolitik, Bd. 19, 1973.

Leipert, Chr. (1978): Gesellschaftliche Berichterstattung. Eine Einführung in Theorie und Praxis sozialer Indikatoren. Berlin-Heidelberg-New York 1978.

Leipold, H. (1988): Wirtschafts- und Gesellschaftssysteme im Vergleich. Grundzüge einer Theorie der Wirtschaftssysteme. 5. Aufl., Stuttgart 1988.

Linde, R. (1992): Einführung in die Mikroökonomik. 2. Aufl., Stuttgart-Berlin-Köln 1992.

Lipsey, R. G.; Steiner, P. O.; Douglas, D. D. (1987): Economics. 8. Aufl., London-Philadelphia-New York 1987.

Luckenbach, H. (1975): Theorie des Haushalts. Göttingen 1975.

Luckenbach, H. (1975a): Zur Relevanz der Entscheidungsfreiheit privater Haushalte in der Marktwirtschaft. In: *Harbusch, P.; Wiek, D.* (Hrsg.): Marktwirtschaft. Eine Einführung in das Konzept der freiheitlichen Wirtschaftsordnung. Stuttgart 1975.

Luckenbach, H. (1979a): Grundzüge der Theorie des Arbeitsangebots. In: WiSt, Wirtschaftswissenschaftliches Studium. Zeitschrift für Ausbildung und Hochschulkontakt. Heft 2/1979.

Luckenbach, H. (1979b): Grundzüge der Theorie des Kapitalangebots – unter besonderer Berücksichtigung des Angebots von Geldkapital. In: WiSt, Wirtschaftswissenschaftliches Studium. Zeitschrift für Ausbildung und Hochschulkontakt. Heft 3/1979.

Luckenbach, H. (1979c): Grundzüge der Theorie des Angebots von Humankapital. In: WiSt, Wirtschaftswissenschaftliches Studium. Zeitschrift für Ausbildung und Hochschulkontakt. Heft 7/1979.

Luckenbach, H. (1980a): Zur wirtschaftspolitischen Relevanz der ökonomischen Theorie der Politik. In: Wisu, Das Wirtschaftsstudium. Zeitschrift für Ausbildung, Examen und Weiterbildung. 9. Jahrgang, Nr. 10, 1980.

Luckenbach, H. (1980b): Die Gossenschen Gesetze. In: WiSt, Wirtschaftswissenschaftliches Studium. Zeitschrift für Ausbildung und Hochschulkontakt. Heft 1/1980.

Luckenbach, H. (1986): Theoretische Grundlagen der Wirtschaftspolitik. München 1986.

Luckenbach, H. (1991): Markt- und Staatsversagen. Ursachen und wirtschaftspolitische Gegenmaßnahmen. In: WiSt, Wirtschaftswissenschaftliches Studium. Zeitschrift für Ausbildung und Hochschulkontakt, Nr. 5/1991.

Luckenbach, H.: Volkswirtschaftslehre im Überblick, Bd. IV: Internationale Wirtschaftsbeziehungen. (Erscheint demnächst).

Müller-Armack, A. (1976): Wirtschaftsordnung und Wirtschaftsordnungspolitik. Studium und Konzepte zur sozialen Marktwirtschaft und zur Europäischen Integration. 2. Aufl., Bern-Stuttgart 1976.

Neumann, M. (1991): Theoretische Volkswirtschaftslehre II. Produktion, Nachfrage und Allokation. München 1991.

Nordhaus, W. D.; Tobin, J. (1982): Is Growth Obsolete? In: Tobin, J. (Hrsg.): Essays in Economics. Theory and Policy. Cambridge (Mass.)-London 1982.

Ott, A. E. (1991): Grundzüge der Preistheorie, 3. Aufl., Göttingen 1991.

Ott, A. E. (1992): Wirtschaftstheorie. Eine erste Einführung. 2. Aufl., Göttingen 1992.

Pagenstecher, U. (1987): Verstehen und erklären in der Nationalökonomie. Methodenkontroversen 1930–1985. Nürnberg 1987.

Peters, H.-R. (1983): Mesoökonomie als Teil der Volkswirtschaftslehre und Neuen politischen Ökonomie. In: Wisu, Das Wirtschaftsstudium. Zeitschrift für Ausbildung, Examen und Weiterbildung, Heft 3/1983.

Petersen, H.-G. (1990): Finanzwissenschaft I. Grundlegung – Haushalt – Aufgaben und Ausgaben – Allgemeine Steuerlehre. 2. Aufl., Stuttgart-Berlin-Köln 1990.

Petersen, H.-G.: Volkswirtschaftslehre im Überblick, Bd. III: Volkswirtschaftspolitik. (Erscheint demnächst).

Pheby, J. (1988): Methodology and Economics: A Critical Introduction. London 1988.

Pommerehne, W. W. (1982): Empirische Ansätze zur Erfassung der Präferenzen für öffentliche Güter. In: *Bombach; B.; Ott, A. E.* (Hrsg.): Möglichkeiten und Grenzen der Staatätigkeit. Tübingen 1982.

Pommerehne, W. W.; Frey, B. S. (Hrsg.) (1979): Ökonomische Theorie der Politik. Berlin-Heidelberg-New York 1979.

Popper; K. R. (1982): Logik der Forschung. 7. Aufl., Tübingen 1982.

Preiser, E. (1990): Nationalökonomie heute. Eine Einführung in die Volkswirtschaftslehre. 14. Aufl., München 1990.

Quesnay, F. (1758): Tableau Économique, Maximes Générales du Gouvernement Économique d'un Royaume. 1758.

Raffée, H.; Abel, B. (Hrsg.) (1979): Wissenschaftstheoretische Grundfragen der Wirtschaftswissenschaften. München 1979.

Recktenwald, H. C. (1980): Markt und Staat. Fundamente einer freiheitlichen Ordnung. Göttingen 1980.

Recktenwald, H. C. (1988): Die Klassik der ökonomischen Wissenschaft. In: *Issing, O.* (Hrsg.): Geschichte der Nationalökonomie. 2. Aufl. München 1988.

Rose, K. (1965): Theorie der Einkommensverteilung. Wiesbaden 1965.

Samuelson, P. A.; Nordhaus, W. D. (1987): Volkswirtschaftslehre. Grundlagen der Makro- und Mikroökonomie. Band 2. 8. Aufl., Köln 1987.

Samuelson, P. A.; Nordhaus, W. D. (1989): Economics. 13. Aufl., New York -St. Louis – u.a. 1989. (Ins Deutsche übertragen von *Frenzel, J.* u.a.: Volkswirtschaftslehre. Grundlagen der Makro- und Mikroökonomie. Band 1 und Band 2, 8. Aufl., Köln 1987).

Schäfer, W.: Volkswirtschaftslehre im Überblick, Bd. II: Volkswirtschaftstheorie (Erscheint demnächst).

Schmitt-Rink, G. (1971): Grundzüge der Verteilungstheorie. Göttingen 1971.

Schmitt-Rink, G. (1989): Theorien der personellen Einkommensverteilung. In: Wisu. Das Wirtschaftsstudium. Zeitschrift für Ausbildung, Examen und Kontaktstudium. Heft 3/1989.

Schmitt-Rink, G.; Bender, D. (1992): Makroökonomie geschlossener und offener Volkswirtschaften. 2. Aufl., Berlin-Heidelberg-New York u. a. 1992.

Schmölders, G. (1988): Historische Schule. In: *Issing, O.* (Hrsg.): Geschichte der Nationalökonomie. 2. Aufl., München 1988.

Schumann, J. (1992): Grundzüge der mikroökonomischen Theorie. 6. Aufl., Berlin-Heidelberg-New York u. a. 1992.

Seel, B. (1991): Ökonomik des privaten Haushalts. Stuttgart 1991.

Seidl, Chr. (1971): Theorie, Modelle und Methoden der zentralen Planwirtschaft. Eine Einführung. Berlin 1971.

Siebert, H. (1987): Economics of the Environment. Theory and Policy. 2. Aufl., Berlin – Heidelberg – New York u. a. 1987.

Siebert, H. (1991): Außenwirtschaft. 5. Aufl., Stuttgart 1991.

Siebert, H. (1992): Einführung in die Volkswirtschaftslehre. 11. Aufl., Stuttgart-Berlin-Köln 1992.

Siebke, J. (1990): Preistheorie. In: *Bender, D.* u. a. (Hrsg.): Vahlens Kompendium der Wirtschaftstheorie, Band 2. 4. Aufl., München 1990.

Sinn, G.; Sinn, H.-W. (1993): Kaltstart. Volkswirtschaftliche Aspekte der deutschen Vereinigung. 3. Aufl., München 1993.

Smith, A. (1776): An Inquiry into the Nature and Causes of the Wealth of Nations. London 1776. Übersetzung ins Deutsche nach der 5. Auflage, London 1789 von *Recktenwald, H. C.:* Der Wohlstand der Nationen. Eine Untersuchung seiner Natur und seiner Ursachen. München 1974.

Stache, D. (1981): Zur Entwicklung von Systemen sozialer Indikatoren bei den internationalen Organisationen. Wirtschaft und Statistik, Heft 10/1981.

Stahmer, C. (1988): Umwelt-Satellitensystem zu den Volkswirtschaftlichen Gesamtrechnungen. Allgemeines Statistisches Archiv, Bd. 72, 1988.

Stobbe, A. (1989): Volkswirtschaftliches Rechnungswesen. 7. Aufl., Berlin-Heidelberg-New York 1989.

Stobbe, A. (1991): Mikroökonomik. 2. Aufl., Heidelberg-New York-London u. a. 1991.

Streissler, M. (1974): Theorie des Haushalts. Stuttgart 1974.

Streit, M. E. (1991): Theorie der Wirtschaftspolitik. 4. Aufl., Düsseldorf 1991.

Sugden, R. (1991): Rational Choice: A Survey of Contributions from Economics and Philosophy. Economic Journal, Bd. 101/1991.

Thieme, H. J. (1991): Soziale Marktwirtschaft. Ordnungskonzeption und wirtschaftspolitische Gestaltung. München 1991.

Topitsch, E. (Hrsg.) (1993): Logik der Sozialwissenschaften. Frankfurt am Main 1993.

Watrin, Ch. (1986): „Marktversagen" versus „Staatsversagen". Zur Rolle von Markt und Staat in einer freien Gesellschaft. Schweizerischer Handels- und Industrieverein. Schriftenreihe des Vororts. Nr. 42/1986.

Weber, M. (1973 a): Der Sinn der „Wertfreiheit" der soziologischen und ökonomischen Wissenschaften. Wiederabgedruckt in *Weber, M.:* Gesammelte Aufsätze zur Wissenschaftslehre. 4. Aufl. (hrsg. v. *J. Winckelmann*), Tübingen 1973.

Weber, M. (1973 b): Die „Objektivität" sozialwissenschaftlicher und sozialpolitischer Erkenntnis. Wiederabgedruckt in *Weber, M.:* Gesammelte Aufsätze zur Wissenschaftslehre. 4. Aufl. (hrsg. v. *J. Winckelmann*), Tübingen 1973.

Weede, E. (1991): Vom europäischen Wunder zum schleichenden Sozialismus? In: *Radnitzky, G.; Bouillon, H.* (Hrsg.): Ordnungstheorie und Ordnungspolitik. Berlin – Heidelberg – New York – Tokyo 1991.

Weise, P.; Brandes, W.; Eger, Th.; Kraft, M. (1991): Neue Mikroökonomie. 2. Aufl., Heidelberg 1991.

Wessels, Th. (1966): Einführung in die Volkswirtschaftslehre. In: *Hax, K.; Wessels, Th.* (Hrsg.): Handbuch der Wirtschaftswissenschaften, Bd. II: Volkswirtschaft. 2. Aufl., Köln – Opladen 1966.

Wicke, L. (1989): Umweltökonomie. Eine praxisorientierte Einführung. 2. Aufl., München 1989.

Wied-Nebbeling, S. (1993): Markt- und Preistheorie. Berlin-Heidelberg-New York u. a. 1993.

Wille, E. (1985): Rationalität, Effizienz und Effektivität aus der Sicht des Ökonomen. In: *Vogel, R.* (Hrsg.): Effizienz und Effektivität medizinischer Diagnostik. Stuttgart 1985.

Willeke, F.-U. (1988): Wettbewerbspolitik. In: *Issing, O.* (Hrsg.): Allgemeine Wirtschaftspolitik. 2. Aufl., München 1988.

Woll, A. (1993): Allgemeine Volkswirtschaftslehre. 11. Aufl., München 1993.

Zarnowitz, V. (1951): Die Theorie der Einkommensverteilung. Entwicklung und heutiger Stand. Tübingen 1951.

Zimmermann, H.; Henke, K.-D. (1990): Finanzwissenschaft. Eine Einführung in die Lehre von der öffentlichen Finanzwirtschaft. 6. Aufl., München 1990.

Personenregister

Sachregister